普通高等院校哲学大类专业课程“十三五”规划精品教材

普通高等院校哲学大类专业课程“十三五”规划精品教材

A BRIEF HISTORY OF MEDIEVAL PHILOSOPHY

中世纪哲学简史

闻骏◎编著

華中科技大學出版社
http://www.hustp.com
中国·武汉

内容提要

本书力图从哲学史和思想史的角度全面系统梳理西方中世纪哲学发展的基本脉络和历史演进。全书共分为以下五章：第一章主要阐述中世纪哲学产生和发展的基本历史背景和思想渊源；第二章主要论述中世纪早期教父哲学的发展状况；第三章主要梳理中世纪中晚期经院哲学的思想演进；第四章主要阐述后经院哲学时代特别是文艺复兴时期和宗教改革运动时期基督教哲学的发展；第五章集中阐述后宗教改革时代西方世界逐渐从中古(medieval)向近代(modern)过渡的重要思想契机。作为一本简明、系统和专业的中世纪哲学史教材，本书有助于改善国内目前缺少适合哲学专业教学使用的中世纪哲学史方面专业教材的基本现状。本书不仅适用于高等院校哲学、宗教学专业本科教学和研究生教学使用，也适用于一般性了解中世纪哲学的普通读者阅读使用。

图书在版编目(CIP)数据

中世纪哲学简史/闻骏编著. —武汉：华中科技大学出版社，2020.1
普通高等院校哲学大类专业课程“十三五”规划精品教材
ISBN 978-7-5680-5715-8

Ⅰ.①中… Ⅱ.①闻… Ⅲ.①中世纪哲学-哲学史-高等学校-教材 Ⅳ.①B13

中国版本图书馆 CIP 数据核字(2019)第 299066 号

中世纪哲学简史 闻 骏 编著
Zhongshiji Zhexue Jianshi

策划编辑：周晓方 杨 玲
责任编辑：刘 莹
装帧设计：廖亚萍 杨玉凡
责任校对：王亚钦
责任监印：周治超
出版发行：华中科技大学出版社(中国·武汉) 电话：(027)81321913
武汉市东湖新技术开发区华工科技园 邮编：430223
录 排：华中科技大学惠友文印中心
印 刷：武汉市籍缘印刷厂
开 本：787mm×1092mm 1/16
印 张：10.75 插页：2
字 数：234 千字
版 次：2020 年 1 月第 1 版第 1 次印刷
定 价：38.00 元

总　序

随着世界历史在21世纪不断深入地向前推进，整个人类世界日益被裹挟进一个命运共同体之中，每一个民族和国家都不可能完全离开人类命运共同体而孤立地寻求实现自身现代化的特色发展之路，只有开放性地参与其中才能完成富有自身特色的现代化的历史使命。中华民族自被迫融入世界历史进程以来，没有任何时候像现在一样恰逢实现具有自身特色的现代化的一个历史发展新时代。如何抓住机遇，迎接挑战，积极参与人类命运共同体的构建，努力实现中华民族伟大复兴的中国梦，是中华民族在这个百年难遇的新历史时代所面临的重大历史使命。完成这一历史使命的关键在于能够培养出堪当这一历史重任的全面发展的人。为此，中国现代化建设的领导者和设计者们恰逢其时地作出了统筹推进中国特色世界一流大学和一流学科建设的重大战略决策。“双一流”建设的核心和根本任务是培养人才，即坚持中国特色社会主义办学方向，培养德智体美劳全面发展的社会主义建设者和接班人。2016年召开的全国高校思想政治工作会议提出，要坚持把立德树人作为中心环节，把思想政治工作贯穿教育教学全过程，实现全程育人、全方位育人，努力开创我国高等教育事业发展的新局面。党的十九大再次提出了加快一流大学和一流学科建设，实现高等教育内涵式发展，全面提高人才培养能力，提升我国高等教育整体水平的要求。为了贯彻落实党中央和国务院对我国高等教育事业发展提出的这一重大战略决策和一系列要求，我国首批获得“双一流”建设资质的高校都纷纷把立德树人摆在办学治校的核心位置上，结合自身的优势特色积极进行综合改革，努力培养能够适应我国现代化建设需要的一流人才。

然而，培养能够适应我国现代化建设需要的一流人才，不仅需要对大学生进行自然科学和社会科学教育，而且需要对他们进行人文科学教育。虽然自然科学和社会科学十分重要，但是它们至多只能使人成为某种人，而不能从根本上使人成为人；唯有人文科学才是斯文在兹的“成人之学”或者安身立命的“为己之学”。人文科学教育的首要目标在于从根本上使人成为人，人的世界观、价值观和人生观的形塑与人文科学教育须臾不可离。培养一流人才必须以抓好人文科学教育为前提，只有这样才能达到“化成天下”之目的。因此，培养全面发展的人理当以人文科学教育为本分。自古及今，无论东西，但凡具有远见卓识的教育家都无不特别强调人文科学对于整个人类文明的塑造和发展，以及对人与自然、社会的和谐相处具有根本意义，特别强调立德树人和厚德载物的人文科学教育。

作为首批进入全国“双一流”建设高校的华中科技大学，虽然是一所以强大工科和医科为特色的高校，但是经过近几十年的积累，文科也取得了巨大进步，而且发展势头良好。华中科技大学历届领导班子都高度重视对理工科和医科学生进行人文科学教育，注重学生人文底蕴的积淀和人文价值的提升。目前，高扬人文素质教育已成为一张充分彰显华中科技大学人才培养特色的耀眼名片。为了更好地发挥人文科学在“双一流”建设中的育人功能，华中科技大学人文学院党政领导班子瞄准“一流人才”培养目标，把教材建设作为学科建设和教学改革的重要抓手之一，决定编写并出版人文科学领域的一系列普通高等院校各大类专业课程“十三五”规划精品教材，包括哲学大类专业课程规划精品教材、中国语言文学大类专业课程规划精品教材和历史学大类专业课程规划精品教材，拟为我校“双一流”建设作出自己应有的贡献。

本系列“十三五”规划精品教材的编写坚持以下四个基本原则。第一，政治正确原则。本系列规划精品教材的编写必须坚持以习近平新时代中国特色社会主义思想为指导，坚持马克思主义在意识形态领域的指导地位，坚持社会主义核心价值观，充分体现教材的价值导向功能和思想政治教育功能。第二，学术创新原则。本系列规划精品教材要力争充分反映国内外最新人文学术研究成果，注重挖掘新材料、发现新问题、借鉴新方法、提出新观点、构建新理论，充分体现教材的思想性、科学性、时代性和前瞻性，力争打造一流的精品教材。第三，学术规范原则。本系列规划精品教材的编写必须严格遵守国家规定和学界公认的学术规范，无论是材料的遴选、思想的借鉴、观点的引用，还是体例的安排、语言的表达，都要尽可能做到符合教材的基本要求，不得出现任何违反学术规范的学术不端行为。第四，中国特色原则。本系列规划精品教材的编写要充分体现构建中国特色哲学社会科学体系的要求，立足中国实践、解决中国问题、加强中国元素、讲好中国故事，把国际化与本土化有机融合起来，努力打造一批具有中国特色、中国风格和中国气派的一流教材。

虽然本系列“十三五”规划精品教材的编委会在主观上强调教材建设的使命感和责任感，要求每一本教材的编写者都必须遵循上述基本原则进行编写，并且努力做到严格审查，但是由于教材建设本身是一项复杂的系统工程，加之每一位编写者的能力和水平都有其自身的局限性，因此客观上难免存在着技术方面和学术思想方面的不足之处。在此衷心希望广大读者和专家学者们进行严格的审查和批判，欢迎大家多提宝贵的批判性和建设性的意见，以便我们在今后再版时能够予以修正。我们期待本系列“十三五”规划精品教材能够在培养一流人才的过程中对于弘扬人文精神、提升人文素养、增强人文情怀贡献自身的一份正能量！

2018 年 11 月 15 日于武汉喻家山

目 录

绪论

中世纪哲学基本概述

按照世界历史的基本分期，所谓“中世纪”一般指的是从公元 476 年西罗马帝国为蛮族人所灭，一直到公元 15 世纪文艺复兴和人文主义运动之间大约 1000 年的历史时期。在这一时期里，基督教文化和基督教信仰占据了西方历史文化的中心舞台。因此，整个中世纪哲学最根本的特征就是一种以基督教信仰和基督教文化为背景的哲学。“基督教哲学”这个概念由著名的中世纪哲学研究专家吉尔松[①]在 20 世纪 30 年代首次提出，被用来描述以托马斯·阿奎那哲学为典范的西欧中世纪哲学的基本形态。吉尔松在其名著《中世纪哲学精神》一书中认为，西欧中世纪有一种以“基督教哲学”的形态存在的理性真理体系，它一方面具有理性哲学的本质特征，另一方面又依附于基督教文化和基督教信仰而存在。

> 我所谓的基督教哲学，是一方面保持理性与启示在形式上之差异，但另一方面，亦视基督徒的启示是“理性无可或缺的助力”的任何一种哲学。对于任何照这样理解的人，基督教哲学并不相应于任何单纯本质，可予以抽象定义，而是更相应于一种具体的历史真相，要求我们加以描述。它只是哲学类里面的一种哲学，其范围内所包括的哲学系统，都是因为有基督教的存在，而且备受此一宗教之影响，才得以存在的哲学，这些系统既然是具体历史的真相，他们彼此之间还有个别差异。[②]

基督教起初是从犹太教和希伯来人的文化传统当中脱颖而出的。据可靠历史考证，拿撒勒人耶稣作为历史上曾经真实出现过的历史人物，大概出生于公元前 5 年到公元前 4 年[③]，最后在公元 30 多年的时候被钉死在十字架上。此后，他的那些忠实追随者即门徒，如彼得和保罗等人，开始把基督教的福音传播到罗马帝国更广阔的区域，使其在所谓外邦人中得以更广泛的传播与发展。伴随着基督教信仰在公元 2 世纪到公元 16 世纪经历信仰确立、传播、发展、分化、变革的历史进程，整个中世纪哲学也走过了产生、发展、转化、兴盛和逐渐走向衰落的发展过程。依此，整个中世纪哲学上承

---

① 吉尔松(Etienne Henri Gilson，公元 1884 年—公元 1978 年)，法国哲学家、历史学家，著名的中世纪哲学研究专家，新托马斯主义的主要代表之一。曾任巴黎大学、多伦多大学和法兰西公学教授，1947 年当选为法兰西科学院院士。吉尔松毕生致力于中世纪经院哲学史的教学和研究，著有《中世纪哲学精神》、《基督教哲学概论》等。

② 〔法〕吉尔松：《中世纪哲学精神》，沈清松译，上海：上海人民出版社，2008 年，第 46 页。译文略有改动。

③ 以耶稣诞生之年为公元元年最初是由罗马修道士小狄奥尼修斯于公元 532 年所确定。此后在教会支持下，公元纪年在基督教世界广泛使用。但是后来根据现代学者们的考证，耶稣出生的年代应该在公元前 8 年至前 4 年之间，理由是历史上犹太的希律王死于公元前 4 年，而据《圣经·马太福音》第 2 章 1 节至 16 节记载，这位希律王在临死之前因相信在伯利恒刚出生的耶稣将会成为犹太人的王的预言，派人赴伯利恒杀死了所有 2 岁以下的婴儿。

古希腊哲学，下启近代哲学。一般而言，中世纪哲学涵盖了以下三个重要历史时期。

(1)教父哲学时期。使徒时代以后，从公元2世纪到公元6世纪，陆续出现了一批兼具希腊哲学素养和虔敬基督教信仰的教父哲学家，他们是基督教发展早期维护教会正统信仰最重要的教义奠基者和诠释者。这些教父哲学家们充分运用古代哲学这一宝贵的思想资源，通过对其加以深入改造和利用，一方面既有力地奠定了基督教的正统教义理论，另一方面也有效地回应了外部世界的种种危机与挑战，维护了大公教会的内在统一。其中，奥古斯丁的基督教哲学代表了这一时期的最高成就。公元5世纪以后，伴随着蛮族人的大规模入侵，以及公元476年西罗马帝国的灭亡，整个教父哲学的发展也逐渐走向终结。

(2)经院哲学时期。从公元11世纪开始，伴随着西欧封建制度逐渐确立和巩固，整个西欧社会在政治、经济和文化等各个领域呈现出强烈的复兴势头。与此同时，随着东西方文化交流日趋频繁，古老的亚里士多德主义回流西欧世界，有力推动了中世纪经院哲学的兴起和繁盛。经院哲学是一种依托于教会和修道院而发展出来的以神学和信仰为背景的哲学。经院哲学自觉地以亚里士多德主义为其思想基础，注重论辩推理，强调逻辑演绎，积极贯彻理性与信仰相协作的基本精神。到公元13世纪时，整个中世纪经院哲学的发展达到鼎盛。继教父哲学时代的奥古斯丁之后，托马斯·阿奎那建立了基督教哲学的又一个完备的理论形态和理论体系。托马斯·阿奎那将基督教传统教义理论纳入一个几乎囊括寰宇的宏大思想体系和理论框架中，代表了整个经院哲学时期的最高思想成就。而整个经院哲学的发展则一直持续到公元16世纪。

(3)文艺复兴和宗教改革时期。15世纪、16世纪是整个西欧社会发展的重要历史分水岭，也是整个西欧社会发生一系列变革和蜕变的重要历史节点。1453年，东罗马帝国在残存了近1000年后最终为奥斯曼土耳其帝国所灭。这一历史事件直接导致了大量古典文化成就回归西欧社会，引起了西欧人(主要是南欧的意大利)对阔别已久的古典文化的全面模仿和复兴，史称文艺复兴运动。15世纪的文艺复兴运动其基本特征是高扬人性(具体来说是人的感性)的解放，即以感性意义上的人性来反对抽象的神性，以现世世俗生活来反对天国理想，以人的感官享乐和正常情欲来反对中世纪的禁欲主义。伴随这场文艺复兴运动而来的是古典学识的兴起，也进一步推动了对古典语言、文风、修辞、文法、历史、诗歌等诸多方面的普遍重视和广泛研究，由此开启了文艺复兴和宗教改革时期的人文主义运动。轰轰烈烈的文艺复兴和人文主义运动对整个西欧中世纪超稳定的社会文化结构和思想信仰模式造成了巨大的冲击，也在整个西欧世界为16世纪宗教改革运动营造了一种崭新的精神氛围。

1517年万圣节前夕(10月31日)，马丁·路德在维滕堡(Wittenberg)教堂门口贴出“欢迎辩论”的著名的《九十五条论纲》，公开驳斥罗马教会的卑劣行径。这一事件拉开了整个16世纪宗教改革运动的序幕。马丁·路德在德意志境内引领的宗教改革运动、茨温利和约翰·加尔文在瑞士苏黎世和日内瓦引领的宗教改革运动，以及英国安立甘[①]宗的宗教改革导致了基督教世界的第二次大分裂[②]，特别是基督教新教(路德宗、加尔文宗、安立甘宗等)和天主教之间的对立。然而，16世纪的宗教改革运动也推进了近代西欧社会民族意识和民族国家的兴起，极大地塑造了近现代西欧社会的基本面貌。总体而言，正是发生在15世纪的文艺复兴和人文主义运动，以及16世纪的宗教改革运动重新改变和塑造了整个西欧中古世界，推动了整个西欧社会从中古逐渐迈向近代。

从基督教信仰的本质特征来看，基督教的理想是追求罪得救赎和彼岸天国，因而带有强烈的唯灵主义倾向。基督教文化和基督教信仰特别强调灵魂与肉体、彼岸与现世、天国与地狱、精神与物质二者之间的区别、差异、对立和冲突。因此，整个中世纪哲学不再像早期希腊哲学那样关注外部的自然世界和客观实在，不再执着于去追寻世界的本原和万物的始基，以求找到万事万物的终极统一性。中世纪哲学所关注的根本问题是人神关系问题，所研究的根本对象是灵魂与上帝。纵观整个中世纪哲学，受到广泛关注和持续讨论的问题主要包括以下三个方面。

(1)理性与信仰的关系问题。与中世纪所有其他文化形态一样，整个中世纪哲学也深受基督教文化和基督教信仰的深刻影响。与希腊传统的理性主义哲学不同，中世纪哲学(无论是早期的教父哲学还是后来的经院哲学)所讨论的问题都直接或间接地关系到基督教的基本信仰和教义。也可以说，中世纪哲学就是在基督教文化背景下的哲学。因此，理性与信仰、哲学与神学之间的关系问题就比任何其他时代都更加引人关注。对于出现在中世纪的任何重要思想家和哲学家来说，他们首要地都是要在理性和信仰的关系问题上充分表明自己的基本立场和态度。

(2)上帝存在的证明问题。理性的融入和协作势必会带来新的问题，其中最具代表性的恐怕就是上帝存在的证明问题。在整个中世纪哲学发展过程中，先后出现了形形色色的有关上帝存在的证明，比较典型的有安瑟伦关于上帝存在的本体论证明，托马斯·阿奎那关于上帝存在的宇宙论和目的论证明。这种试图通过逻辑论证而不是单凭信仰来确定上帝存在的努力，无形之中也培育了一种理性精神。它所倡导的那种注重逻辑证明的方法无疑又为近代理性主义的兴起埋下了伏笔。

(3)共相问题。中世纪经院哲学最为普遍关注的一个问题就是关于“共相”的问题。共相问题源于新柏拉图主义者波菲利在注释《亚里士多德〈范畴篇〉引论》的过程中所提出的三个疑问：①共相(普遍的种、属)究竟是独立存在的客观实体，还是仅存在于理智之中的抽象概念？②共相是有形体的，还是无形体的？③共相是与可感事物相分离的，还是寓于可感事物之中的？这些疑问在中世纪引起了经院哲学家们广泛而激烈的争论。争论双方的根本分歧在于：“共相”到底是独立于个别事物而存在的客观实体，还是只能寓于个别事物之中的普遍本质或抽象概念？由此导致了实在论(realism)与唯名论(nominalism)的对立。实在论者如安瑟伦、托马斯·阿奎那等人认为，

---

① “安立甘”为Anglican一词的音译，原意即“英格兰的”。

② 公元1054年，天主教会与东正教会相互绝罚，前者主张自己代表着大公(Catholic)教会，后者宣称自己代表的是正统(Orthodox)教会，造成了基督教世界的第一次大分裂。

“共相”从根本上说是先于或高于个别事物而独立存在的客观实体,它构成了个别事物存在的根据。而像洛色林、阿伯拉尔、罗吉尔·培根、约翰·邓斯·司各脱和奥卡姆的威廉等唯名论者则认为,只有个别事物才是真正客观实在的,“共相”只不过是一个名词、一个概念或一种寓于个别事物之中的普遍性质,它不能独立于个别事物而存在。从根本上来讲,实在论的哲学基础是柏拉图的“理念论”,唯名论的哲学基础则是亚里士多德关于“第一实体”的思想。同时,共相问题实质上也关涉“三位一体”的基本教义和罗马教会的普世性权威问题。因此,有利于正统信仰和罗马教会的实在论观点往往被奉为正统,而唯名论观点则蕴含有滑向错误的危险因素。

第一章

序曲：希腊哲学与希伯来文化的有机融合

伯特兰·罗素曾经在他那本家喻户晓的著作《西方哲学史》中认为，构成整个西方文化重要根源的基督教文化有三重来源，即犹太教和希伯来文化传统、古希腊哲学（主要是柏拉图主义哲学和新柏拉图主义），以及基督教起初形成的社会背景——罗马帝国。他说：

> 天主教教会有三个来源：它的圣教历史是犹太的，它的神学是希腊的，它的政府和教会法，至少间接地是罗马的。①

具体来说，希腊哲学特别是柏拉图哲学和亚里士多德哲学为基督教信仰提供了一整套高级的形而上学观念和体系。希伯来人的文化和宗教除了为基督教信仰提供了历史背景之外，还为其提供了一种完全有别于希腊理性主义传统的精神氛围，而正是这种特殊的精神氛围造就了基督教文化的某些极为重要的精神气质和信仰品格。而罗马帝国的政治和社会环境恰恰就是基督教起初产生与发展的历史和时代背景。无论是从正面的积极意义上看，还是从负面的消极影响来讲，基督教文化和信仰也都同时离不开罗马帝国现实政治和社会环境的影响和塑造。

一、古希腊的思想遗产

古希腊哲学源远流长、博大精深，也是整个古希腊文明的精华。但就对基督教文化和信仰的影响而言，古希腊哲学中对后世影响最大也最为深远的就是柏拉图主义哲学和亚里士多德主义哲学。除此之外，从时代的接近性上讲，晚期希腊化时期的斯多亚学派以及新柏拉图主义也对基督教哲学和文化的形成产生了具体而深入的影响。而在这二者中，又以新柏拉图主义对基督教的影响最大，它构成了由希腊哲学向中世纪基督教哲学过渡的重要理论中介。

1. 柏拉图主义哲学

在古希腊哲学史上，柏拉图哲学建立起了第一个纯粹思辨的理论形态和哲学体系，对后世西方哲学的发展影响深远。柏拉图（Plato，公元前 427 年—公元前 347 年），出身于雅典贵族世家，苏格拉底的学生。柏拉图 20 来岁的时候开始拜苏格拉底

---

① 〔英〕罗素：《西方哲学史》上卷，何兆武、李约瑟译，北京：商务印书馆，1963 年，第 19 页。

为师，长期追随苏格拉底并深受其影响，后来也继承了他的老师苏格拉底的哲学思想并将它进一步发扬光大。公元前387年，柏拉图创办了雅典学园（又称柏拉图学园），他一边在学园中继续讲授哲学和各种科学知识，一边从事思想著述活动。柏拉图学园一方面传承和发展着柏拉图的哲学思想，另一方面也造就了一大批古希腊杰出的思想家，其中最具代表性的就是柏拉图的学生亚里士多德。直到公元529年罗马皇帝下令关闭雅典各种异教学园，柏拉图学园才正式退出历史舞台。柏拉图一生著述颇丰，且基本上全都流传至今。柏拉图对话录包含30多篇对话体的著作，绝大多数都是以他的老师苏格拉底为对话的主角。其中最具代表性的著作有《斐多篇》、《美诺篇》、《会饮篇》、《理想国》（即《国家篇》）、《巴门尼德篇》、《蒂迈欧篇》等。

柏拉图系统的哲学思考集中体现在他的理念论体系中。柏拉图认为，可感的具体的个别事物所构成的世界只不过是唯一真实的理念世界的摹仿者和分有者，而唯有理念世界才具有最根本的实在性，它构成了可感现象世界背后的本质、基础和根据。柏拉图所讲的理念（idea 或 eidos）源于希腊语中的动词“看”，作为名词则是指“看到的东西”或“显相”、“型相”。不过在柏拉图这里，“理念”并不是指肉眼所看到的东西，而是指心灵或理智所“看”到的东西，也就是只有通过我们的抽象思维才能够把握到的普遍概念和一般定义。在柏拉图的老师苏格拉底那里，对一般定义和普遍概念有一种根本性的追求。而到了学生柏拉图这里，至少在两个方向上做出了根本性的改变。第一，苏格拉底仅仅是把一般定义和普遍概念作为主观思维辨析的结果，并未将其看作脱离个别事物的客观实在，而柏拉图则将普遍概念（即“理念”）客观化，将其看作完全独立于个别事物和人的头脑的客观实在。第二，苏格拉底主要把寻求一般定义和普遍概念的工作局限于精神生活和道德伦理的领域，而柏拉图则把理念扩展到外部客观世界，并且把它作为外部客观事物存在的根据，从而赋予理念以本体论和形而上学的根本意义。

因此，在柏拉图这里，理念与具体事物之间的关系是与我们的常识完全颠倒过来的。理念不仅是独立于具体个别事物的客观实在，而且它要比所有个别经验事物更根本、更实在。理念相比于具体个别事物而言在存在性上是占先的，它也构成了可感经验事物背后的基础和根据。柏拉图说：

> 一方面，我们说有多个的东西存在，并且说这些东西是美的，是善的等等……另一方面，我们又说有一个美本身，善本身等等，相应于每一组这些多个的东西，我们都假定一个单一的理念，假定它是一个统一体而称它为真正的实在。[①]

柏拉图运用“摹仿说”和“分有说”来描述和刻画理念与具体事物之间的关系。在柏拉图看来，理念是原型或原本，而具体事物则是对理念的“摹仿”和“分有”。正如柏拉图所说：

> 一个东西之所以是美的，乃是因为美本身出现于它之上或者为它所“分

---

① 《古希腊罗马哲学》，北京：商务印书馆，1961年，第178-179页。

> 有”，不管它是怎样出现的或者是怎样被“分有”的……美的东西是由美本身使它成为美的。……一个东西之所以存在，除掉是由于“分有”它所“分有”的特殊的实体之外，还会由于别的什么途径……凡事物要成为二，就必须“分有”二，而要成为一就必须“分有”一。①

罗素在《西方哲学史》中认为，在柏拉图《理想国》的最后一卷中对理念论以及理念与具体事物之间的关系有非常明确的阐述。他认为：

> 在这里柏拉图解释道，凡是若干个体有着一个共同的名字的，它们就有着一个共同的“理念”或“形式”。例如，虽然有着许多张床，但只有一个床的“理念”或“形式”。正如镜子里所反映的床仅仅是现象而非实在，所以各个不同的床也不是实在的，而只是“理念”的摹本；“理念”才是一张实在的床，而且是神所创造的。②

不仅如此，理念世界还构成了一个由低到高的金字塔型的等级序列。由低到高依次为：自然物的理念→人造物的理念→数理理念（如方形、圆形、三角形等等）→哲学范畴（如“存在”与“非存在”、“一”与“多”、“动”与“静”、“同”与“异”等）→道德和审美的理念（如正义、勇敢、节制、美、丑等）→“善”的理念（柏拉图认为这是最高的理念，他将其形象化地比拟为太阳）。由此，在柏拉图的哲学中，理念世界和可感经验世界之间的二元对立获得完全确立。

二元论架构下的理念论体系也直接造就了灵魂与肉体之间的二元分立。从根本上讲，人的灵魂属于理念世界，而人的肉体却归属于感性世界。这一思想在柏拉图的“回忆说”中充分表现出来。柏拉图在“回忆说”中认为，灵魂在进入肉体之前，原本居住在理念世界之中。因此，在灵魂进入我们的肉体之前，它实际上已经获得了有关理念的真理性知识。但是在灵魂堕落入我们的肉体之中，并与我们的肉体相结合之后，由于受到肉体的阻碍和遮蔽，就暂时遗忘了它曾经在理念世界中所获得的那些有关理念的真理性知识。所以，一切学习和一切认识从本质上讲都只不过是一种“回忆”。柏拉图的“回忆说”本意是要阐明具有能动性的灵魂在感觉经验的刺激下不断回头、不断转向，以推动我们的认识不断深入、不断上升的过程。但也同时深刻展现出灵魂与肉体之间的二元分立和二元对立。

因为，一方面，“回忆说”充分表明灵魂在进入肉体之前，在与肉体相结合之前是单独居于理念世界之中的。这一点恰恰是整个“回忆说”得以成立的基本前提。另一方面，我们的灵魂在堕落入肉体当中并与肉体相结合之后，灵魂原本在独居状态下所具有的关于理念的真理性知识反而被遗忘了。这表明相对于灵魂而言，肉体反而构成了对灵魂的一种遮蔽和阻碍，反而成了灵魂的一种负担和拖累，因此灵魂和肉体之间存在着某种较为严重的冲突和对立。此外，从最终的目的和朝向来说，灵魂最终试图在感性机缘的刺激之下重新摆脱肉体的限制与束缚，返回到独居于理念世界的原初样态和本真状态。

---

① 《古希腊罗马哲学》，北京：商务印书馆，1961年，第177-178页。

② 〔英〕罗素：《西方哲学史》上卷，何兆武、李约瑟译，北京：商务印书馆，1963年，第163-164页。

总体而言，柏拉图哲学构建起了本质与现象、理念世界与感觉世界相分离的二元论的世界观。而柏拉图哲学对于基督教哲学最重大的影响恰恰就在于，它所构建的理念世界和可感世界、灵魂与肉体的二元分立和二元对立。这一点与整个基督教信仰和基督教文化的精神气质正相吻合。

2. 亚里士多德主义哲学

亚里士多德(Aristotle，公元前 384 年—公元前 322 年)是世所公认的古希腊哲学的集大成者，真正的“百科全书式的学者”。亚里士多德 17 岁来到雅典，进入柏拉图学园学习，曾作为学生和亲密朋友跟随柏拉图长达 20 余年，直至柏拉图去世，深受柏拉图思想和人格的影响。亚里士多德曾受聘为年轻的亚历山大大帝(后成为横跨欧亚非三大洲的马其顿帝国的国王)的老师，成为名副其实的“帝师”。公元前 335 年，亚里士多德在雅典独立创办了吕克昂学园，由于经常与弟子在悠闲散步中自由授课，也被称为“逍遥学派”。亚里士多德一生著述颇丰，广泛涉及形而上学、逻辑学、物理学、心理学、伦理学、政治学、文艺理论等诸多领域。和他的老师柏拉图一样，亚里士多德的哲学对后来的基督教哲学的发展也造就了极其深远的影响。然而，和柏拉图不同的是，亚里士多德主义的影响主要是展现在其对中世纪经院哲学的深刻影响方面，而他的老师柏拉图最主要的是对早期基督教哲学尤其是教父哲学产生了根本影响。概括而言，亚里士多德对中世纪哲学最具影响的领域主要在于形而上学、逻辑学和灵魂学说。

形而上学 亚里士多德不满意于他的老师柏拉图提出的理念论。在亚里士多德看来，理念作为个别的具体事物的本质只能存在于个别的具体事物之中，它不能独立于个别事物而存在，也根本不可能是个别具体事物存在的根据和基础。柏拉图认为，在个别具体事物之外还有一个更根本、更实在的理念世界，并且理念在存在性上相比于个别具体事物更根本、更优先，这一点在亚里士多德看来是根本性地颠倒了二者之间的关系。他说：

> 说实体和那些以它为实体的东西会彼此对立，这似乎也是不可能的。理念既然是事物的实体，怎么能够独立存在呢？①

亚里士多德批评柏拉图的理念论徒然地增加了哲学所要研究的对象，既无助于我们对事物本身的认识，也无助于说明和解释事物本身的运动变化。因此，理念论对于解释感性事物及其变化的原因而言根本没有任何意义。亚里士多德说：

> 一般说来，虽然哲学家是寻求感性事物的原因的，我们却放弃了这个任务，因为我们完全没有谈变化的原因。我们幻想自己在说出感性事物的实体时，却是断言了另一种实体的存在。我们说那种实体如何是感性事物的实体，说的其实都是些废话。因为所谓“分有”，如前面所指出的，是毫无意义的说法。②

在亚里士多德看来，真正的哲学应该是一门研究“存在”和“存有”的学问。第一哲

---

① 《西方哲学原著选读》上卷，北京：商务印书馆，1981 年，第 128 页。
② 《西方哲学原著选读》上卷，北京：商务印书馆，1981 年，第 131 页。

学即形而上学(metaphysics)[①]的基本宗旨就是要阐明事物及其存在的一般原因和原理。第一哲学与第二哲学(即物理学或广义自然科学)的区别在于,后者研究特殊的存在物,前者研究的是存在本身。第一哲学就是要研究"作为存在的存在",也就是"研究存在者之为存在者的一门科学",形而上学本质上是对存在(being)及其"诸原则"和"诸原因"的研究,也就是通常所说的本体论(ontology)或"存在论",即"关于存在的学说"。

可是,究竟该从何处具体着手去探讨这个一般"存在"或"存有"呢？亚里士多德分析和考察了"存在"概念的基本意义。亚里士多德认为,一般来讲,"存在"一词主要有四种基本意涵。分别是:①表示偶然的属性意义上的存在或存有。当我们说"这朵花是红的"或者"这张桌子是黄的"时,就表明"红色"和"黄色"这两种偶性是存在的。②表示必然的本质意义上的存在或存有。也就是我们在描述任何事物、任何对象时都需要涉及的最普遍、最一般的本质规定。如实体、性质、数量、关系、主动、被动、处所、时间等。任何对象如果脱离这些方面的一般规定,那么它就不复存在了。③表明一种确实性,从而赋予某个对象以一种确定的实存性。④同样,"存在"也可以用来表明某种潜在的或潜存的实在性,即对象自身的实存性还没有能够最终完全实现。

亚里士多德要我们关注的是,在有关"存在"或"存有"的四种基本意涵中,实体意义上的描述和规定正是一切存在的中心。无论是偶性意义上的存在,还是实体以外的诸如性质、数量、关系、处所、方位、时间等等,抑或是讲确定的实存性或潜在的实存性,其实都离不开以"实体"意义上的本质规定作为其前提和基础,都是以"实体"为中心展开的。因而,形而上学的一切问题,包括"存在是什么"的问题,最终都归结为"实体是什么"的问题。也就是说,实体学说正是整个存在论的核心。

正因如此,形而上学的基本问题即实体哲学的基本问题就依其自身内部的逻辑层次渐次展开,它们分别是:①关于实体是什么的问题,即有关实体的本质界定;②关于实体的原因是什么的问题;③关于实体如何生成的问题。第一个问题导致了有关实体的一般定义,第二个问题发展出亚里士多德著名的"四因说",而针对第三个问题,亚里士多德运用潜能与实现的关系加以说明和解释。

亚里士多德在《范畴篇》中给实体下了一个明确的定义。亚里士多德认为,所谓"实体"具体是指:

> 实体,在最严格、最原始、最根本的意义上说,是既不述说一个主体,也不依存于一个主体的东西。如"个别的人"、"个别的马"。[②]

可见,在亚里士多德那里,要成为"最严格、最原始、最根本意义上"的实体,必须同

---

① "形而上学"一词是由公元前1世纪左右的安德罗尼科(Andronikus)所提出的,他是亚里士多德文集的第一位编纂者,当他在编辑亚里士多德文稿时,将关于第一哲学的文稿放在了"物理学"(phusika)之后,冠名为 ta meta ta phusika(直译为"物理学之后诸卷")。后来人们把其中的两个冠词去掉了,就出现了 metaphusika 一词。而作为前缀的"meta-"不仅有"在……之后"之意,也有"元、超越"的含义,这恰恰与第一哲学含义相当,所以形而上学就成了第一哲学的代名词。metaphysical 中文译名为"形而上学",是日本明治、大正、昭和时期的哲学家井上哲次郎在翻译古希腊哲学家亚里士多德的哲学著作时,根据中国古代的《周易·系辞上》中"形而上者谓之道,形而下者谓之器"一语而译出的。

② 苗力田主编:《古希腊哲学》(第三卷),北京:中国人民大学出版社,1989年,第407页。

时满足两个必要条件。第一，它“不述说一个主体”。也就是说，凡是构成一个实体的东西必须在一切逻辑主谓判断中永远只做主词，被别个东西所描述，而不能反过来充当谓词用来描述别个东西。如果要满足这一条件的话，很显然实体就绝不可能是那些普遍性的种属概念，而只能是某个具体个别的东西。第二，实体“也不依存于一个主体”。这一点是相对于那些必须依附于某个主体才能存在的偶然属性而言的。也就是说，实体必须是根本区别于偶性的具有独立实在性的东西。因此，亚里士多德所谓的“实体”本质上就是指那些具有独立实在性的个别的具体事物。

关于实体存在的原因，亚里士多德认为，任何一种实体都可以从四个方面去考察它存在的原因，即质料因、形式因、动力因和目的因。质料因讲的是构成某个实体的内容和材料方面的原因；形式因讲的是某个实体之所以能够是其所是、成其所成的本质规定；动力因讲的是某个实体之所以能够形成的致动因；目的因讲的则是某个实体的形成究竟是为了什么目的而存在。例如摆在我们面前的一张书桌，它的质料因就是做成眼前这张桌子的先前的一堆木料，形式因就是它之所以能够成为一张桌子的本质，动力因就是把先前那堆木料打造成眼前这张书桌的那个木匠，而目的因就是为了方便我们读书写字而使用。

从思想渊源上说，亚里士多德是在总结和概括过往整个古希腊哲学有关本原学说发展的基础上提出了他的“四因说”。过往的古希腊哲学已经分别在质料、形式、动力和目的四个方面展开了各自有关本原问题的思考，亚里士多德在此基础上对其进行了重新的、富有创造性的思想整合。后来，亚里士多德发现在人造物中，“四因”是彼此有区别的，然而在自然物中，动力因和目的因往往都可以归结为形式因，三者合而为一。因此，亚里士多德就把形式因、动力因和目的因整合为统一的形式因，原先的“四因”最终又归结为形式因和质料因两个最基本的原因。这就意味着形式既规定了事物的本质，同时也包含着事物发展的动力和目的，因此，形式就代表着积极的、能动的和决定性的因素，而质料则是消极的、被动的和被决定的因素。由此，实体又在“四因说”的基础上获得了新的本质规定，即一切实体无非都是形式加质料所构成的具体个别事物。

不仅如此，在亚里士多德看来，形式和质料具有相对性，对于低一级事物来说是形式的东西，对于高一级的事物而言则是质料，而高一级事物的形式对于更高一级事物而言又变成了其质料。因此，整个宇宙和整个世界就构成了一个从质料到形式交替上升的等级序列，高一级事物不仅构成低一级事物的形式，而且推动和吸引着低一级的事物向其自身发展。这个等级序列的最低端就是没有任何形式的“纯质料”，而这个序列的最高端就是不再构成任何质料的“纯形式”。这个“纯形式”就是一切事物所追求的终极目的，是推动一切事物向其发展运动的“第一推动者”（“不动的推动者”），也就是亚里士多德所说的“神”。

针对实体哲学的第三个问题即“实体如何生成”的问题，亚里士多德认为，实体的生成过程就是从潜能向实现的转化过程，这个转化的过程就是运动。当潜能通过完全的实现过程（即运动）而成为现实时，运动也就达到了它的目的，从而一个实现了自己的形式的实体或个别事物就形成了。潜能与实现的关系根本对应于质料和形式之间的关系，当质料尚未获得该事物的一定形式的时候，它就是处于潜在状态的事物，只有当它获得了这种确定的形式之后，才成为现实的事物。因此，在由潜能向实现的转化过程中，质料是被推动者，而形式是推动者。任何实体或个别事物都处在由潜能向实现转化的运动过程中。

逻辑学 除了实体哲学的思考外，亚里士多德还有效奠定了西方形式逻辑的基础。谈及亚里士多德逻辑学的历史地位和历史影响，特别是对中世纪基督教哲学的深远影响时，罗素在其《西方哲学史》一书中这样评价道：

> 亚里士多德的影响在许多不同的领域里都非常之大，但以在逻辑学方面为最大。在古代末期当柏拉图在形而上学方面享有至高无上的地位时，亚里士多德已经在逻辑方面是公认的权威了，并且在整个中世纪他都始终保持着这种地位。到了十三世纪，基督教哲学家又在形而上学的领域中也把他奉为是至高无上的。文艺复兴以后，这种至高无上的地位大部分是丧失了，但在逻辑学上他仍然保持着至高无上的地位。甚至于直到今天，所有的天主教哲学教师以及其他许多的人仍然在顽固地反对近代逻辑的种种新发现，并且以一种奇怪的坚韧性在坚持着已经是确凿无疑地象托勒密的天文学那样过了时的一种体系。①

众所周知，亚里士多德是世所公认的西方传统形式逻辑的奠基人和创始人。在亚里士多德看来，逻辑学虽不是一门独立的知识，却是探讨一切思维和语言表达的一般工具，也是一切科学知识的共同方法。亚里士多德认为，我们正确的语言表述、合理的思想进展，以及在具体论辩中找出对手的问题都需要有一个好工具。这个工具就是逻辑。同时，逻辑作为工具还是一切求知活动和建构理论体系的一般方法论。因此，逻辑学是包括哲学在内的一切科学的共同方法和一般工具。

在其逻辑学中，亚里士多德不仅创建了范畴表和谓词表，提出了形式逻辑的三大规律——同一律、矛盾律和排中律，而且提出了论辩推理的基本方法——三段论推理。而恰恰是这种系统的三段论演绎推理的法则后来成为中世纪经院哲学的基本操作原则。

亚里士多德所讲的三段论推理，简单来说，是一种有关谓词和词项的逻辑推演体系。三段论推理所要研究的是一个命题如何能够通过某个逻辑中项从其他命题中推演出来。因此，一个完整有效的三段论推理其最基本的形式中包含一个大前提、一个小前提和一个结论，而在大前提和小前提中有一个共同的逻辑中项。最典型的例子如：

> 大前提：所有人都是要死的。
> 小前提：苏格拉底是人。
> 结　论：因此苏格拉底也是要死的。

在这里，大前提、小前提和结论这三个判断中的每个判断都有一个语词与另一个

① 〔英〕罗素：《西方哲学史》上卷，何兆武、李约瑟译，北京：商务印书馆，1963年，第252页。

判断中的语词相互重叠，合在一起就使得三个判断之间构成某种必然性的关系。如果上述例子中大前提是可靠的，同时大前提和小前提共同的逻辑中项是完全相同的话，那么必然会得出最后的结论。也就是说，最后结论所讲的是苏格拉底是必然要死的。这充分说明，三段论推理最诱人的地方在于，通过演绎形式和结构上的准确性能够充分地保证最后结论的某种普遍必然性。这一点对于我们期望通过某种严密的逻辑推理去获得一种具有普遍必然性的知识来说显得尤为重要。

此外，亚里士多德还系统考察了这种三段论推理的基本格式。亚里士多德认为，在上述三段论推理中，如果最后结论里的词项（如前例结论中的“苏格拉底”）包含在先前小前提中出现的中间词项（如前例中的“人”）中，而小前提里的这个中间词项又被大前提里的第一个词项（如前例大前提中的“所有人”）所包含，那么出现在大前提中的这个词项就与结论中的词项通过一个完整的三段论推理而发生必然关系。这种形式就构成了三段论推理中的“第一格”。而在此基础上通过变动三个词项在判断中的位置，亚里士多德又增加了“第二格”和“第三格”，后来经院哲学时代的经院哲学家们又增加了“第四格”。而每个格再加上肯定和否定、全称和特称的关系组合，就又变化出不同的“式”。在亚里士多德那里，三段论推理一共发展出来有三个格二十四式的不同变化。到后来经院哲学时代，经院逻辑学家们又在此基础上做出必要的补充和修正。亚里士多德在三段论演绎方面的影响如此深远，正如斯通普夫在其《西方哲学史》一书中所说：

> 亚里士多德创立了一套规则来确定什么时候结论能够由它们的前提正确地推导出来。直到 19 世纪，哲学家们还相信，亚里士多德对三段论的解释已经把逻辑学要谈的内容囊括无余了。此后的几十年间，才出现了另外一些逻辑体系，取代了亚里士多德的解释。①

灵魂学说 亚里士多德在其《论灵魂》一书中把灵魂看作生命的本原，是使有生命的事物同无生命的事物相区分的本质特征。亚里士多德通过对灵魂本质的考察，认为灵魂正是一个具有生命的有机体的本质形式。然而，亚里士多德并不像柏拉图那样认为灵魂和肉体之间存在根本性的二元对立和相互冲突。在亚里士多德这里，灵魂与肉体之间的关系与实体哲学中所讲的质料与形式、潜能与现实之间的关系是紧密相关的。从根本上讲，对于一个完整的生命有机体来说，灵魂与肉体之间的关系是形式和质料之间的关系。也就是说，灵魂潜在地拥有生命有机体的形式，而与之形成对照的是，肉体也只是潜在性地拥有生命有机体的质料。单单作为质料的肉体并不具有生命的原则，一个只具有肉身的事物只是潜在地具有生命。而一个现实的有生命的物体通过获得灵魂的本质形式才真正现实性地成为一个生命有机体。因此，灵魂与肉体从根本上讲是两个完全不可分割的东西，是同一个生命统一体的质料与形式。

为了考察灵魂的本质和功能，亚里士多德还区分了三种灵魂。最低层次的是营养灵魂或植物灵魂。它仅仅只具有源自生命本能的消化和繁殖功能，只代表着生命个体

---

① 〔美〕塞缪尔·伊洛克·斯通普夫、詹姆斯·菲泽：《西方哲学史——从苏格拉底到萨特及其后(第八版)》，匡宏、邓晓芒等译，北京：世界图书出版公司，2009 年，第 69 页。

的最基本生存活动能力。较高层次的是感性灵魂或动物灵魂，具有感觉、知觉等方面的感知能力，以及本能欲望和生命运动的能力。而最高层次的灵魂是理性灵魂或理智灵魂，包含最高级的理性认知、思维以及实践的能力。从质料与形式的区分来看，最低级的营养灵魂只能够吸收对象的质料（例如摄取食物）而不能够吸收形式，较高级的感性灵魂则具有吸收事物的性质和形式而无须摄入其质料的能力。因此，感觉灵魂就像一个"蜡块"一样，能够感知和接受外部对象的各种形式，这些形式在感觉灵魂上留下它们各自的印记。最高级的理性灵魂能够主动地运用理智去进行科学思维，它能够对各种不同类的事物进行详细的区分、考察、理解和把握，从而去发现事物背后的本质和规律。人的理性可以从事物的质料和感觉印象中抽象出事物的纯粹本质。因此，在亚里士多德这里，与形式和质料之间的区分相对应，人类理智的形式方面构成主动理智，而人类理智的质料方面构成被动理智。主动理智负责把握事物的抽象本质，被动理智则主要是用来接收感觉印象。虽然有如此细致的区分，但亚里士多德同时也认为，无论是主动理智还是被动理智都存在于人的理性灵魂之中。亚里士多德哲学中主动理智与被动理智之间错综复杂的关系也成为后来经院哲学家们所热衷讨论的话题。除此之外，亚里士多德认为，人的理性灵魂还可以驱动和指导灵魂主体去付诸实践。

3. 斯多亚学派

从公元前300年到公元3世纪上半叶，斯多亚派[①]哲学的形成、发展和传播持续了近600年的时间，在晚期希腊和罗马帝国时期斯多亚派已经成为当时占主导地位的哲学流派。谈及斯多亚学派，罗素在他的《西方哲学史》中这样描述：

> 斯多葛主义与早期的纯粹希腊哲学不同，它在感情上是狭隘的，而且在某种意义上是狂热的；但是它也包含了为当时世界所感到需要的，而又为希腊人所似乎不能提供的那些宗教成分。[②]

罗素本想指明斯多亚派哲学在当时盛行的内在原因，却暗示出了斯多亚派哲学与基督教的某种关联。罗素这里所说的"宗教成分"显然并不仅仅指斯多亚派哲学中那些直接的神学宇宙论思想，更多的是指其中所蕴含的可以被进一步吸收和合理利用的间接的思想因素。恩格斯在他的《论早期基督教历史》一文中曾明确指出：

> 斐洛的亚历山大里亚学派和希腊罗马庸俗哲学——柏拉图派的，特别是斯多葛派的——给予在君士坦丁时代成为国教的基督教的巨大影响，……尤其是塞涅卡对形成中的基督教的影响……[③]

公元1世纪基督教蹒跚起步之时也正是晚期斯多亚派哲学鼎盛之际，居于主导地位的斯多亚派哲学必然会对基督教哲学的发展产生巨大影响。

严格来讲，斯多亚派哲学的最大贡献在于，他们第一次确立了一种抽象的自由意

---

① "斯多亚"（希腊文 στοα 的音译）一词原意指"画廊"。公元前294年，出生于塞浦路斯岛的芝诺（Zero，约公元前336年—公元前264年）在雅典开办了自己的学园，由于该学园设在一条有壁画的长廊下，由此得名为斯多亚学派，即画廊学派。国内学术界也有将其音译为斯多葛学派。

② 〔英〕罗素：《西方哲学史》上卷，何兆武、李约瑟译，北京：商务印书馆，1963年，第320页。

③ 〔德〕恩格斯：《论早期基督教的历史》，选自《马克思恩格斯全集》第22卷，北京：人民出版社，1965年，第532页。

志和自由精神，尽管他们是在一种严格决定论的背景下树立了人的抽象自由。斯多亚派哲学家们普遍认为，每个个体的人只有“按照自然生活”才能称得上是过一种道德性的生活，才能最终达到幸福生活的目的。“按照自然生活”也就意味着人要顺从自然本性去生活。斯多亚派哲学特别强调宇宙的整体性、秩序性和规律性，因而这里的自然本性也就是指整个宇宙的秩序和规律，就是自然律和宇宙理性，斯多亚派的哲学家们把它称为“理性”、“逻各斯”或“命运”。

因而，在斯多亚派哲学里，每个个体相对于自己的命运来讲都是被严格决定着的。人们“按照自然生活”，遵从自然本性也就是遵循这种严格决定、服从命运。晚期斯多亚派哲学家爱比克泰德（Epictetus，公元 55 年—公元 135 年）曾形象地把命运比作每一个人在人生舞台上扮演的角色，各人有各人的角色，各人也有各人的命运，神就是整部戏的总导演，神赋予每个人不同的角色也就是赋予每个人各自的命运，每个人只能遵从却不能违背。但这种严格决定论只是问题的一个方面，令人惊奇的是，斯多亚派的严格决定论却仍然保留有人的自由选择的余地，表面上的严格决定论在深层次上赋予了每个个体以某种自由。

这种自由其实可以从三个方面来理解。首先，从最高的层次和最根本的层次上讲，“神”作为宇宙必然性和严格命运的掌握者，它本身具有最大的自由意志，有最大的自由选择的能力。而人却是“神”的一部分，人的身上具有“神”的因素，因而他也就部分地拥有“神”的自由意志，人也就具有了某种自由。晚期斯多亚派的代表人物马可·奥勒留（Marcus Aurelius，公元 121 年—公元 180 年）在他的《沉思集》中认为，每个人都有一部分是火，一部分是低等的泥土。就他是火而言，他就是“神”的一部分。当一个人的神圣的部分能够以德性的方式体现意志时，这种意志也就是“神”的自由意志的一部分。所以在这种情况下，人的意志也就是自由的。爱比克泰德也曾这样说：

> 但是你是一个头等的存在。你是神灵的本质的一个特殊部分，并且在你自己身上包含着神的某一部分。那么你为什么不知道你的尊贵的出身呢？你为什么不想一想你是从哪里来的呢？[①]

其次，从具体层面上讲，每个个体虽然都受命运的严格决定，人也不能改变或控制命运本身，但人可以控制自己对待命运的态度。人们对待命运可以顺从，可以不赞同，可以违抗，可以感到恐惧，可以感到忧伤，也可以感到快乐，而每个个体对待命运的态度在某种程度上恰恰决定了每个个体的行动。斯多亚派认为，人的自由其实就具体体现在这些方面。正如特伦斯·欧文在其《古典思想》一书中所指出的那样：

> 在斯多葛的观点看来，类似地，我的行动有一系列的原因，其中每一个都由它的原因造成不可避免地发生，而这些原因集合到一起造成了这一行动的不可避免地发生。但是有时我的选择也对这一结果作出了贡献；并且我的选择依赖于现象和赞同。现象可能不取决于我：我是否有一个西红柿的现象依赖于在环境中是否有一个类似于西红柿的对象。但是我是否赞同这一现象，

① 《西方哲学原著选读》上卷，北京：商务印书馆，1981 年，第 193 页。

并是否判断存在着一个西红柿，则依赖于我和我对对象的理性估计。由于行动是由赞同所引起的，所以行动取决于我；我很公平地对行动负有责任，并且赞扬与谴责也可以公平地应用于我，因为它们影响我的赞同与理性判断，并且这些决定我的行动。[①]

最后，从最低的层面上说，人们遵循理性所指示的自然界的永恒规律而行动，自觉地服从"命运"，这本身就是真正的"自由"。这是因为人的特殊自然本性是与宇宙的普遍理性同质的，人的特殊本性与宇宙的普遍本性从根本上讲是相互"和谐"的，并且人的特殊本性正是普遍本性的一部分。克吕西普(Chrisippus，公元前280年—公元前206年)在《论主要的善》中认为：

> 因为我们个人的本性都是普遍本性的一部分，因此，主要的善就是以一种顺从自然的方式生活，这意思就是顺从一个人自己的本性和顺从普遍的本性；不做人类的共同法律惯常禁止的事情，那共同法律与普及万物的正确理性是同一的，而这正确理性也就是宙斯，万物的主宰与主管。[②]

在斯多亚派看来，哲人才是真正自由的人，因为哲人的特殊本性与宇宙理性最相和谐，他只要遵从自己的本性即可。

然而，斯多亚派尽管弘扬自由意志和自由精神，但它本身是极端抽象、形式化和外在化的。它们是一种自由意志和自由精神，但仅仅存在于抽象思想和概念之中，仅仅停留在与命运同一的状态中。爱比克泰德通俗地表达了这种抽象自由，他坚持认为你可以把我囚禁在锁链中，你锁得住我的身体，但我的心、我的思想仍然是自由的；你可以砍掉我的手、我的脚甚至我的头，你可以尽情地折磨我的身体，你可以使我的身体屈服，但你不能使我的心屈服，我的思想、我的灵魂仍然是自由的。黑格尔在《哲学史讲演录》中把这种自由看作抽象的自由意志和自由意识。他说：

> 斯多葛派的自我意识也没有采取认真对待个体的形式。反之，它只是自己意识到自己的自由。但是斯多葛派的意识仅停留在概念里，没有达到对于内容的认识，而认识内容才是它应该完成的工作。[③]
>
> 斯多葛派的原则还没有达到这样一种具体的东西，一方面作为一个抽象的伦理性，另一方面作为在我之内的良心。自我意识本身的自由是基本原则，不过还没有达到它的具体形态，而那足以造成幸福的关系又仅仅被规定为不相干的、偶然的东西，必须予以放弃的东西。在理性的具体原则里，世界的情况和良心的情况都不是不相干的。[④]

从消极的、否定的角度来讲，斯多亚派所弘扬的这种自由意志和自由精神是抽象的和形式化的；但从积极的、肯定的方面来说，抽象的自由意志与自由精神毕竟通过斯多亚派的伦理哲学得到根本上的确立。基督教伦理思想首先就把这种抽象的自由意

---

① 〔美〕特伦斯·欧文：《古典思想》，覃方明译，沈阳：辽宁教育出版社，1998年，第209-210页。
② 《古希腊罗马哲学》，北京：商务印书馆，1961年，第375页。
③ 〔德〕黑格尔：《哲学史讲演录》第三卷，贺麟、王太庆译，北京：商务印书馆，1959年，第40页。
④ 〔德〕黑格尔：《哲学史讲演录》第三卷，贺麟、王太庆译，北京：商务印书馆，1959年，第46页。

志和自由精神吸收过来并作为自身伦理的核心原则，同时它也把这种自由意志和自由精神从抽象转化为具体，从普遍转化为特殊，从而赋予了这种抽象的自由意志和自由精神以具体的、丰富的内容。基督教伦理关于意志的自由选择和动机论道德观的思想就具体体现了这一点。

基督教伦理关于人的意志的自由选择和动机论的道德观的思想是建立在对自由意志原则的确立和承认的基础上的，这二者本身反过来又是对抽象的自由意志的内容化和具体化。在基督教伦理中，自由意志的原则体现在人的意志的自由选择和动机论的道德观中。首先，由于自由意志原则的确立，意志自由成为灵魂的禀性。灵魂可以做出服从或违背上帝所规定的秩序的自由选择，人可以自由地选择行善还是作恶，这样才会有上帝公正的赏罚，人才有承担他们自己选择的后果的责任。上帝并不干预人的意志的自由选择，上帝只是对自由选择所产生的善恶后果进行奖惩。在人的意志的自由选择问题上，每个个体的人因此得到了最大的自由，而本来抽象的自由意志原则得到最完满和最丰富的体现，但所有这些都要以对自由意志的承认和确立为根本基础。其次，正因为有了自由意志，人有了意志自由选择和选择行善与作恶的自由权利，所以最崇高、最理想的道德原则的维系必然是以动机而非效果来判断何为道德、何为善、何为正义。因而，作为基督教道德观基本原则的动机论道德观，是自由意志原则具体体现为人的意志的自由选择的基础上的必然延伸，它是维系基督教道德水准的基本原则。由上面分析可以看出，基督教伦理关于人的意志自由选择和动机论道德观的思想正是建立在斯多亚派伦理哲学中所确立的抽象的自由意志和自由精神基础上的，同时它们把这种自由意志和自由精神具体化和内容化了。

中晚期的斯多亚派随着自身的折中主义倾向愈来愈明显，他们不断吸收柏拉图主义哲学的成分，斯多亚派的哲学思想包括伦理哲学的柏拉图主义化的特征也越来越明显。罗素这样描述道：

> 他（引注：波昔东尼）之为世所知，主要地乃是作为一个折中主义的哲学家；他把柏拉图的许多教训（看来这些教训在学园的怀疑主义的阶段里是已经被遗忘了的）和斯多葛主义结合在一起。①

这种柏拉图主义化的倾向在斯多亚派的伦理哲学中就深刻地体现为他们关于精神与物质、灵魂与肉体二元分化的伦理倾向。斯多亚派极力推崇人的灵魂和精神而贬抑人的肉体和物质性的东西，认为肉体只是由比较精致的泥土构成的，肉体是人的灵魂和精神的桎梏，而人的灵魂在肉体死亡之后继续存在，死亡则帮助人们摆脱肉体的牢狱。西塞罗（Cicero，公元前 106 年—公元前 43 年）说：

> 我们被关进肉体的牢狱里的时候，我们是迫于不得已而劳苦工作，因为我们的灵魂本是天上的东西，降落地下，当然不合于其神圣而永恒的本质。②
>
> 我从来不相信灵魂在躯壳里便是活的，离开躯壳便是死的；我也不相信灵魂离开那本不能思想的尸身便不能思想，我以为灵魂脱离肉体之后，便是

① 〔英〕罗素：《西方哲学史》上卷，何兆武、李约瑟译，北京：商务印书馆，1963 年，第 328 页。

② 《西方哲学原著选读》上卷，北京：商务印书馆，1981 年，第 187 页。

> 纯粹光明，这才能说是有智慧。……身体睡眠的时候灵魂才能最清晰地表现它的神质，因为灵魂在自由而无桎梏的时候便能察知未来的事物。[①]

因而，中晚期的斯多亚派哲学家普遍认为精神的安宁比肉体的快乐更重要，认为追求精神的安宁才是追求一种真正的道德生活和幸福生活。晚期斯多亚派哲学代表人物塞内卡（Seneca，公元前 4 年—公元 65 年）在《论幸福生活》中写道：

> 它必须注意一切属于身体方面的事情，却并不给予任何事情以过大的价值；它应当享受幸运的恩赐，却不为此当奴隶。……这样就会得到一种持久的心灵安宁，一种自由，不为任何刺激和恐惧所动。要知道，肉体上的快乐是不足道的，短暂的，而且是非常有害的，不要这些东西，就得到一种有力的、愉快的提高，不可动摇，始终如一，安宁和睦，伟大和宽容相结合。[②]

基督教伦理对崇高灵性生活的确立及对肉体堕落的摒弃的思想最直接的来源应该是柏拉图主义哲学特别是新柏拉图主义的唯灵论思想，但并不能完全忽视斯多亚派哲学的这种精神与物质、灵魂与肉体的二元化伦理倾向对基督教伦理的影响，尽管斯多亚派的这一伦理思想起初也受到了柏拉图主义的影响。

首先，斯多亚派哲学在公元 1 世纪到公元 3 世纪是罗马帝国时期占统治地位和主导地位的官方哲学，斯多亚派的思想在当时社会中无论是上层、中层还是下层都有极为广泛和深刻的影响，因而从整体上讲，它对正在形成和发展中的基督教产生影响是理所当然的。其次，由于中晚期斯多亚派越来越把哲学重心转向伦理实践，他们把柏拉图主义关于灵魂的学说直接吸收并融入他们的伦理思想之中，这样由斯多亚派伦理对基督教伦理产生影响似乎更为直接。相比较而言，斯多亚派对于灵魂与肉体、精神与物质的二元分化还只是一种伦理倾向，灵魂与肉体、精神与物质的关系还远未达到一种二元对立，还处于一种比较温和的状态中。斯多亚派虽然极力追求灵魂和精神的安宁，但对肉体快乐和肉体享乐并未绝对摒弃。而在基督教伦理中，灵与肉的冲突一直是基督教伦理最主要、最激烈的矛盾冲突，它们之间的冲突一头连着上帝和天堂，另一头直接连着魔鬼和地狱。所以，斯多亚派伦理一方面的确对基督教伦理的形成有直接影响，但另一方面与之相比仍然有距离。

此外，斯多亚派伦理哲学关于忍受和节制的伦理行为方式，与基督教伦理的禁欲和苦修的道德实践形式之间的关联是最直接的。在正式成为合法宗教和罗马帝国国教之前，基督教遭受了罗马帝国统治者的残酷镇压和血腥屠杀，但基督教在这种腥风血雨中不断发展壮大。早期基督徒的这种忍辱负重的精神支柱除了来自对上帝的牢固信仰之外，很大程度上也有赖于他们实际践行着斯多亚派主张的这种忍受和节制的伦理行为方式。从某种意义上说，基督教的禁欲和苦修的道德实践形式是对斯多亚派的忍受和节制的伦理行为方式的极端化发展[③]。从思想根源的同一性上讲，二者都是源于一种精神对物质、灵魂对肉体的超越性思想。不同的是，前者以遵从理性为前提，

---

① 《西方哲学原著选读》上卷，北京：商务印书馆，1981 年，第 188 页。

② 《西方哲学原著选读》上卷，北京：商务印书馆，1981 年，第 190 页。

③ 值得一提的是，中晚期斯多亚派由于受犬儒主义影响，本身就有向禁欲主义伦理行为方式发展的趋向。

后者以信仰上帝为基础；前者是为了追求神圣的、永恒的幸福，后者是为了追求天堂的光辉与荣耀。对此，特伦斯·欧文在《古典思想》中这样评价：

斯多噶伦理学表明了某个人会如何心怀正直与对他人的关心而渡过他的一生，并且从未将自己献身于俗世的成功或寻求社会对他的报偿。在斯多噶伦理学中，基督徒可以看到如何既能做到超凡出世，又不是对于世界的状况或维持人类共同体所必需的习俗与制度无动于衷，漠不关心。出于这些原因，斯多噶伦理学最终被包括在基督教伦理学的表述之中。通过这些对基督教的影响，斯多噶的思想开始指引那些完全没有接触过纯粹的哲学运动的人们的某些思想与行动。[①]

4. 普罗提诺与新柏拉图主义

新柏拉图主义是最晚兴起的古希腊哲学，大约在公元3世纪至公元5世纪盛行于罗马帝国。新柏拉图主义顾名思义是以传统的柏拉图哲学作为其理论基础，但它也同时有机融合了希腊化时期来自东方的神秘主义思想，构成了古希腊哲学通往中世纪基督教哲学的重要理论中介，也成为晚期希腊化时期对基督教哲学影响最大的哲学流派。

新柏拉图主义的真正创始人和最大思想代表，也是对后来基督教哲学发展影响最大的思想家是普罗提诺(Plotinus，公元205年—公元270年)。普罗提诺是罗马帝国时期伟大的希腊哲学家。他从小生活在埃及，曾随罗马军队征战波斯，后定居罗马，并在那里著书立说，创立了新柏拉图主义哲学。

普罗提诺的著述都保存在他的《九章集》中，虽然这部作品保存比较完整，但其学生波菲利(Porphyrios，公元233年—公元304年)并没有按照体系性的范式来编排《九章集》。波菲利把普罗提诺的全部作品编辑成《九章集》，共6卷54篇。其中有些原本是一篇篇相对独立的论文，但是波菲利为了使文章结构趋向完美的“九”这个数字，就把它们拆开凑成了54篇。波菲利说：

我认为不能按发表时间排列书卷的顺序，我要仿照雅典的阿波罗多鲁(Apollodorus)的做法，他把厄庇卡尔玛斯(Epicharmus)的喜剧作品编辑成十卷本，我也要仿照逍遥学派的安德罗尼柯(Andronicus)，他根据主题把亚里士多德和塞奥弗拉斯特(Theophrastus)的书分类编辑，把相关论题的作品放在一起。由于我手头有普罗提诺的五十四篇作品，我就把它们分成六卷，每卷九篇《九章集》。能找到六和九这样完数，我感到很高兴。在每卷《九章集》中，我都把相关的范文放在一起，先易后难。[②]

“太一”、“理智”、“灵魂”是普罗提诺哲学的三大核心概念，也是其形而上学本体论的根基。普罗提诺追问存在的终极原因，他认为万物的终极原因正是“太一”。在《九

① 〔美〕特伦斯·欧文：《古典思想》，覃方明译，沈阳：辽宁教育出版社，1998年，第224-225页。

② 〔古罗马〕坡菲利：《普罗提诺的生平和著作顺序》，转引自〔古罗马〕普罗提诺：《九章集》(上册)，石敏敏译，北京：中国社会科学出版社，2009年。

章集》中，普罗提诺有时候也用“至善”、“万物的本原”、“神”、“第一者”、“父”、“（产生）万物的潜能”等语词来描述“太一”。在普罗提诺这里，“太一”是能动性的、永恒的实体，是实存而不是虚无的。“太一”的超越性并不代表“太一”是虚无的，不存在的，而是说这个“太一”已超出了理智世界，超越了柏拉图的“理念世界”（超越“是”），我们不能够用“是”来谓述它。“太一”高于以及先于（并非时间和空间意义上的占先，而是逻辑意义上的优先性）一切的存在。普罗提诺说：

> 它不是万物之一，而是先于万物的存在。①
>
> 它不是一个存在，因为存在的东西有着存在的形式，而它是没有形式的，甚至没有灵明的形式。我这样说，是因为创造万物的“太一”本身并不是万物中的一物。所以它既不是一个东西，也不是性质，也不是数量，也不是心智，也不是灵魂，也不运动，也不静止，也不在空间中，也不在时间中，而是绝对只有一个形式的东西，或者无形式的东西，先于一切形式，先于运动，先于静止。②

“理智”是普罗提诺讲的仅次于“太一”的第二本原，同时也是“太一”流溢出的第一个产物，普罗提诺用古希腊哲学里面代表“心灵”、“理智”的 nous 来命名它。关于“理智”这个次于“太一”的第二本原，普罗提诺在《九章集》中认为：

> 太一是永远完全者，……它生产的东西必然仅次于它，是除它之外最伟大的。理智就是这样的东西。因为理智只凝思太一……反过来，太一却并不需要理智……理智是万物中的最大者，因为万物都在它之后。③

由于理智是“太一”的第一受造物、最近的流溢者，它在统一性和创造性等方面都与“太一”最相似。在普罗提诺这里，理智并不是单纯的“一”，而是“一即多”。理智是复合物，不是形式与质料的复合，而是“思”与“思的对象”的复合，是本体论意义上的复合物。因此，在普罗提诺这里，理智包含一切，既是思又是思者，同时也是所思的内容，思和在是同一的。

“太一”流溢出理智，理智则流溢出灵魂。灵魂是理智的全部活动，是理智的影像，灵魂不仅要依赖于理智，同时也要时时凝视“太一”。灵魂作为第三大原初本原，是三层本体中最复杂的本体，也是普罗提诺论述最多的一个。普罗提诺的灵魂具有既可分又不可分的双重性。他说：

> 或者毋宁说，它自身是不可分的，也没有变得可分，始终保持自身的整体性；另一方面，因为形体是可分的，他们在接受灵魂时不可能保持灵魂的不分状态，因此在形体领域灵魂又是可分的。④

因此，灵魂所呈现出的特征与理智不同，理智是“一即多”，灵魂则是“一和多”，灵魂既是一又是多。灵魂的“一和多”指灵魂是作为整体居住在物体的“多”中，在物体中

① 〔古罗马〕普罗提诺：《九章集》（上册），石敏敏译，北京：中国社会科学出版社，2009 年，第 36 页。
② 《西方哲学原著选读》上卷，北京：商务印书馆，1981 年，第 214 页。
③ 〔古罗马〕普罗提诺：《九章集》（下册），石敏敏译，北京：中国社会科学出版社，2009 年，第 552 页。
④ 〔古罗马〕普罗提诺：《九章集》（上册），石敏敏译，北京：中国社会科学出版社，2009 年，第 375 页。

它表现为灵魂的多。如果物体分离，那么其形式也会分离。但是就灵魂本身而言它是具有整体性的，因为每一个分离的部分中的形式仍然是作为整体呈现。也就是说，就灵魂的本质而言，所有的灵魂都是同一个灵魂。即便下降到有形世界中的灵魂是以部分形式存在，但也并未丢失其原来的整体性，部分依然以整体为基础而存在，并且能够回归到整体。

普诺提诺的灵魂是联结两个世界的桥梁。一方面灵魂作为第三层本体处在有形世界的彼岸，另一方面灵魂创造出有形世界（这里指宇宙灵魂），又居住在有形世界（这里指的是个体灵魂）。普罗提诺将灵魂分成三个等级，从高到低依次为本体世界的灵魂、宇宙灵魂、个体灵魂。本体世界的灵魂是宇宙灵魂和个体灵魂的来源，而个体灵魂和宇宙灵魂相互之间是一种平行关系。这两种灵魂都源于本体世界的灵魂。宇宙灵魂具有自身的超越性而并不与有形事物相结合，而个体灵魂则会堕入有形世界中。普罗提诺将灵魂的内部结构也分为三个部分，这三个部分依次对应的是灵魂的理智部分、感知部分和推理部分。推理部分是灵魂中最为重要也最高级的部分，因为它是知识的源泉。

灵魂创造并下降到有形世界，这里下降的是个体灵魂而不是宇宙灵魂，宇宙灵魂始终保持着自身的超越性。灵魂不仅有向上欲求理智的冲动，还有向下关照有形世界的力量。但灵魂的这种下降是自愿的，由其本性所决定。灵魂下降并创造有形世界，同时照管着有形世界。因为下降，灵魂虽无可避免地堕落了，但是灵魂的下降在某种程度上又是必然的，是由永恒的自然法则所决定的。灵魂下降的必然产物就是产生可感的有形世界。灵魂作为理智世界和可感世界的桥梁，凭借其理智的内容创造了可感世界，而可感世界则是理智世界的影像，是被创造的。理智世界是完善的、永恒不朽的、真实的，而有形世界是不完善的、可朽的、不真实的。

然而，普罗提诺除了描述灵魂的下降和堕落，也同时描绘了灵魂的回归之路。灵魂最终是要从有形世界返回到理智世界，并进一步返回到“太一”，灵魂本身就是属于神圣的上界。普罗提诺强调通过灵魂自身具有的自我净化能力，将个体小我中的内在神性带回到大全的神道之中。灵魂上升至理智世界，在理智世界中获得安宁，但是这并不是回归旅途的终点。灵魂还要继续上升，最终达到与“太一”融合为一体。这时候灵魂已经不再是灵魂，而是与“太一”同一的神圣。普罗提诺认为，并不是人人都能达到至善，这种有关与“太一”合而为一的迷狂状态的体检是短暂的，而且本质上是一种只可意会不可言传的神秘体悟。这种出神入化的迷狂状态也是根本上不可言说的。关于这种神秘境界，普罗提诺曾这样描述：

> 摆脱了自己的身体而升入于自我之中；这时其他一切都成了身外之物而只潜心于自我；于是我便窥见了一种神奇的美；这时候我便愈加确定与最崇高的境界合为一体；体现最崇高的生命，与神明合而为一；一旦达到了那种活动之后，我便安心于其中；理智之中凡是小于至高无上者的，无论是什么我都凌越于其上。①

① 转引自〔英〕罗素：《西方哲学史》上卷，何兆武、李约瑟译，北京：商务印书馆，1963年，第366页。

毫无疑问，普罗提诺"三位一体"的形而上学本体论中充满了浓厚的神秘主义的色彩，然而他的这种形而上学架构也为后来基督教哲学特别是教父哲学时代有关"三位一体"教义的理解和讨论提供了某种有益的参考和启发。难怪奥古斯丁如此乐观地认为，如果普罗提诺再晚出生一点儿，他的思想只需要做某些细微的改动，就完全是一个纯正的基督徒了。

二、希伯来的文化传统

一般认为，西方文化和文明根源于两希文化传统，即希腊文化和希伯来文化。希腊的文化和教养透过诗歌、悲剧特别是哲学深刻影响了后来的罗马文化和基督教文化。而希伯来人的文化传统则主要透过犹太人所信仰的传统犹太教为基督教文化的产生和发展提供了有力的铺垫和准备。希腊文化教养和希伯来文化传统就像两条源远流长的文明之河，汇聚成滚滚向前的基督教文化和信仰的洪流，推动着西方 2000 多年以来的文明进程。

1. 犹太人所生活的世界

据可靠历史考证，犹太人的祖先希伯来人原本起源于美索不达米亚地区，原是闪米特人的一支。公元前 2000 年到公元前 1000 年左右，巴勒斯坦和叙利亚大部分地区都属于美索不达米亚文化区域，其中也包括希伯来人的文化。因此，希伯来人的传统文化与中东地区的许多文化之间具有天然的亲缘接近关系。"希伯来"一词的原意是指"另一边"，具体可能是指从幼发拉底河"另一边"过来的人。圣经旧约中记载，上帝耶和华给亚伯拉罕的儿子雅各取名为以色列，所以希伯来人自称为"以色列的子民"，即以色列人。

犹太人的祖先希伯来人大约在公元前 14 世纪上半叶侵入巴勒斯坦地区，占领了迦南之地①，并逐渐与当地土著的迦南人融合，形成统一的原始民族部落即以色列部落。所谓迦南人就是指原本居住生活在巴勒斯坦和叙利亚一带的闪米特人。此时，埃及人也逐渐进入其最强盛的帝国时代。埃及的第十八代法老将喜克索斯（Hyksos）人②逐出埃

---

① 迦南之地也就是后来圣经上所说的上帝耶和华许以犹太人的祖先亚伯拉罕的"美好宽阔流奶与蜜之地"，可见此地之富庶与肥沃。从历史地理位置来看，这块土地也就是今天两河流域（幼发拉底河与底格里斯河）交汇所形成的肥沃的冲积平原。然而，这块肥沃富庶之地向来是兵家必争之地，却无险可守，易攻难守。从历史地理学这个角度似乎也可以在某个层面解释为什么历史上但凡周边有强盛民族兴起，原先居于此地的犹太人都会遭受被掳掠的命运。

② 喜克索斯人是古代亚洲西部的一个混合民族，可能由塞姆族的部落以及部分胡里特人和其他印欧族的人混合而成，于公元前 17 世纪从叙利亚巴勒斯坦地区进入埃及东部并在那里建立了第十五王朝和第十六王朝（约公元前 1674 年至公元前 1548 年）。大约公元前 1786 年，强大的第十二王朝结束，继承它的第十三王朝很弱小。这两个王朝的首都都不在上埃及的底比斯，而在孟菲斯附近。它位于尼罗河三角洲的南端。虽然这个地方位于古埃及的中心，但第十三王朝无力在这里控制整个埃及。首先是尼罗河三角洲西部沼泽地的一个比较强大的家族从中央分裂，建立了第十四王朝。第十三王朝中期涅弗霍特普一世统治时期（约公元前 1740 年至公元前 1730 年）这个分裂的过程加剧。涅弗霍特普一世的弟弟和继承者索贝克霍特普四世统治时期喜克索斯人在尼罗河三角洲出现了。大约公元前 1720 年他们占领了阿瓦利斯。这些统治三角洲东部的喜克索斯王子和他们的埃及依附者所统治的时代合称为第十六王朝。与此相应，上埃及的当地统治家族宣布脱离孟菲斯的统治，建立了一个独立的王朝，即第十七王朝。这个王朝后来将喜克索斯人赶回了亚洲，解放了埃及。

及，自此国力日盛，建立了一个持续250年左右的强盛帝国。公元前13世纪末，埃及第十九代法老梅尼普塔(Marniptah)出兵征服了巴勒斯坦，并刻下碑文标榜战功："以色列已化为废墟，但它的种族并未灭绝。"这是这一时代的碑记中首次提及以色列人。同时，此碑文也表明当时以色列人生活在巴勒斯坦地区，但并不是作为一个独立的王国，至多只不过是一个部族而已。之后，梅尼普塔开始把大批以色列人掳掠到埃及做奴隶，以色列人陷入被奴役的现实苦难之中。后来，经历了先后四任法老的统治以及长达12年的无政府状态之后，埃及人实际上已经无力继续控制巴勒斯坦地区。后来就有了《圣经・出埃及记》中所记载的以色列民族的英雄摩西率领以色列人逃出埃及的传说。尽管关于以色列人出埃及一事本身的历史真实性，时至今日除了圣经中的记载之外没有任何其他的可靠证据出现。就圣经本身的记载来说，摩西带领以色列人出埃及并在西奈山上颁下十诫的故事，正是以色列人被他们所信仰的上帝耶和华召选为一个特殊民族的重要信仰事件，也注定了其一开始就成为犹太教信仰的中心。而屹立在整个事件中心位置的，毫无疑问即是摩西。虽然除了圣经中的记载和描述之外，对于摩西的生平我们一无所知，但他毫无疑问是出埃及和西奈山颁十诫两个重要信仰事件的中心和主角。因此，摩西是犹太人信仰的伟大创始者，犹太人的整个信仰历史都是在摩西这里肇始的。

随着埃及帝国渐趋没落，埃及人对巴勒斯坦地区的实际控制能力日渐式微。也就是在以色列人出埃及抵达迦南之地一个世纪以后，即公元前12世纪，非利士人取代了埃及的统治，入主巴勒斯坦。和埃及人不一样的是，非利士人对以色列人的领地并非完全占领，他们实际控制的区域并未延伸到加利利地区以及约旦河东岸。非利士人牢牢控制了巴勒斯坦海岸的加萨、亚实基伦、亚实突、以革伦和迦特五个城市，每个城市都由一位君长(seren)来管治，组成了五城联盟政权。《圣经》中的《士师记》和《撒母耳记》记述的就是这一段历史。士师时代是犹太人在巴勒斯坦地区顺应、调整以及重新团结凝聚起来的过渡时期。犹太人逐渐由过去的半游牧的生活状态过渡为农耕部落。士师时代这些犹太人的经济状况得到改善，生活水平得到了逐渐而显著的提升。靠海的城市逐渐开始发展海上贸易，而在约旦河东西两岸，原先长满树木的高原地带逐渐被开辟成了新的耕地。在这个时代，各种各样称为"士师"的领袖兴起，如《士师记》中所记载的基甸、耶弗他、参孙。这些士师领袖虽然难以像先前的摩西那样引领整个以色列民族去抗争，但他们凭借个人身上所具有的"神力"，往往在危险关头挺身而出去抗拒敌人。

公元前11世纪末，犹太人中涌现出一位杰出领袖撒母耳(Samuel)。撒母耳年少家贫，追随大祭司学习法典祭礼。后来，撒母耳亲自到犹太各个部族之间宣扬上帝耶和华的应许，广建圣殿，设立约柜，鼓舞人心。犹太民众想要推选撒母耳做他们的国王，但撒母耳坚决不肯。民众坚持要立其为王，万般无奈之下，撒母耳推选扫罗(Saul)为王。扫罗一开始并不为民众所接受，然而扫罗英勇善战、百战百胜、屡立战功，逐渐获得民众信任和拥戴。由此开启了以色列历史上的黄金时代。以色列各部落在扫罗、大卫和所罗门三位王的先后统帅下，打败了非利士人，控制了整个巴勒斯坦地区，形成了统一的国家，史称以色列王朝时期。然而好景不长，公元前930年，随着所罗门王去世，原先统一的以色列王朝逐渐分裂为北部的以色列国和南部的犹太国，从此以后战乱迭起，国力日衰。公元前722年，北国以色列与埃及密谋意图联合反攻亚述，结果一败涂地。亚述人攻陷以色列国首都撒玛利亚，掳走27万以色列人充军为奴，以色列从此变成了亚述人附属的一个行省。公元前711年，北国以色列人再次造反，再败于亚述人，又有20万犹太人被俘为奴。亚述人又一鼓作气挥军南下攻占埃及，建立了统一的大帝国。自此，北国以色列和南国犹太都变成了亚述人控制的附属区域。

公元前636年，巴比伦人日渐强盛，他们击败了亚述人，并试图进一步攻占埃及。巴比伦人在与埃及人交战初期屡屡受挫，犹太人趁乱企图反叛巴比伦人的统治。不料事与愿违，巴比伦人越挫越勇，后来不仅大败埃及人，而且重新控制犹太人居住的地区，俘虏大量犹太人充军为奴。公元前586年，犹太人再次造反，巴比伦王尼布甲尼撒率领军队占领犹太国首都耶路撒冷，毁坏犹太教圣殿，将大部分百姓掳到巴比伦。加之公元前597年的人口掳掠，史称“巴比伦之囚”(Babylonian Captivity，公元前597年—公元前538年)。

后来一直到公元前538年，新兴的波斯帝国波斯王居鲁士(Cycus，公元前550年—公元前530年在位)灭了巴比伦，开始了对巴勒斯坦地区长达200年的统治。波斯人统治期间相比于巴比伦人更为宽容，释放了一部分先前被掳掠的犹太人，让他们回到巴勒斯坦重建家园和犹太圣殿。在民间宗教领袖——“先知”——的引领下，以色列人于公元前516年重建了曾被巴比伦人损毁的犹太教圣殿。这时北方称为撒玛利亚，南方称为犹太，双方均以耶路撒冷作为存放约柜的圣城。公元前4世纪，年轻的亚历山大大帝击败波斯人和埃及人，建立了横跨欧亚非三洲的不可一世的马其顿帝国，犹太人再次成为马其顿人的附庸。公元前323年，年轻的亚历山大在回师巴比伦的路途中不幸病逝。亚历山大死后，马其顿帝国一分为三，即希腊本土的马其顿王朝、埃及的托勒密王朝和东方的塞琉西王朝。以色列人在埃及托勒密王国和叙利亚塞琉西王国的夹缝中苟延残喘。一直到公元前165年，以色列人才在玛喀比兄弟的领导下推翻了塞琉西王国的统治。然而等待他们的却是一个新崛起的更强大的罗马帝国。公元前68年，犹太人又落于罗马人之手，以色列国再次沦为罗马帝国的附庸，隶属于叙利亚行省的罗马总督管辖。

2. 一神论信仰与《圣经》旧约

详细历史考证表明，犹太人把耶和华确定为唯一的神或上帝绝非原本如此，而是经历了一个长期的历史发展过程逐渐演进而来的。具体来说，我们今天所熟悉的作为唯一神教的犹太教并不是希伯来人自古以来就有的信仰，而是开端于传说中的摩西时代，在以色列人结束“巴比伦之囚”并返回耶路撒冷之后才逐渐定型的。而在此之前犹太人所信仰的是以民族部落所信奉诸神为主体的多神论宗教。据圣经中的记载来推算，犹太人的祖先亚伯拉罕生活的年代在公元前20世纪到公元前18世纪，其所生活的时代正处于古代希伯来原始氏族部落时期。亚伯拉罕所在的氏族部落虽已选择耶和华作为本氏族部落的保护神和上帝，但与此同时也信仰“外邦神”。例如，古代迦南和叙利亚一带部落民众所信仰崇拜的那些传统神灵。古代迦南人原本有自己所信奉的至上神，名叫埃尔(El)。至上神埃尔的伴侣是“圣母”阿什拉(Ashrat)，同时他还有三位兄弟，其中最受欢迎的是巴力(Baal)，迦南人尊称其为“天主”，巴力后来为鬼怪所杀，最终又再次复活。至上神埃尔之子就是死亡之神莫特(Mot)。大体上看，迦南地区的原始宗教与古代埃及和叙利亚的传统宗教有诸多相近相似之处。《圣经·创世纪》中多次提到作为亚伯拉罕子孙的雅各家族既信仰耶和华，也信仰外邦神。经文中这样说道：

> 上帝对雅各说：起来，上伯特利去住在那里，要在那里筑一座坛给上帝，就是你逃避你哥哥以扫的时候向你显现的那位。雅各就对他家中的人，并一切与他同在的人说，你们要除掉你们中间的外邦神，也要自洁，更换衣裳。我们要起来，上伯特利去，在那里我要筑一座坛给上帝，就是在我遭难的日子，应允我的祷告，在我行的路上，保佑我的那位。他们就把外邦人的神像和他们耳朵上的环子交给雅各。雅各却藏在示剑那里的橡树下。①

实际上，犹太人当时除了信奉外邦神，同时也存在明显的原始祖先崇拜。因此，亚伯拉罕时代的希伯来人既信奉多神也崇拜祖先，与后来形成的唯一神论的犹太教存在根本差异。实际上，直到后来摩西带领以色列人出埃及并在西奈山上颁下十诫，希伯来人才真正走向并开始确立唯一神论的信仰。众所周知，十诫的头三条都是在强化对上帝耶和华的唯一信仰。它们分别是：①除耶和华以外，以色列人不可有别的神；②不可制作并事奉偶像；③不可妄称耶和华上帝的名。后来，随着犹太人沦为巴比伦之囚，面对现实的种种压迫和苦难，为了加强凝聚力并灌输上帝耶和华必来拯救以色列人的信念，上帝耶和华是唯一真神的观念进一步被强化。《以赛亚书》中上帝耶和华一再对犹太人宣称自己是唯一真神。

> 我是首先的，我是末后的，除我以外再没有真神。②
>
> 我是耶和华，在我以外，并没有别神，除了我以外再没有上帝。③

而犹太人的这种唯一神论的观念充分展现在其旧约经典之中。“旧约”通常是指圣经中被犹太教奉为圣书经典的那些书卷。大约迟到公元 90 年的时候，希伯来圣经正典才最终得以确立。从表面上看至少遵从了以下四个基本标准：①经书内容上必须与摩西五经保持一致性；②经文成书的年代不能晚于公元前 400 年即以斯拉时代④；③经书最早必须是用希伯来文所写就；④经书从源头上讲必须是书写于巴勒斯坦地区。依据这些甚至是更多更严格的遴选标准，旧约共包括 39 卷⑤的基本规模，按类别

① 和合本圣经《创世纪》第 35 章 1 节至 4 节。

② 和合本圣经《以赛亚书》第 44 章 6 节。

③ 和合本圣经《以赛亚书》第 45 章 5 节。

④ 以斯拉(Ezra)，又称文士以斯拉(希伯来文是עזראהסופר，拉哈索弗)，是一位大祭司，生活的年代约在公元前 480 年至公元前 440 年，是希伯来圣经中的一个重要人物，精通摩西的律法书，著有《以斯拉记》，由以斯拉在公元前 460 年左右完成。

⑤ 后来天主教会一直沿用至今的官方权威版本的圣经，即武加大译本(Biblia Vulgata，又译拉丁通俗译本，是一个公元 5 世纪的圣经拉丁文译本，由圣哲罗姆自希腊文版本进行翻译，公元 8 世纪以后该译本得到普遍承认，1546 年特兰托公会议将该译本批准为权威译本)的圣经，其旧约部分还包含次经 7 卷。

通常划分成律法书、历史书、智慧书和先知书四大类。

旧约前五卷通常被称作律法书或摩西五经，包括《创世纪》、《出埃及记》、《利未记》、《民数记》和《申命记》。摩西五经特别讲述了以色列民族的起源以及他们作为上帝选民的特殊身份，同时也以律法和诫命的方式具体规定了维护这种上帝选民独特身份的基本规范。律法书的结尾处结束于以色列人等待进入应许之地。

而历史书的第一个篇章《约书亚记》讲述的是，约书亚作为摩西的后继者以及以色列人的领袖带领以色列人征服迦南的故事。《士师记》记载的以色列历史始于约书亚之死，终于撒母耳的兴起，讲述的是以色列人在他们的领袖即诸位“士师”的引领下在迦南地区地位的巩固。《路得记》以某种侧写的方式讲述了以色列人在“士师时代”所面临的诸种问题以及由此所引发的诸种关切。《撒母耳记上》和《撒母耳记下》这两部姊妹篇描述了以色列逐渐发展的王权，先后出现了扫罗、大卫和所罗门三位有统治力的贤王。三王统治的时期也正是以色列王朝的黄金时代。《列王记上》和《列王记下》紧随其后，描述了所罗门王之后以色列王国陷入分裂到著名的“巴比伦之囚”的历史进程。而《历代志》似乎是在犹太人陷入深重的现实苦难之际警醒和鼓励他们上帝的临在和应许的连续性。历史书的最后两个篇章《以斯拉记》和《尼希米记》记载了公元前538年波斯帝国灭亡巴比伦人以后，波斯王居鲁士释放大批先前被巴比伦人所掳掠的犹太人，允许他们返回耶路撒冷并重建圣殿的故事。

在旧约四卷最主要的智慧书中，《约伯记》、《箴言》和《传道书》都是在讲旧约中一个重要的主题——智慧。这种智慧主要不是在讲人的行为中所具有的日常智慧，其实是在处理源于上帝的有关人生奥秘的智慧知识。而《诗篇》则由成形于公元前3世纪的一连串诗集组合而成，它们主要是以色列人在其圣殿中敬拜上帝所吟诵的诗歌。智慧书中的最后一卷《雅歌》一般认为是所罗门所写的经典爱情诗。

旧约中另一个非常重要的话题就是预言。希伯来文中的“nabi”一词原意是指“替另外一个人讲话的人”或“代表”。在古代近东和中东地区，说预言的现象非常普遍。旧约中多处提到“巴力的先知”，意指那些宣称代表迦南地区原初主神巴力做事和讲话且本身具有超凡能力的人。公元前8世纪到公元前6世纪是先知最活跃的时期。这一时期先知们如耶利米等人主要是预言上帝对以色列人所显明的旨意。旧约中也用了相当大的篇幅来专门记载这些先知们的各种预言。先知书具体划分为“大先知书”和“小先知书”。其中，大先知书有《以赛亚书》、《耶利米书》、《以西结书》和《但以理书》。分别记载了四位著名先知以赛亚、耶利米、以西结和但以理在以色列人历史发展的不同时期所作的预言。其中，《耶利米书》是整部圣经中篇幅最长的书卷。小先知书包括12卷经文。具体有《何西阿书》、《约珥书》、《阿摩司书》、《俄巴底亚书》、《约拿书》、《弥迦书》、《那鸿书》、《哈巴谷书》、《西番雅书》、《哈该书》、《撒迦利亚书》和《玛拉基书》。这些经文书卷大致是按照这些先知活跃的历史时期为序来排列的，记述了犹太人在“巴比伦之囚”结束以后重建家园和圣殿时期，像哈该、玛拉基等先知所预言的一些非常重要的事项。

从整体上来看，所有这些旧约书卷作为犹太教的经典充分展现了犹太教传统所信守的最基本的宗教观念。具体包括：①上帝耶和华是宇宙间独一无二的真神；②犹太人作为亚伯拉罕的子孙后代是唯一与上帝立约的特殊子民，上帝对其有一种特殊的关爱和眷顾；③犹太人所深陷的现实苦难是上帝对其所犯下的罪的惩罚；④犹太人热切期盼着弥赛亚[①]救世主的到来以拯救他们从现实苦难中摆脱出来，从而进入“千禧年”幸福喜乐的状态。所有这些都为后来基督教的形成和确立提供了强有力的圣教背景。从基督徒的立场来看，旧约的这些神圣书卷是对上帝作为的历史记录和真实见证，恰在为新约福音书中耶稣基督的到来做铺垫和准备。

3. 犹太哲学家斐洛的影响

在晚期希腊化时期，没有人比斐洛对基督教的影响更大。埃及的亚历山大里亚[②]人斐洛大约生活在公元前25年至公元50年的罗马帝国，是与传说中的耶稣和保罗属于同时代的历史人物。斐洛出身于当地显贵的犹太家庭，是一个精通希腊文化的犹太人，在他的身上充分体现出希腊文化尤其是希腊哲学与犹太教信仰的完美结合。斐洛精通古典希腊文，用希腊文写作，熟悉荷马史诗和古希腊悲剧，对毕达哥拉斯、赫拉克利特、亚里士多德、斯多亚学派尤其是柏拉图的哲学颇有研究。正因如此，斐洛本人切身体会到希腊哲学的博大精深，希望把希腊哲学和传统犹太教有机融合在一起。谈及斐洛思想的典范意义，有人曾这样评价道：“斐洛是调和希腊哲学和希伯来圣经，调和理性主义和启示运动的顶峰。为了这种目的，他挑选了希腊哲学中最伟大的柏拉图。在这样做的时候，他为后世的神学家们树立了典范。首先是普罗提诺，遵循斐洛调和柏拉图和希腊宗教；接着是奥古斯丁，调和柏拉图和基督教；接着是阿尔·法拉比调和柏拉图和伊斯兰教。”[③]

柏拉图的理念论哲学对斐洛哲学具有非常深刻的影响，甚至从某种程度上讲，斐洛哲学的出发点正是柏拉图的理念论哲学。斐洛从希腊哲学的“逻各斯”概念出发，认为“在物质世界出现之前就有一个无形体的世界存在于神的‘逻各斯’或‘理性’中，就像一个城市的设计早存在于设计者的大脑里”[④]。神的“逻各斯”或理性构成了理念世界，作为可感经验世界的原型，后者则是前者的摹本。斐洛这样说道：

> 当神想要创造这个可见世界时，他首先完美地构成了这个理智世界，以便于在他创造物质世界时可以使用这个完全像神的、非物质的原型。物质世界，作为后发生的创造物，为前者的摹本……这个由理念构成的宇宙除了在神圣的逻各斯中没有别的位置，神圣的逻各斯是这个有序构造的创造者。[⑤]

---

① 弥赛亚的希伯来文מָשִׁיחַ（阿拉米语是משיחא，阿拉伯语圣经是يسوع，古兰经记载是عيسى，伊斯兰教汉译为麦西哈），意思是“擦油净身的人”，或译“受膏者”、“受傅油者”、“受傅者”，也就是“被膏油浇灌的人”，“膏立”或“傅油”（也就是把膏油倒在“受膏”或“受傅”的人头上）是古希伯来人册立君王的神圣仪式，细节详见《旧约·撒母耳记》先知撒母耳膏立扫罗和大卫做王，在《旧约·以赛亚书》和《旧约·但以理书》等多部先知书中，“弥赛亚”是先知所预言的解救万民的救世主。

② 当时埃及的亚历山大里亚是希腊文化的中心，柏拉图主义尤为盛行。

③ 〔美〕J. K. 菲布尔曼：《宗教——柏拉图主义：宗教和柏拉图的相互关系》，转引自范明生：《晚期希腊哲学和基督教神学——东西方文化的汇合》，上海：上海人民出版社，1993年，第212页。

④ 〔古罗马〕斐洛：《论〈创世纪〉——寓意的解释》，王晓朝、戴伟清译，北京：商务印书馆，2012年，第16页。

⑤ 〔古罗马〕斐洛：《论〈创世纪〉——寓意的解释》，王晓朝、戴伟清译，北京：商务印书馆，2012年，第24-26页。

在斐洛这里，第一，“逻各斯”作为理念是神在创造有形世界之前内在于其心灵之中的，是永恒的、无限的、超越的和非创造的。第二，“逻各斯”或理念是神创造有形世界过程中的中介和媒介。第三，斐洛认为，上帝成为神秘的“逻各斯”或“道”，而整个世界无不是“逻各斯”或“道”的显现，即“道成肉身”。第四，神的“逻各斯”或理性也是神赋予自然世界并内在于其中的永恒规律。第五，神圣的“逻各斯”内在于我们人的理性之中，它代表了我们理性认识中积极性和能动性的要素。通过把希腊哲学中的“逻各斯”概念和“理念论”引入旧约，斐洛为犹太教传统构建了一整套形而上学的理论体系。

斐洛像当时许多希腊化的犹太思想家一样，主张用隐喻的方式来解释犹太教经典，试图凭借寓意解经来沟通哲学与神学、理性与启示、希腊哲学与犹太教传统，从而使《圣经》旧约从一部记载以色列人传统历史的典籍转变成为一部充满了深刻哲学意义和启示真理的神圣书卷。依托于这种寓意解经法，斐洛试图把传统犹太教的经典《圣经》旧约特别是最重要的摩西五经中所包含的真理与奥秘用希腊哲学的话语体系解释出来，把来自神的神圣启示与希腊哲学的基本概念紧密结合在一起，从而使得古老的犹太教经典能够被更多接受过希腊文化和希腊哲学教养的人们所理解和接受。黑格尔对此评论道：“他特别擅长柏拉图的哲学，此外他更以引证犹太圣书并加以思辨的说明出名。他把犹太族的历史当作基础，加以注解。但是历史上的传说和叙述，在他眼睛里都失去了直接的现实意义，他甚至从字句里找出一种神秘的、寓言式的意义加到历史上去，在摩西身上他找到了柏拉图。”[①]

在此，一方面，斐洛强调圣经文本字面意义是我们了解其寓意含义的基础，圣经文本的字面意义和其背后的寓意含义之间的关系犹如我们自己的肉体和灵魂，两者缺一不可。另一方面，斐洛又认为圣经如摩西五经是摩西用饱含寓意性的语言所记录的。因此，唯有通过寓意解经的方法透过其字面意义去把握其背后的寓意含义，才能真正把握住其本质内容，也才有可能真正接近其背后的神圣奥秘。在斐洛看来，圣经文本的字面意义只是其表面的躯壳，而其寓意才是真正的灵魂。因此，研习圣经不能止于对经文字面意义的理解，更重要的是去把握背后所象征的属灵意义。斐洛甚至认为，如果圣经文本的字面意思引起了事实上的自相矛盾或者与神学信仰上的根本冲突，那么这个所谓的字面意义就是不合理的，应当遭到反对和拒绝。斐洛所推崇的这种寓意解经的方法后来被早期教父哲学家们所继承并进一步加以推广，对早期基督教哲学产生了重大影响。

> 通过斐洛对《圣经》的解释，以及对希腊化——犹太宗教哲学的寓意解释，及其在后来亚历山大教会的伟大神学家克莱门特和奥利金那里的继承和发展，斐洛成为整个基督教历史发展中最重要的影响因素之一。[②]

从总体上来看，斐洛这种积极融合希腊文化和希伯来文化、希腊哲学和犹太教传统的做法深刻影响了早期基督教的发展，对于后来教父哲学时期尤其是以殉教者查士

① 〔德〕黑格尔：《哲学史讲演录》第三卷，贺麟、王太庆译，北京：商务印书馆，1959 年，第 162-163 页。

② 〔美〕H. 科埃斯特：《希腊化时期的历史、文化和宗教》第一卷，转引自范明生：《晚期希腊哲学和基督教神学——东西方文化的汇合》，上海：上海人民出版社，1993 年，第 239 页。

丁为代表的希腊教父产生了深远的影响,其中包括著名的教父哲学家奥古斯丁。从这个意义上讲,斐洛为后来的基督教文化有机融合两希文化传统树立了很好的思想榜样和理论楷模。恩格斯曾把斐洛的哲学生动比喻为是"基督教的真正父亲"。他这样评论说:"公元 40 年还以高龄活着的亚历山大里亚的犹太人斐洛,是基督教的真正父亲,而罗马的斯多葛派塞涅卡可以说是基督教的叔父。在斐洛名下流传到现在的许多著作,实际上是讽喻体的唯理论的犹太传说和希腊哲学即斯多葛派哲学的混合物。这种西方观点和东方观点的调和,已经包含着基督教全部的本质观念——原罪、逻各斯(这个词是神所有的并且本身就是神,它是神与人之间的中介)、不是用牺牲而是把自己的心奉献给神的忏悔……"①

三、基督教与罗马帝国

基督教起初是从希伯来人的传统宗教犹太教中脱颖而出的。耶稣被钉死在十字架以后,公元 1 世纪上半叶,使徒彼得、保罗等人遵照耶稣基督复活后的启示,在罗马帝国广阔疆域内把基督教的福音传播到外邦人中。对于信奉传统多神教的罗马帝国的统治者来说,这种宣扬信靠上帝和天国福音的基督教信仰既蛊惑人心又充满威胁,因此罗马帝国对于基督教最初采取的是残酷压制和迫害的强硬政策,试图把基督教信仰扼杀在萌芽状态。自从著名暴君尼禄②皇帝公元 64 年第一次公开迫害基督徒开始,一直到公元 313 年君士坦丁大帝颁布著名的《米兰敕令》,罗马帝国的统治者们对新兴的基督教信仰先后进行了不少于十次的大规模的迫害。早期基督徒们在虔敬信仰和坚定信念的强大支撑下,勇敢面对罗马帝国的残酷迫害,不惜为信仰而殉道,最后成功征服和改造了罗马帝国,终于在公元 4 世纪初被罗马帝国承认为合法宗教,并最终取代罗马传统多神教而成为罗马帝国国教。

1. 艰苦的抗争

在其发展之初的 250 年间,即从公元 64 年尼禄第一次大规模迫害基督徒到公元 313 年《米兰敕令》首次承认基督教的合法性,基督教经历了一段与罗马帝国艰苦抗争的苦难历程。初兴的基督教遭受了至少十次以上的大规模迫害,以及数不胜数的欺凌、侮辱和歧视。生活在公元 2 世纪至公元 3 世纪的拉丁教父德尔图良曾说:"基督徒的鲜血乃是教会的种子。"这句话毫不夸张地刻画出了在最初的几个世纪的艰难发展历程中,基督徒们敢于直面罗马统治者的残酷迫害,前赴后继地为信仰而献身的殉道

---

① 《马克思恩格斯全集》第 19 卷,北京:人民出版社,1963 年,第 328-329 页。

② 尼禄(Nero Claudius Caesar Augustus Germanicus,公元 37 年—公元 68 年),罗马帝国第五位皇帝,朱里亚·克劳狄王朝第五位亦是最后一位皇帝,公元 54 年至公元 68 年在位。公元 54 年,罗马皇帝克劳狄乌斯驾崩,尼禄凭借其母小阿格里皮娜此前的诸多谋划,顺利即位称帝。尼禄是古罗马乃至欧洲历史上著名的暴君。在位时期,奢侈荒淫,行事残暴,杀死了自己的母亲及几任妻子,处死了诸多元老院议员。公元 68 年,高卢、西班牙诸行省先后爆发了反对尼禄的叛乱,尼禄感到穷途末路,仓皇逃离首都罗马。罗马元老院获悉后当即宣判尼禄为"国家公敌",承认率军起义的西班牙行省总督加尔巴为皇帝。同年 6 月 9 日,尼禄被迫自尽。尼禄的死标志着罗马帝国的第一个王朝即由奥古斯都开创的朱里亚·克劳狄王朝至此终结。

精神。

基督教传入罗马的具体时间已经无从详细稽考，据圣哲罗姆[①]推算，使徒彼得大概是在公元42年第一次来到罗马。实际上，在《圣经》保罗书信中，也的确曾提到过这一时期有基督徒团体在罗马的传教事迹。苏维托尼乌斯在其《罗马十二帝王传》中记载了克劳狄[②]皇帝曾下令驱逐犹太人，原因是犹太人受到耶稣基督的蛊惑不断制造骚乱。[③] 威尔·杜兰在其《世界文明史·恺撒与基督》中认为：

> 我们不知道彼得于何时，经由何路线到达罗马，哲罗姆(Jerome，约在公元390年)推算彼得首次到达罗马的时间，是在公元42年。虽经各种的议论，但彼得在罗马担任了建立教会的主要角色，这个传说，终被确认。拉克坦提乌斯(Lactantius)认为彼得是在尼禄王(Nero)统治罗马帝国时，到达罗马。可能他曾多次访问这个城市。他与保罗，一个是自由之身，一个是被囚之犯，但同样在那里带领许多人归主，直到他们俩人，大约在同一年，即公元64年，为福音殉道而死。[④]

罗马人起初只是将新兴的基督教与传统的犹太教混为一谈，将其看作传统犹太教内部诸多改革派或改良派中的一支。当时的罗马帝国幅员辽阔，多元文化混杂。一般来讲，对于罗马帝国的统治者来说，当时流行于罗马帝国广阔疆域内的各种宗教信仰只要不对罗马帝国的现实政治统治和社会秩序稳定构成威胁，只要是宣誓效忠于罗马帝国，通常都是采取听之任之的态度，并不予以过多干涉。然而，从犹太人中兴起的基督教信仰却给罗马人带来了严重威胁和挑战。一方面，基督教会自上而下严密的教会组织性和纪律性让罗马人深感不安；另一方面，基督徒所奉行的种种奇怪而神秘的信条和仪式(如聚众祈祷、领受圣餐等)逐渐引起罗马人的反感。最根本的在于，这种新的基督教信仰主张一种与罗马人传统的多神教信仰完全相悖的唯一神论信仰，而与此同时很多基督徒出于这种新信仰的严格规定拒绝敬拜罗马皇帝和罗马人世代尊崇的诸位神明。这些方面都极大触犯了罗马人的传统观念。但布林顿等人坚持认为，罗马人对基督徒发动迫害最初基本上还是出于政治方面的考虑。布林顿说：

> 基督徒所认为的“迫害”对罗马统治者而言，仅是他们维护公共秩序的责任，防止一些在他们看来似乎是一群叛徒或胡闹的疯子的男男女女……最初几世纪的基督徒对有教养的希腊人与罗马人而言，是任性的与粗鄙的狂信

---

① 哲罗姆(Jerome，约公元340年—公元420年)，早期拉丁教父，是古代西方教会著名的圣经学者。公元340年出生于罗马帝国斯特利同城，公元366年皈依基督教。哲罗姆一生致力于基督教神学和《圣经》的研究，曾根据希腊文版本用拉丁文重新翻译圣经，即圣经武加大译本(Biblia Vulgata，又译拉丁通俗译本)。由于此译本对中世纪神学有很大影响，16世纪中叶被特兰托公会议确定为天主教官方权威版本的圣经。哲罗姆晚年隐修定居于耶稣的出生地伯利恒。

② 克劳狄一世(Tiberius Claudius Drusus Nero Germanicus，公元前10年—公元54年)，罗马帝国朱里亚·克劳狄王朝的第四任皇帝，公元41年至公元54年在位。公元41年，皇帝卡利古拉遭到刺杀后，近卫军拥立这位克劳狄乌斯家族的中年男子，并受到罗马元老院的承认而继位为罗马皇帝。克劳狄的统治力求各阶层的和谐，凡事采取中庸之道，修复了卡利古拉时期皇帝与元老议员之间的破裂关系，提高行省公民在罗马的政治权利，并兴建国家的实业。后期史学家认为，罗马帝国初期政治的中央集权统治形式是在克劳狄的手中和平地转移完成的。

③ 〔古罗马〕苏维托尼乌斯：《罗马十二帝王传》，张竹明、王乃新等译，北京：商务印书馆，1995年，第209页。

④ 〔美〕威尔·杜兰：《世界文明史·恺撒与基督》下册，幼狮文化公司译，北京：东方出版社，1999年，第709页。

者；对一般人民而言，他们是危险的怪物，这却是实实在在。[①]

公元64年，在尼禄当政时期，罗马帝国对基督徒发动了第一次大规模迫害。根据优西比乌在其《教会史》中的记载，尼禄是第一个公开反对上帝的人。尼禄听信谗言，开始对众使徒下手。正是在其当政期间，使徒保罗在罗马被斩首，彼得也被钉上十字架。[②] 德尔图良在其《护教篇》中也讲道：

> 查看一下你们自己的记录，你们就会发现：正是尼禄，第一次开始利用帝国的刀剑对付在罗马方兴未艾的基督教教派，我们可以夸口，因为剪除教会的始作俑者是尼禄，每一个了解尼禄的人都很清楚，只有至善的东西，才会遭到尼禄的谴责。[③]

据罗马时代著名历史学家塔西佗[④]记载，公元64年，暴君尼禄为了在罗马城建造供自己享用的新宫殿，不惜暗中指使人纵火烧毁罗马城。这场大火持续燃烧了六天，造成旧罗马城原先的14个城区中有10个城区被烧成一片废墟，只有4个城区保存完整。据说当大火吞噬着罗马城时，尼禄却登上了他的私人舞台大声歌唱《特洛伊卡》剧中关于特洛伊城被焚的诗句。后来尼禄为了推卸责任，就把纵火罪责直接嫁祸于基督徒，让基督徒充当替罪羊。于是，一场针对基督徒的大规模迫害就随之展开。关于这场迫害的残酷细节，塔西佗这样描述道：

> 尼禄为了辟谣，便找到了这样一类人作为替身的罪犯，用各种残酷之极的手段惩罚他们，这些人都因作恶多端而受到憎恶，群众则把这些人称为基督徒。他们的创始人基督，在提贝里乌斯当政时期便被皇帝的代理官彭提乌斯·彼拉图斯处死了。这种有害的迷信虽一时受到抑制，但是不仅在犹大，即这一灾害的发源地，而且在首都本城（世界上所有可怕的或可耻的事情都集中在这里，并且十分猖獗）再度流行起来。起初，尼禄把那些自己承认为基督徒的人都逮捕起来。继而根据他们的揭发，又有大量的人被判了罪，这与其说是因为他们放火，不如说是由于他们对人类的憎恨。他们在临死时还遭到讪笑：他们被披上了野兽的皮，然后被狗撕裂而死；或是他们被钉上十字架，而在天黑下来的时候就被点着当作黑夜照明的灯火。[⑤]

在当时的罗马人看来，基督徒无疑是一些具有危险倾向的狂热分子，这种看法由于一些误解而被逐渐加深。早期教会团体的宗教活动如圣餐仪式被误解和谣传为是在喝人血吃人肉，而主日的礼拜活动由于基督徒们彼此称呼为"主内的弟兄姊妹"而被看作聚众乱伦。"对圣餐中基督临在说的误解导致人相信对基督徒食人肉的指控；深夜举行秘密的宗教仪式又使人相信他们放荡纵欲。"[⑥]这些误解和偏见都极大地促成

---

① 〔美〕布林顿、科里斯多夫、吴尔夫：《西洋文化史》第一卷，刘景辉译，台北：台湾学生书局，1984年，第239页。

② 〔古罗马〕优西比乌：《教会史》，瞿旭彤译，北京：生活·读书·新知三联书店，2009年，第98页。

③ 〔古罗马〕德尔图良：《护教篇》，转引自〔古罗马〕优西比乌：《教会史》，瞿旭彤译，北京：生活·读书·新知三联书店，2009年，第98页。

④ 塔西佗（Tacitus，约公元55年—公元120年），古罗马最伟大的历史学家，他继承并发展了李维的史学传统和成就，在罗马史学上的地位犹如修昔底德在希腊史学上的地位。

⑤ 〔古罗马〕塔西佗：《编年史》下册，王以铸、崔妙因译，北京：商务印书馆，1981年，第541-542页。

⑥ 〔美〕威利斯顿·沃尔克：《基督教会史》，孙善玲、段琦、朱代强译，北京：中国社会科学出版社，1991年，第55-56页。

了罗马帝国统治者自上而下地发动对基督徒的大规模迫害。然而当罗马法庭审判这些被指控犯有种种罪行的基督徒时，却往往发现他们在道德品行和遵纪守法方面近乎完美，实际并没有什么可以挑剔的瑕疵。罗马总督小普林尼面对着这些在道德品行和遵纪守法方面无以指摘的基督徒时感到十分为难，于是他给当时罗马帝国的皇帝图拉真[①]写了一封信，小普林尼这样陈述道：

> 无论如何，他们只承认他们全部的罪行或是他们的错误在于他们在天明之前于某一固定地方聚会的习惯，在此一聚会中，他们对基督唱赞美诗，好像对神一般，而且以庄严神圣的誓言限制自己，不做一切不道德的行为，更不会犯任何欺诈、窃盗或私通之罪，从不会撒谎，也不会在要求说实话时否认真实；在聚会之后，他们通常分离开来，不久又重聚在一块共同进膳——这只是一种很平常很简单的餐食……我仅能发现它只不过是一种卑鄙的和过分的迷信。[②]

图拉真也随即写信回复小普林尼，主张对基督徒不必过分苛求，一个基督徒只要愿意通过向罗马诸神献祭的方式公开表示放弃基督教信仰，就不必追究他以前犯下的罪过。只有那些坚持不崇拜罗马神明而恪守基督教信仰的基督徒，才是有罪的。然而现实的问题是，对于一个虔诚基督徒来说，图拉真要求其放弃基督教信仰恰恰是最难做到的。因为，基督教信仰要求基督徒除了信靠上帝之外绝对不可敬拜任何其他神明，也反对任何形式的偶像崇拜。因而，真正的基督徒在信仰方面决不肯让步，他们宁愿选择为信仰而殉道。于是，这种信念一时间在教会内部煽起了近乎狂热的为信仰殉道的热情。一直到君士坦丁大帝执政以后，这种极端状况才有所缓解。

此外，基督徒所要面对的不仅仅是罗马帝国现实的残酷压制与迫害，还有形形色色的异教文化。一个真正的基督徒，不仅应该勇敢直面罗马暴君的迫害，而且必须与异教文化彻底决裂。在基督徒看来，罗马人所生活的世界不仅充斥着各种金钱、权势和肉欲，还有罗马人形形色色的偶像崇拜与他们所尊崇的希腊罗马诸神，它们都是魔鬼撒旦的现实化身。所有这些都是一个虔敬基督徒需要用其坚定的信仰来与之抗衡的。拉丁教父德尔图良曾经向那些趾高气扬的异教徒们大声喊话：

> 你们喜爱热闹场面……那就等候那最庞大的热闹场面，世界末日最后的永恒审判的到来吧。当我们看到那么多骄傲的君王和出自幻想的神灵呻吟在最底层的黑暗的深渊之中，那么多曾经迫害过上帝的名声的长官消熔在比他们用以焚烧基督教徒的更为猛烈的火焰之中，那么多明智的哲学家和他们的受其愚弄的门徒一起在炽烈的烈火中面红耳赤，那么多著名的诗人在基督的而不是在密诺斯的法庭上战栗，那么多的悲剧家显然都更善于表达他们自己的痛苦，那么多舞蹈家——等等的时候，我将会多么快慰，如何大笑，如何

① 图拉真（Trajan，Marcus Ulpius Nerva Traianus，公元53年—公元117年），古罗马帝国安东尼王朝第二任皇帝，公元98年至公元117年在位，五贤帝中的第二位。图拉真在位期间，对内巩固了经济和社会制度，对外发动战争，将罗马帝国的疆域扩张到历史上最大范围。由于其功绩卓著，图拉真获得了罗马元老院授予的"最佳元首"称号。

② 〔美〕布林顿、科里斯多夫、吴尔夫：《西洋文化史》第一卷，刘景辉译，台北：台湾学生书局，1984年，第242页。

快乐，如何狂喜啊。①

伴随着基督教信仰的合法化与国教化，罗马传统多神教日益衰亡，基督教信仰完全被置于形形色色异教文化的包围之中。在日常生活领域，传统希腊罗马文化的影响无处不在，涵盖了公共教育、文学语言、建筑风格、庆典仪式等各个领域，甚至是深入日常生活习惯的方方面面。

> 一个出于对神的敬畏，避开那可厌的竞技场或戏剧的基督教徒，发现自己在一切欢乐宴会上都会陷入可怕的陷阱的包围之中，因为到处都有他的朋友们在召唤着慈悲的神灵，并纷纷酹酒以相互祝福……甚至在希腊和罗马的普通语言中，也充斥着许多大家熟悉的亵渎的用语，一个粗心的基督教徒也可能一不小心脱口而出，或者听见了也不在意。②

德尔图良甚至认为，当一个异教徒在打喷嚏的时候习惯说一声“朱庇特保佑你”，一个虔诚的基督徒就应该立即站起来表示严正的抗议和谴责。尽管如此，基督徒还是不可避免地会受到异教文化潜移默化的影响。若非保持高度警惕，甚至当事者本人也很难察觉。例如，公元 4 世纪的时候，很多基督徒公开以罗马公民的身份参加罗马的传统庆典活动，使用希腊语和拉丁语来传播福音，沿用罗马的流行艺术来装饰教堂和石棺，在生活方式上与异教徒并无实质性的区别。如何与汪洋大海一般泛滥的异教文化彻底决裂，正是基督教取得合法地位和统治地位之后所要面临的严峻现实问题。

实际上，公元 4 世纪末，随着基督教的国教化，基督徒已经在罗马人中占据绝大多数。犹如数百年前对待希腊宗教的态度一样，罗马人在对待新兴的基督教时也采取了同样的实用主义的态度。对于唯利是图的罗马人来说，神坛上供奉的到底是朱庇特还是耶和华，这本身是无足轻重的，重要的是遮蔽在神坛帷幕背后的现实利益。因此，君士坦丁时代以后的主教们不再担心基督教的生存问题，反而是为如何维持基督教信仰自身的纯洁性而深感忧虑。

> 希波城主教奥古斯丁忧心忡忡地看到，成群的“伪基督徒”在社会压力和法律的强制下涌入他的教会。皈依皇帝的宗教能够使一个人在世俗社会中获得较多的机会，在君士坦丁之后近百年的时间里，基督徒的身份可以成为获取官职、权势和财富的敲门砖。但到 5 世纪 30 年代，基督教变成大多数有教养的罗马城市居民的宗教，除了极少数例外，占统治地位的上流人士全是基督徒。③

可见，对于当时那些严肃的主教和修道士们来说，不仅需要极力克制自身的各种情感欲望，而且必须对流行已久的希腊罗马文化进行自觉抵制。对于这个时代而言，殉道的意义已经不再仅仅局限于昔日的不惜为信仰而献身的行为，同时也扩大化为与物欲横流的世俗社会及绚烂多彩的异教文化彻底决裂。

---

① 〔英〕爱德华·吉本：《罗马帝国衰亡史》上册，黄宜思、黄雨石译，北京：商务印书馆，1997 年，第 258 页。

② 〔英〕爱德华·吉本：《罗马帝国衰亡史》上册，黄宜思、黄雨石译，北京：商务印书馆，1997 年，第 248-249 页。

③ 〔英〕约翰·麦克曼勒斯主编：《牛津基督教史》，张景龙、沙辰等译，贵阳：贵州人民出版社，1995 年，第 60-61 页。

2. 基督教信仰的合法化

虽然经历了难以计数的大大小小的各种残酷迫害，但基督教仍然在罗马帝国顽强地成长起来。罗马帝国原本试图通过广泛推行这种残酷压制与迫害，将新兴的基督教信仰扼杀于萌芽状态，却未曾料到基督教信仰不仅未被彻底消灭，反而如滚雪球般越滚越大。基督教的天国理想对于已经陷入百无聊赖的空虚状态中的罗马人来说，具有一种沁人心脾的精神感召力；而基督徒的道德信仰则与罗马社会骄奢淫逸的堕落和腐化状况形成了鲜明的对比，从而引起了越来越多人的关注。到公元 4 世纪的时候，在罗马帝国的广阔疆域内，基督教信仰的火种越烧越旺，其影响自下而上从犹太人和罗马下层民众中逐渐扩散到罗马上层社会，越来越多的军人、世俗贵族和政府官员加入基督教信仰的庞大队伍中，星星之火已成燎原之势。

为了有效阻止基督教信仰在罗马上层社会中的扩散蔓延，罗马皇帝迪希厄斯和弗里利安在公元 250 年至公元 259 年间先后两次对基督徒进行了极其残酷的迫害。公元 250 年，迪希厄斯颁布敕令强迫基督徒放弃信仰皈依罗马国教，否则将被判刑或处死。罗马人用酷刑、死亡和恐吓来迫使基督徒向罗马诸神献祭，禁止基督徒参加礼拜聚会，没收教会土地和财产。公元 260 年，懦弱无能的皇帝加利伊纳斯执政，他改变了对基督教的迫害政策，准许基督教会自由活动，并发还部分教会财产。此后的 40 年时间罗马帝国与基督教信仰度过了一段相对长期的和平时期，基督教信仰重新获得了更大的发展。

公元 303 年，戴克里先①为了有效地统一罗马帝国，对基督徒进行了“最后一次，但也是最惨烈的一次迫害”。戴克里先一连颁布多道敕令，要求所有罗马公民必须崇拜罗马诸神。在这次持续两年的迫害中，教会财产被没收，教堂被捣毁，《圣经》被销毁，教徒被禁止集会，约 2000 名基督徒被直接判处死刑。罗马帝国统治者用酷刑强迫神职人员献祭，并对军队和宫廷中的基督徒进行大规模清洗。一直到公元 305 年戴克里先退位，这次大规模的迫害活动才宣告结束。

伴随着君士坦丁一世②的执政，局面出现根本性改观。君士坦丁基于政治的意图想要争取广大基督徒的支持，并对幼发拉底河防务进行监督，于是开始转而扶持基督教。君士坦丁早年随父亲四处征战，公元 305 年其父君士坦提乌斯·克洛卢斯成为帝国西部的奥古斯都(即皇帝)。后来，君士坦丁随父转战不列颠。公元 306 年，父亲亡故，君士坦丁在不列颠被高卢军队推举为“恺撒”，后由军队拥立为奥古斯都。当时罗马帝国正处于四分五裂的状态，同时存在多达 6 位奥古斯都。君士坦丁与统治罗马帝国东部的奥古斯都李锡尼结盟，联手剿灭了其他几位奥古斯都。在公元 312 年入侵意

① 戴克里先(Gaius Aurelius Valerius Diocletianus，公元 244 年—公元 312 年)，原名为狄奥克莱斯(Diocles)，罗马帝国皇帝，公元 284 年至公元 305 年在位。戴克里先结束了罗马帝国的“三世纪危机”(公元 235 年—公元 284 年，伴随着奴隶制经济的衰落，罗马帝国陷入严重的危机之中。农村枯竭，城市衰落，内战连绵，帝国政府全面瘫痪。这种全面的混乱现象，史称“三世纪危机”)，建立了四帝共治制，使其成为罗马帝国后期的主要政体。其改革使罗马帝国对各境内地区的统治得以存续，至少在东部地区持续了数个世纪。关于他晚年的处境有两种版本，异教徒历史学家大部分都认为其安详地度过了晚年，而基督教历史学家则大都认为其晚年因眼看自己的四帝共治制遭破坏，以及各项成果毁于一旦而精神失常，最终悲惨地死去。

② 君士坦丁一世(Flavius Valerius Aurelius Constantine，公元 272 年—公元 337 年)，罗马帝国皇帝，公元 306 年至公元 337 年在位。君士坦丁在公元 313 年颁布《米兰敕令》，承认基督教为合法且自由的宗教。

大利的关键性战役中，君士坦丁命令士兵打出一面绘有耶稣基督标记和十字架的旗帜。此役大获全胜，君士坦丁入主罗马，成为西罗马帝国的统治者。公元313年，君士坦丁在米兰与东罗马帝国皇帝李锡尼共同颁发了著名的《米兰敕令》（又称《宽容敕令》）。这一敕令"宣布绝对的信仰自由，将基督教与罗马帝国其他宗教置于完全同等的法律保护下。命令发还在最近的迫害中没收的教会财产。"[①]《米兰敕令》的颁布标志着基督教在经历了长达250年的残酷压制与迫害后，终于在罗马帝国获得了合法地位。

《米兰敕令》颁布后不久，两位皇帝之间的矛盾渐趋白热化。当时，李锡尼在亚洲和埃及重新开始迫害基督徒，而君士坦丁则抓住机会大力援助东部的基督徒，并怂恿他们反抗李锡尼的统治。公元316年，君士坦丁夺取了李锡尼在巴尔干半岛的领地。公元324年，君士坦丁在亚德里雅那堡和克里索普利斯大败李锡尼，从而最终成为罗马帝国的唯一统治者。公元330年，君士坦丁大帝将罗马帝国的首都从罗马迁到拜占庭，将该地改名为君士坦丁堡。

客观来讲，君士坦丁对于基督教信仰的扶持最初并不是由于其自身的虔敬信仰，主要是出于政治方面的考虑。当时在君士坦丁的军队中，基督徒为数众多，而且君士坦丁自己的母亲也是一位虔诚的基督徒。在长期的政治和军事生涯中，君士坦丁对基督徒士兵表现出来的忠诚、守纪、顺从和忍耐的精神深有感触，这与信奉多神教的异教徒士兵形成了鲜明的对照。君士坦丁希望用强有力的君主专制来结束罗马帝国长期分裂混乱的政治局面，而一种统一的宗教信仰有助于实现他的政治理想。君士坦丁曾这样袒露胸襟：

> 我一心想要统一各种的信念，使人民皆奉一神；因为确信，假如我能引导人们在这件事上联合起来，公共事务的处理将相当地容易。[②]

君士坦丁在临终之际接受洗礼正式皈依基督教，成为罗马帝国历史上的第一位基督徒皇帝。君士坦丁死后，他的三个儿子瓜分了帝国，混乱状态重新出现。公元361年，"叛教者"朱利安夺取了罗马帝国的统治权。在他执政期间，基督教再一次遭到压制。公元380年，也就是在《米兰敕令》颁布近70年后，狄奥多西[③]皇帝发布了一道敕令，要求全体罗马人民"遵守神圣使徒彼得带给罗马人的信仰"。此后的10多年间，狄奥多西下令拆毁帝国境内的所有异端庙宇和大量的多神教神像，将基督教置于至高无上的独尊地位。至此，基督教信仰最终彻底征服了不可一世的罗马帝国，终于成为罗马帝国的国教。这也宣告了基督教信仰开始正式登上西方历史文化中心舞台。威尔·杜兰这样描述道：

> 当基督教征服了罗马，异教的教堂组织结构、祭司长的称号、祭袍，对王母娘娘（Great Mother）及诸神的膜拜、超感官的意识等仍到处可见，旧日节

---

① 〔美〕威利斯顿·沃尔克：《基督教会史》，孙善玲、段琦、朱代强译，北京：中国社会科学出版社，1991年，第128页。

② 〔美〕威尔·杜兰：《世界文明史·恺撒与基督》下册，幼狮文化公司译，北京：东方出版社，1999年，第807页。

③ 狄奥多西一世（Flavius Valentinianus Augustus the Great，约公元346年—公元395年），罗马帝国皇帝，公元392年统治整个罗马帝国，公元379年至公元395年在位，也是最后一位统治统一的罗马帝国的君主。临终之时，狄奥多西将罗马帝国分给其两个儿子，封长子阿卡迪乌斯（Arcadius）于东罗马帝国，封次子霍诺里乌斯（Honorius）于西罗马帝国。

期的欢乐与庄严，及古老仪式典礼的虚华，均如母血注入这个新宗教中，被俘的罗马又俘虏了他的征服者。政权与治术由此行将颠覆的帝国转至强而有力的教皇手中；断剑之威为慰藉之笔所代替；教会的传教士取代帝国的军队，沿罗马各公路涌至西方；叛乱的各行省，因接受了基督教，重又承认罗马的君权，经过信仰时代长期的挣扎，古都的王权得以持续并滋长。直至文艺复兴时，古典文化始得复生，而此一不朽之城再度成为世界生活、财富及艺术的中心。①

一言以蔽之，属于基督教信仰的时代已经来临。

四、基督教信仰的确立

《圣经·福音书》记载，公元1世纪初，拿撒勒人耶稣创立了一种有别于传统犹太教的新信仰——基督教，并逐渐使之从犹太教中脱离出来，通过他自己的言行来宣扬基督教，耶稣后来被钉死在十字架上，死后第三天复活，并向他的门徒显现，他的门徒（最主要的是彼得和保罗）遵循其指示把上帝的救赎福音传播到外邦人生活的地方，逐渐发展成为一种世界性宗教。以此为基本参照，对于基督教信仰的确立而言，三个方面的要素至关重要：①作为基督教信仰核心的耶稣基督；②这种新信仰与其从中脱胎而出的传统犹太教之间的根本差异；③以使徒彼得和保罗为代表的耶稣门徒广泛传扬福音。以上三个要素再加上《圣经正典》的形成和确立，共同构成了基督教信仰得以最终确立的四大要素。

1. 拿撒勒人耶稣

毋庸置疑，耶稣基督是整个基督教信仰的真正核心。从某种意义上讲，谈论耶稣基督本质上就是在谈论基督教信仰。麦格拉思在其《基督教概论》一书中认为："基督教不是一系列自足和相互独立的观念，而是对一些问题的持续性回应，这些问题涉及耶稣基督的降生、受死和复活。基督教是一个历史性的宗教，是在回应以耶稣基督为中心的特定事件的过程中形成的，而神学的义务就是在思考和反思的过程中不断回归这些事件。"②

然而，自近代以来特别是启蒙运动以来，有关耶稣作为一个历史人物的真实性问题受到了学界广泛的关注和质疑。首先是18世纪初期的一些英国政治学家们开始私下讨论耶稣基督的历史真实性问题。紧接着伴随着启蒙理性的高涨，在一股旨在批判性考察圣经记载的真实性及合理性的所谓"高等批评"（higher criticism）思潮的影响下，以莱马鲁斯、赫尔德、施特劳斯等人为代表的理性派哲学家们纷纷开始对圣经中所记载的耶稣基督生平事迹中的不合理现象进行理性主义批判性研究。甚至发展到1840年以布鲁诺·鲍威尔为代表的一些学者公开否定拿撒勒人耶稣作为一个历史人

---

① 〔美〕威尔·杜兰：《世界文明史·恺撒与基督》下册，幼狮文化公司译，北京：东方出版社，1999年，第823页。

② 〔英〕阿利斯特·E.麦格拉思：《基督教概论》（第二版），孙毅、马树林、李洪昌译，上海：上海人民出版社，2013年，第5页。

物的真实性。他们认为，耶稣基督只不过是福音书的作者人为杜撰出来的一个虚构的神话人物，是一个在当时犹太人的世界和罗马人的世界中人格化并神格化的一个崇拜对象。就此一问题及其相关争论，威尔·杜兰在其《世界文明史》中做了详细梳理：

> 在18世纪初期，英国博林布鲁克派(Bolingbroke)的政治学家们，就曾私下讨论过，耶稣根本就没有出生过的可能性。这件事，甚至使法国的伏尔泰(Voltaire)也感到震惊不已，沃尔内(Volney)在他1791年出版的《帝国的灭亡》(Ruins of Empire)一书中，也表示了同样的怀疑。拿破仑在1808年会晤德国学者维兰德(Wieland)的时候，不谈论政治或战争方面的问题，却问他是否相信基督历史的真实性。
>
> 在现代人类心智活动中最具深广影响力之一者，为对《圣经》"高等批评"(Higher Criticism)。其对《圣经》真实性及合理性所作之大量的攻击，亦曾遭到反击，来维护基督教信仰的历史基础。这项批判所产生的结果，可能和基督教本身一样地具有革命性的意义。两百年来的这项争论，首先由德国汉堡的东方语言教授赖玛鲁斯(Hermann Reimarus)在默默无声的情形下所进行的，他在1768年去世的时候，遗留一部关于基督生平的手稿，赖玛鲁斯为了慎重起见，这部长达1400页的著作，在他生前并没有出版，直到他死后6年，才由德国批评家及戏剧家莱辛(Gotthold Lessing)，不顾一些朋友的反对，发行了其中的一部分，赖玛鲁斯认为，耶稣基督不能被视为基督教的创始者，只不过是犹太人世界末日论者之中的一个杰出人物，换言之，赖玛鲁斯认为，耶稣基督并没有想要建立一个新的宗教，只希望人类为世界的毁灭预作准备，以便接受上帝对人类的最后审判。德国哲学家及神学家赫尔德(Herder)在1796年指出，《马太福音》、《马可福音》及《路加福音》所记载的基督，与《约翰福音》所记载的基督迥然不同。在1828年，德国学者保利努斯(Heinrich Paulus)，以1192页对基督的生平，作了一次摘要的归纳，他对耶稣在世时所显的神迹，作了一个推理的解释——他接受发生过这些神迹的事实，不过他把这些神迹的出现，归功于自然的原因和自然的力量。德国神学家和哲学家施特劳斯(David Strauss)，在他1835和1836年间出版的《耶稣的生平》(*Life of Jesus*)中，反对这种折中的说法，他认为四福音书里面记述的超自然事迹，应该列为神话；同时避免使用这些事迹来叙述耶稣的生平，而要重新写出基督的真正行谊。施特劳斯的这本长篇巨著，使《圣经》批判成为德国思想界的扰动中心长达1个世纪之久。在同一年费迪南德·克斯蒂娜·鲍尔(Ferdinand Christian Baur)对使徒保罗的《书信》提出了攻击，他认为其中除了《加拉提亚书》、《哥林多前书》、《哥林多后书》及《罗马书》以外，其他全都缺乏真实性。1840年，鲍尔(Bauer)开始一连串引起热烈争论的写作。他认为耶稣就是一个神话人物，是第2世纪融合犹太、希腊及罗马各神学所产生的一个人格化的崇拜对象。1863年，法国历史学家勒南(Ernest Renan)所著的《耶稣的生平》一书，其推理式的论述，使当时广大的群众震惊

惶惑。这本书搜集了德国对基督教的各种批评，把四福音书的问题，公之于整个知识界。到了19世纪的末叶，卢瓦齐神父(Abbe Loisy)的法国学派，对此评论到达了最高潮。因为他极力主张严格地分析《新约圣经》的真实性，以致天主教当局觉得非把他和一些“前进分子”逐出教会不可。同时，皮尔逊(Pierson)、纳贝尔(Naber)、马特斯(Matthas)的荷兰学派，更进一步致力于此一运动，他们处心积虑地去否认耶稣存在的史实。在德国，阿瑟·德鲁斯(Arthur Drews)将这种否定的主张，予以更明确的说明。英国的史密斯(W. B. Smith)和罗伯逊(J. M. Robertson)，也发表了类似的否定言论。两个世纪的讨论，结果似乎是推翻了基督存在的可能性。①

尽管如此，对于基督教信仰而言，《圣经》的地位是不言而喻的。它是信仰的根基所在，也是神学思考的根本源头和正典依据。就描述的主要对象来看，如果说圣经旧约侧重于记述犹太人的历史，那么拿撒勒人耶稣无疑是圣经新约的中心。这一点尤其体现在新约福音书中，因为它们本身就是集中叙述耶稣基督的所言所行。我们关于耶稣生平的主要资料来源是新约圣经的四福音书——《马太福音》、《马可福音》、《路加福音》、《约翰福音》。前三卷福音书通常被称为“符类福音”或“同观福音”②，说明这三卷福音书对耶稣生平事迹的记载虽然有细微差别，却是可以相互关联和相互映照的。威尔·杜兰坚持认为，尽管《圣经·福音书》中的记载的确存在很多相互矛盾甚至是可疑之处，然而它仍然是我们详细了解耶稣基督生平史实的最重要和最根本的依据。

简言之，在这几部福音书里面，虽然彼此之间有很多矛盾的地方；有很多可疑的历史记载，有很多和其他神话相似的记载。有很多显然为了应验《旧约》预言而安排的事迹。也有很多叙述，可能是为了后来的教义或教会的礼仪，而树立一个历史依据。四福音书的作者们，与西塞罗、萨卢斯特(Sallust)及塔西佗具有同样的观念，认为历史是传输道德思想的工具。四福音书所记载的言论，可能由于过去的人知识低下，而有记忆上的偏差。也可能在抄录复制的过程中，发生错误或有修改。

即使的确有以上这些弊端，但是四福音书的大部分内容，仍然成立，其矛盾，只在它们的细节，而非本质的问题。在基本上，几部福音书都非常一致，对基督的生平有一贯的叙述。圣经的批判者，极力地寻找各种论据，来严厉考验《新约》的真实性，如果依照这一批判所作的评论，很多古代的伟人——例如巴比伦国王汉谟拉比(Hammurabi)、以色列国王大卫(David)、希腊哲学家苏格拉底(Socrates)——都要被列为传奇式的神话人物。纵使四福音书的作者存有偏见或有神学的主观成见，然而他们却坦率地记录了一般人可能要加以隐藏的一些事迹——例如使徒们彼此竞争地位；耶稣被捕之后，使

① 〔美〕威尔·杜兰：《世界文明史·恺撒与基督》下册，幼狮文化公司译，北京：东方出版社，1999年，第678-680页。

② 约在18世纪末叶的时候，一位名叫格瑞斯巴赫(J. J. Griesbach，公元1745年—公元1812年)的圣经学者首次把福音书的头三卷称为“符类福音”或“同观福音”(synoptic gospels)。因为这头三卷的内容都很相近，人们可以很容易地发现其基本内容之间的相似性和相近性，从而对这头三卷福音书做符类对观研究。

> 徒们的星散;彼得的否认耶稣;耶稣在加利利不能显神迹;并提到有些听众认为耶稣可能精神错乱;耶稣早期对他传道的犹疑;他承认不知道未来;他的痛苦时刻;他在十字架的绝望呼喊,读过这些记载的人,当不会怀疑这些事迹里面的人物。如果说,只凭几个头脑简单的人,在一个时代之中,竟能够捏造出这样一个才能超越而引人入胜的人物来,捏造出一个制定如此崇高的伦理道德和仁爱精神的人物来,那么这项捏造工作的惊人才能,远比四福音书所记载的神迹,更难令人相信。对《圣经》的"高等批评"流行了两个世纪之后,基督的一生,他的品格和教义,仍然赢得人们理智上的认识;同时在西方人的历史上,占有最具影响力的地位。[①]

依据福音书中的记载,耶稣是拿撒勒城的一个名叫约瑟的木匠的儿子。因此,在福音书和《使徒行传》[②]中,耶稣时常被称作"拿撒勒人耶稣"。拿撒勒是加利利地区的一个小村庄,位于耶路撒冷以北大约 100 千米处。以今天的说法来讲,拿撒勒正是耶稣的祖籍所在。由于历史原因,犹大地区的犹太人往往不太瞧得起来自加利利地区的犹太人,认为他们缺少文化教养且信仰不够虔诚。耶稣的母亲玛利亚虽与约瑟定有婚约,然而她并没有与约瑟同房,圣母玛利亚始终是一个童贞女。因此耶稣是圣母玛利亚受圣灵感孕而生,实际上是上帝的"道"或"逻各斯"在肉身中的显现。据《马太福音》和《路加福音》记载,耶稣降生在伯利恒的马槽中[③],伯利恒是犹大地区的一个小城,距离耶路撒冷约 8 千米。按照《马太福音》和《路加福音》的记载,耶稣出生的时间大概在公元前 5 年到公元前 4 年,即"希律任犹太国王的时候"。按此推算,时间至少应该在公元前 3 年以前。许多人通常会认为耶稣诞生于 12 月 25 日,但其实圣诞节只是被基督徒固定下来用以庆祝耶稣降生的日子,而不是耶稣实际的诞生日期。耶稣基督的父母亲给他取名为约书亚(Yeshua),意即"耶和华救主",希腊和罗马人称他为耶稣(Lesous,Lesus)。除此之外,福音书中几乎没有记载过耶稣基督年少时的生活经历。

耶稣长大后,由于他的仁慈和勇气,以及他所宣扬的天国福音,赢得了越来越多的追随者和拥戴者,同时也引起了犹太教中颇有势力的法利赛人的强烈不满和罗马统治者的敌视。在法利赛人等保守的犹太宗教人士看来,耶稣所宣扬的福音与犹太教的圣典和律法相忤逆,因此他们视他为正统宗教的反叛者;而对于罗马统治者来说,耶稣及其信徒们则是一些具有潜在威胁的社会革命家和动乱分子。在公元 30 年左右,犹太上层祭司和法利赛人向叙利亚行省的罗马总督彼拉多告发了耶稣,他被指控为犹太人的王,犯有煽动叛乱罪。由于其门徒犹大的出卖,耶稣被罗马人所逮捕,最后被以"犹太人的王"的罪名钉死在十字架上。据说耶稣在死后的第三天复活,向他的门徒们显现,并嘱咐门徒们:"你们往普天下去,传福音给万民听。信而受洗的必然得救,不信的必被定罪。"[④]于是彼得等门徒就遵循耶稣基督的指示,将上帝的福音传播到犹太人以

---

① 〔美〕威尔·杜兰:《世界文明史·恺撒与基督》下册,幼狮文化公司译,北京:东方出版社,1999 年,第 684-685 页。

② 即教会在公元 1 世纪 40 年代和 50 年代发展历史的早期记录汇编。

③ 《路加福音》特别强调了耶稣出生时被放在通常是用来喂养动物的马槽里,最先来看望他的是社会地位和宗教地位低下的牧羊人,以此显示出耶稣降生环境的卑微和低贱。

④ 和合本圣经《马可福音》第 16 章 15 节至 16 节。

外的地区即外邦人生活的地方。正是通过这些门徒们的传教活动，基督教的影响才超出了犹太教的狭隘民族性和地域范围，渗透于罗马帝国的各个角落，逐渐发展成为一种具有广泛影响的世界性宗教。

然而，耶稣的意义远超出其历史意义。与记录耶稣生平的全部细节相比，四福音书更加关注耶稣降生与存在的意义。四福音书提供了耶稣的基本肖像，这个肖像将历史与信仰融合在一起。它不仅告诉我们耶稣的历史身份，而且阐明了耶稣对于古往今来所有人的意义。对于基督徒而言，耶稣不仅是这一信仰的创始者，同时也是一个使人能够重新认识上帝的人，一个使救赎真正成为可能的人。他也亲自示范了因相信上帝而具有的新的生命样式。

首先，耶稣彰显了上帝。耶稣告诉我们并向我们展现上帝是怎样的。新约陈述了这一非常重要的观念：不可见的上帝通过耶稣在一定程度上让人们了解或看见了他自己。耶稣并没有简单地告诉我们上帝是怎样的，或教导我们上帝对我们有何期待。他使我们能够见到上帝。基督教认为，耶稣不仅彰显了上帝的神圣旨意，也彰显了上帝的无限荣光。"人看见了我，就是看见了父。"[①]它强调的是，圣父上帝借由圣子耶稣基督向人们说话，并对人们采取行动。上帝是通过耶稣、在耶稣里、由耶稣将自己显明的。在耶稣基督里，上帝被最充分、最真实地显明出来。上帝通过拿撒勒人耶稣将自己最终启示出来。"道成肉身"的教义所强调的是，耶稣通过他的教导和行为，向人们彰显出上帝是怎样的，他以有形的方式显明了上帝。瑞士神学家卡尔·巴特(Karl Barth，公元1886年—公元1968年)认为，耶稣是理解上帝本质的关键：

> 圣经谈到上帝时，并不允许我们的注意力和思想四处游荡……只要谈到上帝，圣经就使我们的注意力和思想仅仅集中于一个地方和在这个地方需要被认识的信息……如果我们进一步追问，按照圣经，我们的注意力和思想应该而且必须聚集在哪一个地方？答案就是：从圣经的第一个字一直到最后一个字，它都把我们引向耶稣基督这个名字。[②]

其次，耶稣被看作是拯救和救赎的基础。耶稣音译自希腊文"Ἰησους"，景教称为移鼠，英文译为"Jesus"，是希腊文"Ἰησους (Iēsous)"英语化后的写法，而"Ἰησους"本身则是由希伯来语"יהושע (Yehoshua)"或希伯来亚拉姆语(亚兰语；阿拉米语；阿拉美语)"ישוע (Yeshua)"希腊语化后而来，"יהושע"或"ישוע"的意思是"耶和华是救世主"或"上帝拯救"，音译为"约书亚"。而"基督"是一个希腊词，译自希伯来词"弥赛亚"(Messiah)，指上帝为特殊目的而拣选或兴起的一个人。犹太人普遍认为，弥赛亚会像大卫王一样在"千禧年"的时代降临，拯救以色列人脱离现实苦难而进入幸福、喜乐的状态，从而开创以色列历史的一个新时代。而福音书中多处反复强调的一点就是耶稣基督就是弥赛亚。

---

① 和合本圣经《约翰福音》第14章9节。

② 〔瑞士〕卡尔·巴特：《教会教义学》第二卷，转引自阿利斯特·E.麦格拉思：《基督教概论》(第二版)，孙毅、马树林、李洪昌译，上海：上海人民出版社，2013年，第7页。

2. 基督教与犹太教的本质差异

作为一种世界性宗教，基督教起初是从传统犹太教当中发展起来的，最初追随耶稣基督的那些门徒绝大多数都是犹太人。因此，它在许多方面（如圣教历史、罪孽意识和救世福音等方面）继承了传统犹太教的信仰特质，深受犹太教传统的影响。圣经新约中就常常提到基督徒在犹太人的地方会堂讲道。在当时很多罗马人特别是罗马帝国的统治者看来，这两种信仰是如此相似和接近，以致他们起初把基督教信仰看作当时犹太教中兴起的诸多改革教派当中的一个。

然而，基督教从本质上来说是与传统犹太教截然不同的新信仰。首先，犹太教的核心是律法和祭祀，基督教的核心是信仰和道德。自从摩西时代以来，犹太教始终强调必须严格遵循外在的律法和祭祀，而基督教则强调要回归内在的精神世界，去铸造虔敬信仰和高尚道德。

传统犹太教的律法主要记载于摩西五经中的《出埃及记》、《利未记》和《申命记》。其中，旧约《出埃及记》第 21 章至第 23 章是有明文记载的现存最古老的犹太法典，而其中最核心的部分就是摩西自西奈山上所颁下的"摩西十诫"[①]。《申命记》中除重申已有的律法外，还加入了一些新的律法典章。《利未记》是祭司法典，用来确定祭祀礼仪和其他日常经济生活方面的各种律法规范。到耶稣基督生活的那个时代，犹太教的律法主义倾向已经发展到无以复加的地步。当时口口相传的律法规范共计 248 条命令和 365 条禁令，已经渗透到犹太人日常生活的方方面面，而且非常严苛。圣经中所讲的那些坚持要把耶稣钉死在十字架上的法利赛人就是当时犹太教内部比较有影响力的严格律法主义改革派别。

而作为一种新信仰的基督宗教虽然接受了旧约中所规定的严格律法，但不拘泥于单单去遵循律法的外在形式，与之相比更侧重于强调去塑造内在的虔敬信仰。据福音书记载，耶稣与法利赛人的一个重大冲突就在于是否应该仅仅只是拘守于律法的外在形式。在耶稣看来，基督教尊重律法，但对于信仰本身来讲仅有外在律法是远远不够的。圣经新约中明确表明了这一基本立场："人称义是因着信，不在乎遵行律法。"[②]至于祭祀，基督教信仰则将之完全取消，代之以信徒发自内心的虔敬信仰。耶稣明确表示："我喜爱怜恤，不喜爱祭祀。"[③]

割礼[④]制度本为犹太教祖传礼仪，在犹太教圣典《创世纪》中记载了行割礼的由来。上帝对亚伯拉罕说："你们都要受割礼。这是我与你们立约的根据。你们世世代代的男子，无论是家里生的，是在你后裔之外用银子从外人买的，生下来第八日，都要受割礼。"[⑤]到后来，行割礼发展成犹太民族作为上帝选民的一种确证，以区别于其他

---

① "摩西十诫"包括：崇拜唯一的上帝而不可拜别的神；不可制造和敬拜偶像；不可妄称上帝的名；须守安息日为圣日；须孝敬父母；不可杀人；不可奸淫；不可偷盗；不可作假见证陷害人；不可贪恋别人的妻子和财物。

② 和合本圣经《罗马书》第 3 章 28 节。

③ 和合本圣经《马太福音》第 12 章 7 节。

④ 割礼分为男性割礼和女性割礼两种。男性割礼即切除全部或部分阴茎包皮，《圣经》中《创世记》有记载。实行割礼的民族广泛分布于世界，早期割礼普遍使用石刀而非金属刀，由此可知其历史悠久。作为一种传统，一般都在青春期或青春期之前进行，有些阿拉伯民族则在临近结婚之时进行。女性割礼在非洲等地盛行，是千百年流传的重要习俗。

⑤ 和合本圣经《创世纪》第 17 章 11 节至 12 节。

未行割礼的不洁民族。可见，犹太人实行割礼制度本身包含两个方面的含义：①以身体上的标记来显明自身的洁净；②以身体上的标记来显明自身作为上帝选民的特殊身份。但这种偏狭的割礼制度和选民意识引起了周围各族人的反感和憎恶，塞琉西王朝和罗马帝国的统治者都曾三令五申严令禁止这种习俗，但是割礼制度在犹太人中屡禁不绝。与犹太教相反，基督教废除了割礼制度，认为洁净与不洁净的区别在于内心的虔信，而不在于肉体上刻画的标记。耶稣曾明确表示："外面作犹太人的，不是真犹太人；外面肉身的割礼，也不是真割礼。惟有里面作的，才是真犹太人；真割礼也是心里的，在乎灵，不在乎仪文。"[①]基督教之所以能突破犹太教狭隘的民族性而成为一种世界性的宗教，与其彻底废除割礼制度有很大关系。

犹太教的律法明显带有一种强制性，它主要通过施以惩罚的方式来规范人们的现实行为，它所看重的是人们的外在行为及其效果。而基督教则更多强调基于人的内心自觉，它主要通过内在反省来协调人的行为，更侧重于人的内在的善良动机。对于基督教来说，律法和诫命固然重要，但最根本的还是对上帝和基督的信仰。圣经新约中教导说最根本的诫命只有两条："你要尽心、尽性、尽意、尽力，爱主你的上帝。其次就是说，要爱人如己。再没有比这两条诫命更大的了。"[②]

基督教与犹太教在对待世俗财富和世俗行为方面也存在根本差异。犹太教虽然明令禁止淫乱，但从未提倡禁欲，且鼓励"要繁殖和增多"。然而在基督教中，禁欲被当作一种信仰美德而倍加推崇。在对待世俗财富的问题上，犹太教对追求世俗财富的行为和活动并不反对。而基督教则明确反对人们钻营于世俗财富的追求，倡导信徒把目光投向彼岸天国。耶稣曾教导他的那些忠实的追随者："倚靠钱财的人进上帝的国，是何等的难哪。骆驼穿过针眼，比财主进上帝的国还容易呢。"[③]

其次，传统犹太教具有一种强烈的民族复仇心理、民族排外性和民族狭隘性，而基督教所强调的是一种博爱精神，更具宽容性和普世性。对于犹太人来说，基于他们自身作为上帝选民的特殊身份，因此他们把所有非我族类都统一称作所谓"外邦人"。由于犹太人历史上长期遭受外族人的压迫，犹太民族表现出了强烈的复仇心理，这一点清晰地展现在作为犹太教经典的旧约圣经当中。在旧约圣经中，犹太人所信靠的宇宙独一无二的唯一真神上帝耶和华要求他们对仇敌采取以怨报怨的态度，即"以命偿命，以眼还眼，以牙还牙，以手还手，以脚还脚，以烙还烙，以伤还伤，以打还打"[④]。然而与之形成鲜明对照的是，在新约福音书中，耶稣在著名的"登山宝训"中明确说道："你们听见有话说，'以眼还眼，以牙还牙'。只是我告诉你们，不要与恶人作对。有人打你的右脸，连左脸也转过来由他打，……你们听见有话说，'当爱你的邻居，恨你的仇敌'。只是我告诉你们，要爱你们的仇敌。为那逼迫你们的祷告。"[⑤]犹太教的上帝耶和华对世人爱憎分明，常常动怒要剪除恶人；而基督教信仰的上帝则对一切人都充满了爱，表

① 和合本圣经《罗马书》第2章28节至29节。
② 和合本圣经《马可福音》第12章30节至31节。
③ 和合本圣经《马可福音》第10章17节至25节。
④ 和合本圣经《出埃及记》第21章23节至25节。
⑤ 和合本圣经《马太福音》第5章38节至44节。

现出极度的仁慈和宽容。

最后，也是最根本的差异在于，犹太教强调“千禧年”和救世主“弥赛亚”的降临，体现出的是一种“末世论”的信仰形态；而基督教则强调耶稣基督就是弥赛亚和进入上帝之国，强调上帝凭借耶稣基督的中保所带来的救赎，构成“救赎论”的信仰形态。由此直接导致的结果就是，犹太教信仰是一种关注此岸现实世界的信仰形态，而基督教信仰则关注彼岸世界，具有一整套形而上学的神学理论，成为一种传播彼岸福音的唯灵主义信仰。

从“末世论”到“救赎论”的发展，是基督教最终摆脱犹太教而成为一种独立的世界性宗教的重要标志。在塞琉西王朝和罗马帝国统治时期，犹太人中盛传上帝将派一位“受膏者”（弥赛亚）来复兴犹大国，苦难的世纪（“末世”）即将结束，弥赛亚在“千禧年”的时刻将会降临，使犹太人摆脱现实苦难，进入幸福、喜乐的生活中。这种“末世论”的信念反映了犹太民族渴望从深重的现实苦难之中解放出来的强烈心理。当时在中下层犹太人中，屡次掀起弥赛亚运动，反对塞琉西王朝和罗马帝国的统治。基督教既然脱胎于犹太教，因此它产生伊始也接受了“末世论”的影响。然而当基督教在发展的过程中逐渐超出犹太民族的狭隘范围，并为越来越多的外邦人（如罗马人等）所接受时，它必定对犹太人的社会解放和“千禧年”的理想不再感兴趣。

随着公元1世纪中叶外邦人基督教（即保罗派）的崛起，弥赛亚主义的“末世论”逐渐被耶稣基督的“救赎论”取代。在“救赎论”中，“千禧年”的理想消失了，上帝的国不再在此岸世界上出现，而是在彼岸世界中存在，在信者的心中存在。灵魂摆脱了肉体而直接进入天国。在这种“救赎论”中，灵魂与肉体相分离、此岸世界与彼岸世界相对立，耶稣通过受难和复活向世人昭示了灵魂获救的福音。这种灵肉二元分立和二元对立构成了基督教信仰的基本精神，同时也成为基督教与犹太教之间的最根本区别。

耶稣基督就是弥赛亚意味着耶稣由犹太人朝思暮想、日日期盼的救世主变成了全人类的救世主。《圣经·福音书》中记载，法利赛人不承认耶稣是弥赛亚，因为在法利赛人看来，弥赛亚将带来“千禧年”，而耶稣却并没有带来上帝的国。从法利赛人对耶稣的态度中可以清楚地看出犹太教和基督教对于天国的不同理解。《路加福音》记载：“法利赛人问上帝的国几时来到，耶稣回答说，上帝的国来到，不是眼所能见的。人也不得说，看哪，在这里。看哪，在那里。因为上帝的国就在你们的心里。”①耶稣的名言“我的国不属这世界”成为基督教区别于犹太教的一个重要标志，它充分体现了基督教信仰的唯灵主义精神。原先具有社会解放意义的弥赛亚运动被基督教改造为一种灵魂获救的福音。在《新约·福音书》中，耶稣曾经痛斥法利赛人：

> 文士和法利赛人……，他们把难担的重担，捆起来搁在人的肩上，但自己一个指头也不肯动，他们一切所做的事，都是要人看见，所以将佩戴的经文做宽了，衣裳的缝子做长了，喜爱筵席上的首座，会堂里的高位，……你们这假冒为善的文士和法利赛人有祸了。……你们这瞎眼领路的，……你们这瞎眼

① 和合本圣经《路加福音》第17章20节至21节。

> 无知的！……那《律法》上更重要的事，就是公义、怜悯、信实反倒不行了……你们洗净杯盘的外面，里面却装满了勒索和放荡……你们这假冒为善的文士和法利赛人有祸了，因为你们好像粉饰的坟墓！……在人前，外面显出公义来，里面却装满了假善和不法的事，……这就是你们自己证明，是杀害先知者的子孙了。你们去充满你们祖宗的恶贯吧！你们这些蛇类，毒蛇之种啊，怎能逃脱地狱的刑罚呢？……税吏和娼妓，倒比你们先进上帝的国。[①]

3. 圣经正典的形成

“圣经”(the Bible)[②]通常用来指被基督徒奉为权威的书卷集。人们有时也使用其他术语来称呼它，如“sacred scripture”或“holy scripture”。“Bible”这个词来源于希腊语“ta biblia”，其字面含义是“这些书”，复数形式用来指称被基督徒视为权威的书卷或作品的结集。“正典”(cannon)这个词来源于希腊词“kanon”，意思是“标准”或“一个固定的参考点”。所以，“圣经正典”(the canon of scripture)指的就是被基督教会收入正典并奉为权威的一组确定的、数目有限的作品。

实际上，在决定某一卷书是否应该被接受为“正典”时，的确存在某些重要标准。最根本的原则就是，最终被收于正典中的书卷应该具有公认的权威而不存在任何外部的强加。也就是说，入选正典的书卷的权威性都是已被基督徒所公认的，而不是某一权威强加其上的。高卢地(Gaul)里昂(Lyons)的主教爱任纽(Irenaeus，约公元120—公元202年)明确指出，教会并没有创作任何圣经正典，它只是根据其已经具有的内在权威而承认、保存和接受了这些正典书卷。这种权威与其说是来自有限性的人，不如说最根本地来自上帝的启示。1559年的高卢信经(Gallic Confession of Faith)明确宣告：

> 我们相信包含在这些书卷中的“话语”是从上帝而来，而且其权威性单单出自上帝，而不是出自人。

《天主教会要理问答》(1992)也陈述了类似的立场：

> 上帝是圣经的作者。上帝启示的真理包含、呈现在圣经经文之中，是在圣灵的感动之下写成的。神圣的母教会凭着使徒时代的信心，将旧约和新约整个地、全部地接受为神圣的正典。其理由是，圣经是在圣灵的感动下写成的，上帝是圣经的作者，圣经也是作为上帝的话语被传给教会的。上帝感动这些作者写成了这些神圣的书卷。

此外，需要纳入考虑的还有三个非常重要的因素。它们分别是：①它们与使徒时代的关联性有多强，即它们是否是首代使徒的讲道或教导，或以他们的教导为蓝本；②这些书在多大程度上为基督教会所普遍接受；③该书卷在基督教礼拜仪式中使用的频率。

尽管如此，决定圣经正典书卷的过程也并非一帆风顺。个别书卷引发了整个教会

---

① 和合本圣经《马太福音》第23章4节至34节。

② 目前中文本《圣经》主要有两个基本版本，分别是和合本《圣经》(基督新教)和思高本《圣经》(天主教)。

激烈的争论。例如,西方教会对于《希伯来书》是否应该被包括在新约内犹豫不决,因为不能明确地证明它是使徒的作品,而东方教会则对《启示录》存有疑惑。再比如,在新约书卷的早期目录中,4 卷篇幅较短的书卷《彼得后书》、《约翰二书》、《约翰三书》、《犹大书》经常被略去。另外一些作品如《十二使徒遗训》,部分教会对之钟爱有加,但最终没有被普遍接受为正典。

不仅如此,被接受为正典的书卷相互之间的排列顺序也曾有分歧。四卷福音书应该在正典中处于核心位置,紧接其后的是《使徒行传》,这是教会在早期阶段达成的共识。然而,东方教会倾向于将 7 卷"大公书信"或称"一般书信"(《雅各书》、《彼得前书》、《彼得后书》、《约翰一书》、《约翰二书》、《约翰三书》、《犹大书》)排在包括《希伯来书》在内的 14 封保罗书信之前。西方教会则倾向于将保罗书信排在《使徒行传》之后,将大公书信排在保罗书信之后。再比如,无论是东方教会还是西方教会都将《启示录》排在正典的最末尾,尽管东方教会对其地位争论了很长一段时间。

尽管其中的过程异常艰难,但迟至公元 4 世纪中叶基督教正典终于获得最终的确定,一直沿用至今。正典内容包括旧约 39 卷、新约 27 卷,中世纪的拉丁文《圣经》(武加大译本,即通俗译本)还包括《后典》7 卷①。圣经分为两个主要部分,分别称为旧约和新约。新、旧约圣经的中心是耶稣基督。其中,旧约是对弥赛亚的期盼,新约则是对耶稣就是基督的直接见证;旧约是讲上帝的应许,新约则是讲上帝应许的实现;旧约侧重强调律法,新约则侧重强调福音(Gospel)。

旧约包括 39 卷经书,开头是《创世纪》,结尾是《玛拉基书》。旧约几乎全用希伯来语写成,希伯来语是以色列人通用的语言。也有一些篇幅较短的章节使用的是亚兰语,亚兰语是古代近东地区在外交中广泛使用的国际语言。旧约按照不同种类分为五种。①五卷律法书。有时也称为"摩西五经",因为人们通常认为这五卷书主要是由摩西所写的。在一些更学术化的著作中,它们有时被称为"摩西五书"(the pentateuch),来源于希腊文"五"与"卷"。五卷律法书是《创世纪》、《出埃及记》、《利未记》、《民数记》、《申命记》。其内容包括世界的创造、对以色列人的呼召、以色列人的早期历史(包括出埃及)。五卷律法书的记述结束于以色列人即将穿过约旦河,进入应许之地之时。这些书卷的一个重要主题就是上帝将律法赐予摩西,以及这件事对以色列人生活的意义。②历史书。包括《约书亚记》、《士师记》、《路得记》、《撒母耳记上》、《撒母耳记下》、《列王记上》、《列王记下》、《历代志上》、《历代志下》、《以斯拉记》、《尼希米记》、《以斯帖记》。这些书卷记述了上帝选民历史的各个方面,从进入迦南应许之地,到被掳到巴比伦的耶路撒冷人的回归。历史书详细记录了许多历史事件,包括征服迦南美地、以色列君主政体的建立、大卫王和所罗门王的广大领土疆域、以色列由单一国家分裂为两个部分(北国以色列和南国犹大)、以色列被亚述人打败、犹太人的失败和被掳巴比伦、

① 实际上,依教会信仰的不同,有的基督教《圣经》版本还收录了所谓"次经"。这些所谓的次经书卷多是基督降生前的一个世纪里用希腊文写成的。有次经的旧约版本所选的次经书卷也不尽相同,但一般都有如下篇章:多比传、犹滴传、所罗门智慧书、便西拉智慧书、巴录书、以斯拉续篇上下卷、耶利米书信、马加比书第 1 卷至第 4 卷、玛拿西的祷告、诗篇第 151 篇,以及有关以斯帖记和但以理书不同的续篇。

被掳后的回归和圣殿的重建。这些书卷按着历史顺序排列。③先知书。这是旧约的重要组成部分，搜集了想让人们知道上帝旨意的一些人被圣灵感动所写下的一些作品。这些作品跨越较长的时期。旧约中包括16卷先知作品，通常分两类。“大先知书”共有4卷，分别是《以赛亚书》、《耶利米书》、《以西结书》、《但以理书》。其后是12卷“小先知书”，它们分别是《何西阿书》、《约珥书》、《阿摩司书》、《俄巴底亚书》、《约拿书》、《弥迦书》、《那鸿书》、《哈巴谷书》、《西番雅书》、《哈该书》、《撒迦利亚书》、《玛拉基书》。使用“大”和“小”这两个字，并不是用来指该卷先知书的相对重要性，仅仅是用来说明该卷书的长度。先知书也大致按历史顺序排列。④智慧书。包括《约伯记》、《箴言》、《传道书》。这些书卷讲述怎样才能获得真智慧的问题，经常提供具有智慧的实际事例。⑤除以上四种之外，还有《诗篇》和《雅歌》，前者是在敬拜仪式中使用的诗歌总集，而后者据说是由所罗门王所写的爱情诗歌。

对于基督徒而言，新约具有特别的重要性，因为它陈述了基督福音的基本事实和基本信仰。新约共有27卷书，篇幅比旧约短很多，全部用希腊文写成。其中包括4卷福音书：《马太福音》、《马可福音》、《路加福音》、《约翰福音》。众所周知，福音书是圣经新约头四卷书的总称，新约这开头四卷通常也被称作“四福音书”。所谓“福音”（gospel），意即“好消息”，透过它所传递的正是上帝派遣耶稣基督来拯救世人的好消息。“福音书”就是记载这种好消息的书种。四福音书的每一位作者（有时他们被称为“evangelists”，意思是“福音书的作者”或“福音传道者”）都陈述了好消息背后的基本事实。这四卷福音书记述了耶稣基督的生平和他的教导。耶稣基督的复活是福音书的最高潮。

种种历史证据表明，四福音书迟至公元后100年左右才最终形成，并先后陆续被收集在圣经正典中。有关福音书在《圣经》和基督教信仰中的重要价值和基础性地位，无论如何描述都不为过。爱任纽在其著作中认为，四福音书所宣扬的是宇宙公理。在他看来，地有四方四风，因此，四福音书就正如同是普世教会赖以为基的四根柱石。然而，四福音书相互之间又存在着一定的细微差别，依据其具体内容很自然地就形成了两个组别——头三卷是一组，而《约翰福音》则另成一组。圣经学者通常把福音书的头三卷称为“符类福音”或“同观福音”。因为这头三卷的内容都很相近，人们可以很容易地发现其基本内容之间的相似性和相近性，从而对这头三卷福音书做符类对观研究。有关《约翰福音》与其他三卷福音书之间的主要区别，见表1-1。

表1-1　福音书综观

卷名	“符类福音”（或“同观福音”）			《约翰福音》
	《马太福音》	《马可福音》	《路加福音》	
作者	马太	马可	路加	约翰
章数	28	16	24	21
对象	犹太基督徒	罗马城基督徒	提阿非罗先生	普世基督徒

续表

卷名	“符类福音”(或“同观福音”)			《约翰福音》
	《马太福音》	《马可福音》	《路加福音》	
目的	证明耶稣即是弥赛亚,坚定受书人的信仰。鼓励他们以行道、事奉、布道来见证信仰	以耶稣为榜样鼓励受书人要效法他,为信仰忍受逼迫	使受书人了解他们所学到的道理都是确实可信的	使受书人相信耶稣是基督,并且使他们相信,可以因他的名得生命
耶稣形象	君王、教师	仆人	人子	神子
特征	经常引用旧约,并指出旧约的预言应验在耶稣基督身上	简述耶稣的生平事迹,较少记述他的讲论。常用“立刻”、“随即”等字眼来描述他的工作	记述耶稣的生平是较为详细的。强调祷告、圣灵、救恩和不同民族的人都需要福音	主要描述耶稣在犹大和耶路撒冷的工作。较着重记述耶稣的讲论

四卷福音书各具特色。例如,《马太福音》说明了耶稣对犹太人的重要意义,特别关注耶稣如何完全成就了以色列人的期望。《马可福音》采取了快节奏叙事的形式,一个事件接着一个事件,经常使读者喘不过气来。《路加福音》特别注重阐明耶稣对于非犹太读者的重要性。《约翰福音》则采取了更加思辨的形式,其特征是强调耶稣的到来为信他的人带来了永生。不能按照“传记”这个词的现代意义,认为福音书是耶稣的传记。因为福音书并没有记录耶稣生活的全部。比如,《马可福音》集中记述了耶稣几年间的生活,重点记述了耶稣的公开布道、十字架上的受难和复活。《马太福音》和《路加福音》在叙述耶稣的公开布道之前,都简短地讲述了耶稣的降生和童年时代。显然,福音书是把不同的资料集中在一起,从中抽取出部分内容,形成了对耶稣身份和意义的全部描写。《马可福音》使用的资料,传统上认为是出自耶稣最重要的门徒彼得。但它们合在一起构成了对耶稣基督的生平、受死和复活的一个全面记述。

新约的第 5 卷《使徒行传》记述了基督教的扩展,通常简称为《行传》。新约的一个重要部分是使徒书信。这些书信记录了基督徒的信仰和行为两方面的教导。大部分书信为保罗所写。保罗皈依基督教之后,进行了重要的传播福音的计划,并建立了一些教会。他的许多书信是写给他所建立的教会的,信中提到了一些劝告。书信的其他作者还包括使徒彼得和使徒约翰。这些书信常常描述了保罗为了福音所面对的艰难,或福音所带给他和受信人的喜乐。这些书信首先不应被视作关于教义的教科书,而应该被视为对基督教信仰的各个方面的活的见证,包括教义方面的教导、道德方面的教导和属灵方面的鼓励。有时人们用“教牧书信”(pastoral letters)这个词来称呼保罗写给提摩太的两封信(《提摩太前书》、《提摩太后书》)和写给提多的一封信(《提多书》),其中特别讲述了教会牧养的重要性。整部新约以《启示录》一书结束,这卷书自成一个类别。它展现了有关历史结束时的异象:天堂的神圣荣耀和新耶路撒冷的荣光与大美。

4. 保罗神学

最先将基督教的福音传播到罗马的是耶稣的门徒彼得，彼得本是渔夫出身，是耶稣在以色列所收的第一个门徒。耶稣死后，彼得首先来到东方的安提阿传教，然后转向罗马。在他的不懈努力下，罗马教会建立起来了，彼得因此而被尊为罗马教会的第一任主教。公元64年，彼得与使徒保罗一起被暴君尼禄钉死在十字架上，成为罗马帝国第一次大规模迫害基督教的殉道者。《圣经》新约中的《彼得前书》和《彼得后书》据说即为彼得所著。与彼得一样，使徒保罗对于推动基督教在罗马帝国的传播起到了至关重要的作用。而且更为重要的是，保罗奠定了基督教教义和教规的理论基础，使基督教超越了犹太教的社会解放理想而成为一种灵魂得救的福音。

保罗原名扫罗，大约公元10年的时候出生于基利加(Cilicia)的塔尔苏斯(Tarsus)。他的父亲是位法利赛人，具有罗马公民的身份。保罗并没有接受过正统教育，只在犹太教教会的地方会堂接受过教育。关于保罗自身所具有的精神特质，威尔·杜兰曾经这样描述道：

> 他的思想的确是许多犹太人的典型：是有见识而热情的，但非常和蔼有礼的；是富于情感及想象力的，而非客观公正的；因为在思想上比较细腻，所以他在行动上非常有魄力。保罗甚至比斯宾诺莎(Spinoza)更是一个“醉心于神的人”(God-intoxicated man)，按字面意思即充满了宗教热忱的人。他认为自己受圣灵启示，并赋予行神迹的异能。他也是一个很踏实的人，能够胜任很多辛劳的组织工作，并且有耐心地建立并维持基督教会。像许多人一样，他的缺点和美德是互为关连的，他是个冲动而勇敢，武断而果决，专制而有活力，狂暴但却富有创造性，在人的面前骄傲，然而在神面前却谦卑，生气时暴跳如雷，温柔时却又充满了慈爱的人。他劝追随他的人“要为逼迫你们的人祝福”，然而却希望那些他的仇敌——即坚持必须受割礼的人——将他们自己割绝。他知道他的缺点，也曾试着去克服，并要求信徒们“宽容我的一点愚妄”。在他写给科林斯教会的第一封书信的附录中写道：“我保罗亲笔问安！若有人不爱主，这人可诅可咒，主必要来！愿主耶稣基督的恩，常与你们众人同在！我在基督耶稣里的爱与你们众人同在。”他正符合他所扮演角色，以完成他所作的。[①]

当保罗知晓在大马士革有很多人皈依基督教以后，就去求见大祭司，主动请缨去大马士革镇压和剿灭当地的基督徒。然而异象发生了，据《使徒行传》记载，当保罗率领一众人马临近大马士革的时候，“忽然从天上发光，四面照着他。他就扑倒在地，听见有声音对他说：‘扫罗！扫罗！你为什么逼迫我？’他说：‘主啊！你是谁？’主说：‘我就是你逼迫的耶稣。’……同行的人，站在那里，说不出话来，听见声音，却看不见人。扫罗从地上起来，睁开眼睛，竟不能看见什么。有人拉他的手，领他进了大马色。三日

① 〔美〕威尔·杜兰：《世界文明史·恺撒与基督》下册，幼狮文化公司译，北京：东方出版社，1999年，第712页。

不能看见”[①]。

这位早年曾经参与过迫害基督徒活动的犹太法利赛人，在这次前往大马士革的途中经历了神秘的心灵转化，从此受洗而成为一名虔诚的基督徒。为了传播基督教的福音，保罗历尽艰辛，足迹遍及小亚细亚、东地中海沿岸、希腊、西班牙等地，最后来到罗马。《使徒行传》记载了保罗三次主要的宣教历程。第一次宣教历程（记载于《使徒行传》第 13 章 4 节至第 15 章 35 节）大约发生在公元 46 年至公元 48 年间，保罗和巴拿巴、约翰·马可三人结伴于公元 46 年出发，踏上了去往小亚细亚南岸的旅途。他们最初来到塞浦路斯岛，随后依次经过加拉太地区的以哥念、路司得和特庇。在返回安提阿之前在此创建了小的基督教会。第二次宣教历程（记载于《使徒行传》第 15 章 36 节至第 18 章 22 节）开始于加拉太地区，然后来到特罗亚，提摩太和路加先后加入。越过爱琴海以后，他们到达了马其顿地区，进入腓立比，这是基督福音第一次传到欧洲大陆。保罗在腓立比建立了一个新教会后，继续向南进入帖撒罗尼迦地区，并在这里创建了一个教会。后来保罗曾给这个教会写过最早的两封书信——《帖撒罗尼迦前书》和《帖撒罗尼迦后书》。从这里出发，保罗继续前进到雅典，并在“战神山”上发表著名讲演，后来又到南部港口城市哥林多传福音。保罗在那里停留了 18 个月，度过了自己宣教生涯最重要的一段时期。大约在公元 53 年的时候，保罗从哥林多出发开始了第三次宣教历程（记载于《使徒行传》第 18 章 23 节至第 21 章 17 节）。这次主要是停留在以弗所宣教，并在这里创建了一个新教会。

在宣教过程中，保罗给各地教会和信徒写了大量的书信，这些书信后来都被编入新约圣经的使徒书信中，成为新约的重要组成部分[②]。在这些书信中，保罗广泛地论及了信仰、神学、伦理等诸多方面的问题，为基督教教义和教规提供了重要理论依据，使基督教摆脱了犹太教的直观性和狭隘性，成为一种唯灵主义的世界性宗教。在某种程度上甚至可以说，在基督教与传统犹太教彻底分离，并成为独立自主的宗教进程中，保罗的宣教历程及其神学主张是最具决定性的环节。由于保罗的这些重要贡献，有人甚至认为，保罗才是基督教的真正创始人，他创立了一个以基督救赎为中心的宗教。具体而言，保罗神学的意义和价值主要展现在以下三个方面。

第一，保罗主张基督教信仰应该彻底从民族性的犹太教中脱离出来成为更加普世性的宗教，主张耶稣基督是全人类的救世主，而不只是犹太人期盼的弥赛亚。保罗认为：“你们因信基督耶稣都是神的儿子。你们受礼归入基督的，都是披戴基督了。并不分犹太人和希腊人，自由人和奴隶，男人和女人，因为你们在基督里都成为一了。”[③]第二，保罗基于灵魂与肉体二元分立和二元对立的理论基础，强调人的拯救是灵魂的拯救。保罗说：“你们若顺从肉体活着，必要死；若是靠圣灵治死身体的恶行，必要活

---

① 和合本圣经《使徒行传》第 9 章 5 节至 10 节。

② 这些书信包括《罗马书》、《哥林多前书》（前、后卷）、《加拉太书》、《以弗所书》、《腓立比书》、《歌罗西书》、《帖撒罗尼迦书》（前、后卷）、《提摩太书》（前、后卷）、《提多书》、《腓利门书》和《希伯来书》共 14 卷，构成了《圣经》新约的主要篇章。

③ 和合本圣经《加拉太书》第 3 章 26 节至 28 节。

着。”[1]而灵魂的拯救需要以牺牲肉体、彻底摒弃肉身为代价。“所以兄弟们，我以神的慈悲劝你们，将身体献上，当作活祭，是圣洁的，是神所喜悦的。”[2]第三，保罗主张因信称义，即信仰者单凭信仰因为上帝的神圣恩典而被拣选为义人。“这义是本于信，以致于信。如经上所记：‘义人必因信得生’。”[3]保罗反对通过遵循外在的律法、形式化的礼仪以及善功行为而获得拯救。“律法是我们训蒙的师傅，引我们到基督那里，使我们因信称义。但这因信得救的道理既然来到，我们从此就不在师傅的手下了。”[4]保罗又说：“那以信为本的人，就是亚伯拉罕的子孙。”[5]因信称义的思想后来成为路德宗教改革打出的一面精神旗帜。总而言之，保罗神学的中心就是宣扬被钉死在十字架上的耶稣基督。

保罗最后死于罗马暴君尼禄的大迫害。传说保罗最后是在罗马的奥斯迪亚大道(Via Ostia)为信仰而殉道的。公元 3 世纪时，教会在此建立了圣保罗纪念堂(basilica of San Paolo fuori le Mura)。关于保罗的殉道及其意义，威尔·杜兰这样评价道：

> 这个纪念堂实在是他胜利最好的象征，那审判保罗，定他死罪的尼禄王，死的时候，显出一副怕死的样子，生前极力地逼迫基督徒，而他的逼迫并没有任何作用，由殉道的保罗产生出基督教的神学体系，借着保罗、彼得造成了令人惊佩的教会组织。保罗已在犹太的《律法》以内，寻到犹太人末世论(eschatology)的美梦，并且将它拓广成为能够感动人的信仰。带着政治家所有的耐心，保罗混合了犹太人的伦理学与希腊的形上学，而把四福音书里的耶稣变成了“神学的基督”。他创造了一个新的奥理，一个新的复活的戏剧，可以吸引许多的信徒，并以教条代替言行来查考信徒的德行，于是导致中古时代的开始，这实在是个悲剧性的转变，但是，也许这是许多人的期望。只有很少数的信徒能效法基督的榜样，但是唯有借着永生的盼望，许多人才能提起信心及勇气。
>
> 保罗所引起的影响，并不是马上可以察觉的，他所建立的教会，如同大海中的小岛；在罗马的教会属于彼得，他们仍旧只忠于彼得。当保罗死后 1 个世纪，他几乎完全被人遗忘。但是当基督教第 1 代过后，许多关于使徒的口头传说已渐渐消失，于是成百的异端邪说开始搅扰基督徒的心灵，这时保罗的书信发挥了维持信仰的功用，也团结了原来分散的群众，成为强有力的教会。
>
> 虽然如此，那些由犹太教而分离出来的基督徒，在大体上仍旧是非常犹太化，他们个性非常强烈，道德上的要求非常严格，以至于中世纪的人因为接受了异教的色彩，使得基督教变成了多彩多姿的天主教，而视保罗为外人，几乎没有为他建立任何教堂，也很少为他雕刻塑像，或用到他的名字。这样一

---

① 和合本圣经《罗马书》第 8 章 13 节。
② 和合本圣经《罗马书》第 12 章 1 节。
③ 和合本圣经《罗马书》第 1 章 17 节。
④ 和合本圣经《加拉太书》第 3 章 24 节至 25 节。
⑤ 和合本圣经《加拉太书》第 3 章 7 节。

直过了15个世纪，到马丁·路德(Luther)称他为宗教改革的使徒，加尔文(Calvin)在保罗的书信中，发现预定论的信条(Predestinarian creed)，似乎这时候，保罗才被人记起。“新教教义”(Protestantism)显示保罗战胜了彼得；而基督教基本主义(Fundamentalism)显示保罗胜过了基督。[①]

① 〔美〕威尔·杜兰：《世界文明史·恺撒与基督》下册，幼狮文化公司译，北京：东方出版社，1999年，第725-726页。

第二章

奠基：教父哲学的思想贡献

使徒时代结束以后，大约从公元 2 世纪开始，出现了一批兼具希腊哲学素养和基督教信仰的早期基督教思想家，他们主要生活在罗马帝国时期，肩负着为基督教正统信仰奠定基础的历史使命，同时也承担着确立基督教基本教义的历史重任，所以他们是基督教信仰的重要奠基者和诠释者。这些早期基督教思想家我们通常称为教父(the Father)哲学家，而他们所处的时代我们通常称之为教父哲学时代。

如果按照历史时期来划分的话，教父哲学划分成两个阶段，以公元 313 年君士坦丁大帝颁布《米兰敕令》为界。在《米兰敕令》颁布之前，基督教信仰还处于被罗马帝国压制和迫害的阶段，基督教会的种种活动仍处于地下隐蔽的状态，也因此常常遭受或有意或无意的误解和诽谤。因此这一时期的最主要任务就是为基督教信仰进行辩护(即所谓护教)。因而，这些教父哲学家往往又被称作护教士(apologist)。而在《米兰敕令》颁布以后，基督教信仰获得了自身的合法性，外部受压制的状态基本消除，因而整个基督教会所面临的主要任务就是要确立正统教义和维护教会内部统一。

然而，若从纯粹思想学术性的标准来衡量的话，教父哲学时期一般采用新的划分理据。依据对待理性和信仰关系的基本态度，以及各自文化背景上的差异，教父哲学通常被划分成两派，即希腊教父和拉丁教父。从总体上看，希腊教父往往深受希腊文化教养的影响和熏染。他们日常说希腊语，用希腊文写作，生活在希腊世界(包括希腊本土和北非的亚历山大里亚)。在理性和信仰、哲学与神学之间的关系问题上，他们企图在信仰和理性、基督教神学与希腊哲学之间寻求某种内在统一性。而拉丁教父主要是土生土长的罗马人，说拉丁语，用拉丁文写作，对希腊文化有一种潜在的、本能的拒斥感。与希腊教父形成鲜明对照的是，他们提倡一种反理性的信仰或者超理性的信仰。

从整体层面上来看，教父哲学时代所肩负的历史使命主要就是确立基督教的基本教义，维护正统信仰和大公教会的稳定与统一。而具体来讲，教父哲学时代主要围绕着有关基督教信仰的三大问题而展开。它们分别是：①“三位一体”(即三一论)的问题；②基督本性(即基督神人二性)的问题；③人的原罪(即原罪和救赎)的问题。这三大问题就像三根巨大的柱石一般鼎立起整个基督教信仰的大厦。因此，如何能够以一种较为完满和有效的方式来加以解决，就构成了勾连起整个教父哲学时代的主旋律与主线索。

一、教父哲学时代的思想劲敌：初期异端

光荣的历史使命背后所面临的现实是异常严峻而紧迫的处境和形势。教父哲学时代虽然肩负着确立基督教的基本教义，维护正统信仰和大公教会的稳定与统一的崇高使命，然而在早期基督教时期各种威胁和敌手环伺周围，正统信仰面临着巨大的威胁与挑战。而其中最具威胁的就是制造各种混乱的初期异端。

1. 两种极端思考

首先就是受到希腊哲学影响所产生的两种极端思考方式。极端不同于异端，异端是完全与正统相悖的观点和主张，而极端只是表明是对某部分教理和教义的偏差性或偏执性理解。早期基督教时期的这两种极端思考方式分别是有关基督神人性的两种极端的思考方式——幻影说(docetism)和嗣子说(adoptionism)。幻影说否定耶稣的人性，认为耶稣就是上帝，所以耶稣在世上根本不具有肉体，只不过是一个幻影，因为人无法分辨清楚，所以误以为那是肉体。根据幻影说，尘世上的耶稣这个人，只不过是一个幻影而不具有真实的肉体，所以这种学说非常强调耶稣的神性。幻影说否认耶稣有所谓真正的"道成肉身"、真正被钉死十字架以及复活，认为耶稣基督在世上的一切显现只不过是"幻影"而已。而嗣子说与之正好相反。嗣子说否定耶稣的神性，认为耶稣只是一个有血有肉的活生生的人，他为上帝所拣选，从而成为上帝之子。这种学说通过否定耶稣的神性，而避免将上帝的神性和灵性与人的肉体混淆。嗣子说认为耶稣本质上只是一个人，他在世上表现得非常完满，或者说完全被圣灵所充满，因此上帝拣选他为神子。一句话概括就是，嗣子说强调耶稣的人性，而否定耶稣具有神性。这两种极端的思考方式以形形色色的样态存在于各种各样的异端中。

2. 四个主要异端

对于初代教会来说，真正构成威胁并制造实质性混乱的是四种主要异端——以便尼主义(ebionism)、马吉安主义(marcionism)、孟他努主义(montanism)、诺斯替主义(gnosticism，灵智主义)。这四种异端中除了诺斯替主义之外，其他三种都是以其初倡者的名字来命名的异端。而在这四种异端中，尤以诺斯替主义对早期基督教信仰的威胁最大。

简单来说，以便尼主义是一种受到犹太教影响所发展出来的异端。其基本主张包括：①律法主义倾向，强调律法而否定福音和恩典；②锡安主义倾向，以锡安-耶路撒冷为中心，期待上帝在耶路撒冷建立弥赛亚王国；③接受嗣子说。从本质上来看，以便尼主义实际上是要开历史的倒车，从新的基督教信仰重新回归到旧的犹太教信仰的异端主张。与以便尼主义刚好形成鲜明对照的是马吉安主义。马吉安派是一种教会内的改革派，并没有创立什么新的主张。马吉安主义有一种强烈的基要主义的特色。其基本主张包括：①把保罗书信中的"因信称义"绝对化，否认旧约的价值；②强调福音而彻

底地反对律法主义和犹太教；③主张幻影说，反对耶稣具有人性。可见，马吉安主义其实是想完全割裂和割断基督教与犹太教、圣经新约与旧约之间的一切关联。这一点对于正统信仰来说也是完全不能接受的。第三种异端孟他努主义是教会史上最早的崇尚灵恩的教会，也可以说是最早的灵恩运动或灵恩派。其基本主张包括：①宣称圣灵的时代已经开始，认为圣灵的启示其重要性要大于圣经的字面意义；②热切期待主耶稣再来，预言主耶稣要降临在弗吕家（即孟他努的故乡），并且要建立"千禧年"的幸福国度；③特别重视苦修禁欲，格外强调灵修的重要性。可见，孟他努主义也是一个激进的改革派。如果把孟他努主义放置在今日今时的话，很有可能不会被看作异端。因为今天基督教会里面广泛流行强调圣灵充满和灵修的所谓灵恩运动或灵恩派。然而，对于初代教会而言，孟他努主义的出现无论如何都显得不合时宜，出现太早。因此，孟他努主义在初代教会时期也被认定为异端。

最后一个也是对早期基督教发展威胁最大的异端就是诺斯替主义。诺斯替主义之名是从希腊文"知识"（gnosis，灵智）而来，因其主张一种通往得救的神秘灵性知识。诺斯替主义发端的历史甚至比基督教还要早，其内容兼容并蓄，包含希腊哲学、东方神秘主义、犹太教、占星术、基督教等各种思想元素，在基督教发展早期是影响最大，对基督教正统信仰威胁最大的一种异端。其主要思想特色如下：①主张二元论，重精神轻物质，重灵魂而轻肉体；②强调上帝无限的超越性；③认为人得救的唯一希望就是得到一种神秘的灵性知识；④思想上采用混合主义，内容庞杂。

对于正统信仰和正统教会来说，诺斯替主义之所以会被判定为异端而被加以拒斥的主要原因在于：①正统信仰反对诺斯替主义过分强调上帝的超越性，使得个体信仰者试图与上帝之间发生任何灵性的沟通和交流都变得根本不可能；②正统信仰反对诺斯替主义主张善恶二元论，而根本忽略了上帝根本性地创造了整个世界；③正统信仰反对诺斯替主义主张的幻影说，主张"道成肉身"；④正统信仰反对诺斯替主义主张有任何令人得救的所谓灵性知识，认为只有上帝的神圣恩典和救世福音才是根本得救之路。实际上，公元2世纪的很多基督教领袖和思想家，花了相当大的精力去研究和驳斥诺斯替主义，并在这个过程中试图去确立和维护正统教义，以有效应对诺斯替主义的威胁和挑战。因此，有人甚至说，初代教会所谓正统正是在使徒指定的合法继承者与那些诺斯替主义者之间激烈斗争的过程中所产生的。当然，在这一过程中，我们也不要遗忘了那些早年坚定立于正统信仰，而最终却落入诺斯替主义泥沼之中的教会领袖，比如那位著名的亚历山大教会主教奥利金。

二、使徒后期的教父哲学

除了《新约》正典各卷经书外，现存基督教古籍中年代最为久远的，恐怕就是被看作"使徒后期教父"（apostolic fathers）时代的作品。之所以会被称作使徒后期教父，是因为这些教父哲学家几乎是教会与耶稣基督及其使徒直接发生关联的最后一批基督徒领袖。他们中的很多人是曾经直接追随并聆听过使徒教导的早期教会领袖，比如士每拿主教波利卡普(Polycarp)就是这样的人。后人大都相信,波利卡普的信仰深受约翰这位耶稣门徒中最后去世的一位使徒的深刻影响。奥尔森在其《基督教神学思想史》中认为:

> 在那个没有基督教圣经的时代(除了后来基督徒称为旧约的希伯来圣经之外),大家都把波利卡普这种人当作使徒的教导,以及使徒如何领导教会的最佳、最有权威的数据库。……直到 4 世纪,基督徒认定了并同意接受新约圣经的内容为止。所以,这个口耳相传的传统与使徒统绪的权威,对于基督教在对抗异端与防止教会分裂上重要无比。[①]

自 16 世纪、17 世纪以后,教会历史学家们才开始使用"使徒后期教父"这一名称,来专指使徒时代以后在公元 2 世纪左右出现的这样一批基督教哲学家及其著作。目前学界所公认的"使徒后期教父"及其著作,一般是指罗马的克莱门特(Clement of Rome)、《十二使徒遗训》(*The Didache*)、安提阿的伊格纳修(Ignatius of Antioch)、士每拿的波利卡普(Polycarp of Smyrna)、《巴拿巴书》(*Epistle of Barnabas*)、《黑马牧人书》(*Shepherd of Hermas*)。这些人物和作品几乎是所有学者都同意的在使徒去世后第一代基督徒及其所写所作。除此之外,经常也会被提及的人物和作品还有希拉波立的帕皮亚(Papias of Hierapolis)及其所写的书简(fragments of writings of Papias)、《克莱门特贰书》(*Second Letter of Clement*)、《波利卡普殉道记》[②](*Martyrdom of Polycarp*)、《致丢格那妥书》(*Epistle to Diognetus*)。在这些作品中,除了《致丢格那妥书》以外,基本上都是写给基督徒和基督教会的作品。这些作品中有书信、护教文、圣经注释、教义教规手册等各种类型和风格的作品。通过这些作品,后人可以窥见初期教会各个不同的侧面以及早期教会内部所遭遇到的种种问题。

1. 罗马的克莱门特

罗马的克莱门特大约是公元 1 世纪最后十年的罗马主教。实际上,我们所知道的也仅此而已,后世流传的很多关于克莱门特的生平事迹大都只是未经佐证的传说而已。例如,奥利金、优西比乌和哲罗姆认为这位克莱门特曾经与使徒保罗一起在腓立比建立教会。唯一能够肯定的就是,这位克莱门特是在公元 96 年左右给在哥林多的教会写过一封书信,这封书信通常称为《克莱门特壹书》,以与后来的《克莱门特贰书》相区别。这封书信也是克莱门特所留下来的唯一可靠的著作。初读这封书信,让人有一种似曾相识的感觉,因为它的行文风格和笔调很像使徒保罗当年写给哥林多教会的那封著名书信[③]。这从某个侧面也说明了克莱门特至少是熟识保罗的写作风格,当然也很有可能的确曾经跟使徒保罗有个人交集。克莱门特之所以会给哥林多教会写这

---

① 〔美〕奥尔森:《基督教神学思想史》,吴瑞诚、徐成德译,北京:北京大学出版社,2003 年,第 30 页。

② 早期基督教使徒后教父著作之一,通常附于《圣波利卡普致腓立比人书》之后,约写于公元 156 年。据传是士每拿(Smyrna,今土耳其境内)教会在其主教波利卡普殉教后,将其经过情况写出,寄给邻近教会传阅。书中故事说,波利卡普因不肯尊罗马皇帝为神而被判处火刑,被捕时向前来的拘捕者表示欢迎,虽然腿已被打断,仍愉快地坚持步行至刑场而甘心受死。故事还说,波利卡普在火堆中被烧时,火却对他无所伤害,最后只好用剑将他刺死,再投入火中焚尸。

③ 这里所指的是新约圣经中的《哥林多前书》。

封书信，主要原因有两个。一个原因是激励哥林多教会的基督徒在面对逼迫的时候要坚定信仰。另一个原因就是当时哥林多教会内部产生了严重的分歧和争论，罗马的基督徒深感忧虑，需要给予必要的回应。

在《克莱门特壹书》中，针对哥林多教会的部分基督徒公然反叛教会领袖和否认主教的权威，克莱门特命令他们必须顺服神所按立来管理他们的主教。一方面，他引述旧约中的历史人物说明如何保持顺从、和蔼和谦卑。

> 正如以诺，因他的顺服而称为义；被接去而永不见死。挪亚因他的善行而称为信，使世界得以更新；因为主借着他拯救那些平安进入方舟的活物。被称为朋友的亚伯拉罕，因顺从上帝的话而称为信。他听命离开他的本土、家属和父家，结果失去一小块土地，一个弱小的家族，和一个不大的家业，却承受了上帝的应许。[①]

另一方面，克莱门特在这封书信中第一次在教会史上使用了"使徒统绪"(apostolic succession)来说明教会圣职的权威性根据。他认为，正如当年耶稣指定神圣使徒作为其后继者一样，这些使徒也指派某些神圣者来做自己的继承者。这些教会领袖的权威性是在这种历史的神圣传承中确立起来的，因此教会的普通信众无权去废黜和罢免他们。克莱门特充分肯定了教会存在的优先性。他说：

> 因此，弟兄们，只要我们遵行我们父上帝的旨意，我们就属于原初的教会，即属灵的教会。她是先于日月被造的……不仅如此，书上和众使徒都讲明，教会不属于现世，而是从起初就有的。因为教会是属灵的……并在基督的肉身中表现出来，好让我们知道，如果有什么人在肉身中保护教会，使她不致败坏，他将在圣灵中重又得到教会。因为肉身是灵的摹本。凡是损坏摹本的，就不能再得到那原来的。因此，弟兄们，这就是说，你们应保护那属肉体的，才能享有那属灵的。如果我们认为肉身就是教会，灵就是基督，那么凡损害教会的人，也就损害基督了。这样的人将不能在灵中承受基督。我们的肉身能够享有这么丰富的生命，并得到永生，因为它和圣灵是密切相联的。[②]

这段文字除了透露出有关教会理论方面的信息以外，从某个侧面也可窥见，在克莱门特那里，"道成肉身"教义的理解已经初步成形，而关于"三位一体"的认识还比较模糊。

2. 《十二使徒遗训》

《十二使徒遗训》也叫作《十二使徒的教导》，是除圣经以外现存最早的基督教著作。该书1875年在伊斯坦布尔被重新发现，除希腊文文本之外，还有一些拉丁文、阿拉伯文、科普特文、格鲁吉亚文和叙利亚文的译本残篇。关于该书的起源、作者和成书年代，一直以来都存在诸多争议，迄今为止始终没有定论。但大多数学者认为此书应该是在大约公元1世纪末或公元2世纪初，写给罗马叙利亚行省的基督教会传阅的信

---

① 〔美〕胡斯都·L.冈察雷斯：《基督教思想史》（第一卷），陈泽民等译，南京：译林出版社，2008年，第55页。
② 〔美〕胡斯都·L.冈察雷斯：《基督教思想史》（第一卷），陈泽民等译，南京：译林出版社，2008年，第58页。

件，成书地点应该是在离当时基督教传播中心稍远的叙利亚或巴勒斯坦地区的某一偏僻位置。

《十二使徒遗训》的写作目的似乎是要倡导基督徒提高自己的道德水平，并试图去教导圣礼该如何进行，以及基督徒该如何去面对所谓的先知。全书共计 16 章，分成三大部分。第一部分（即第 1 章 1 节至第 6 章 2 节）通常被称作“两条道路文稿”。作者认为有所谓“两条道路”，即生命之道和死亡之道。凡爱上帝、爱邻人、趋善避恶、严格恪守基督徒本分而生活的人，都是走在生命之道上，也是一条真正通向上帝救恩的道路。而与此相反，那些走在死亡之道上的人表现出极度的不诚实、邪恶、虚伪和贪婪，这样的人必定会受诅咒。

第二部分（即第 6 章 3 节至第 10 章 7 节）是一系列有关圣礼的教导。第 7 章讲的是洗礼。这里讲到作为一种圣礼，洗礼通常应该将受洗者全身浸入水中。但文中同时也认为，在具体特殊情况下，也可以用水淋浇于受洗者的头部，并奉圣父、圣子和圣灵的名连浇三次。书中具体规定如下：

> 关于洗礼问题。你们既已领受了上面的教训，就要依下述方法施洗。要奉父、子、圣灵的名，在流水中施洗。但如没有流水，也可用别的水，如不能用冷水，也可用温水，如水量不够，也可在头上奉父、子、圣灵之名连浇三次。行礼以前，施洗者和受洗者都应和其他做得到的人一同禁食。尤其是受洗者更应事先禁食一二天。[①]

第 8 章以禁食和祷告两项内容来区分真假基督徒。作者认为，假基督徒在每周第二天和第五天禁食，而真基督徒则在每周第三天和第四天禁食；真基督徒每天会背诵主祷文三次，而假基督徒并不会这么做。第 9 章和第 10 章讲到一种名为“圣餐”（eucharist）的聚餐，在这种仪式中参与者通过享用面包和酒可以吃饱喝足。然而在后面的第 14 章作者又提到另外一种“主日”举行的颇有献祭形式的聚餐，在这种聚餐之前要举行忏悔仪式。如果以我们今日的眼光来看，前一种聚餐仪式也就是我们通常所说的“爱筵”（agape），而后一种或许才是严格意义上的圣餐礼。

《十二使徒遗训》的第三部分（即第 11 章至第 15 章）是一些教规教义方面的具体指导。其中，第 11 章至第 13 章讨论如何去辨别真假先知的问题。作者认为可以凭借行为去辨别真伪。假先知总是试图向信众索取钱财，总是要求信徒设宴款待他们，而且自己言行不一致。而若是真先知就需要信众发自内心地自觉自愿地去支持和供奉他们。书中这样讲道：

> 不要试验与评断在灵里说话的先知，因为任何罪都可以饶恕，但是这个罪得不到赦免。然而，并不是每位在灵里说话的人都是先知，只有彰显神的道者才是。因此，借着这个行为，可以分辨真假先知……任何以主的名来的人都应该受到欢迎。你们查验先知的行为，就会发现，他到底是真是假，因为你们具有分辨真假的能力。[②]

---

① 〔美〕胡斯都·L.冈察雷斯：《基督教思想史》（第一卷），陈泽民等译，南京：译林出版社，2008 年，第 60 页。

② 〔美〕奥尔森：《基督教神学思想史》，吴瑞诚、徐成德译，北京：北京大学出版社，2003 年，第 35 页。

《十二使徒遗训》第15章讲到教会的主教和执事应由信徒选举公推产生。在这一章结束部分，作者严正告诫每位基督徒说："你们要按立谦卑、不贪财、真诚与经过证实的人，作为神的尊贵主教和执事；因他们为你们执行先知与教师的事工。故此，你们不可以轻视他们，因为他们与先知和教师一样是尊贵的人。"[①]整部书最后在讨论基督徒如何去为世界末日做准备的话题中结束。

透过《十二使徒遗训》整部作品的具体内容，至少在三个大的方面具有重要意义和价值。首先，它充分说明在早期基督教时期就出现了比较明显的信仰道德主义倾向。其次，《十二使徒遗训》特别地包含关于洗礼和圣餐仪式的最早的具体规定和说明。最后，透过作者的论述，也充分展现出基督教会并非从一开始就完全确立了后来中世纪流行的那一整套自上而下的教阶体制，至少在早期基督教时期还没有出现。

3. 安提阿的伊格纳修

安提阿的伊格纳修在公元2世纪初期是一位备受尊崇的教会领袖。他大约是在公元110年或公元115年在罗马殉道，据说罗马帝国判处他死刑并残忍地将其尸体扔给野兽吞噬。而我们今天所能读到的由他所写的书信正是在罗马士兵押解其到罗马的行程中撰写的。这些书信一共有七封，四封写于士每拿，三封写于特罗亚。关于作者写作这七封书信时的复杂心绪，冈察雷斯在其《基督教思想史》一书中曾有动人的描述：

> 从这些书信可以看出，他虽然身陷囹圄，可是仍萦怀着教会大事。首先他怀念安提阿教会，他曾在那里做过几年主教，可是那里现在群羊无牧，面临着外来的迫害和威胁，他就是受害者之一，内部又再现异端邪说，使基督教的真道有受歪曲的危险。其次，他想到罗马，在那里他将经受最后的考验：究竟他是赢得殉道者的荣誉，还是将屈服在困乏和磔刑的面前？他又想到他路过的小亚细亚教会，那里需要安慰、鼓励和指导。他好久没有得到安提阿教会的消息，不知那里发生了什么事情。他担心到罗马后的种种可能的遭遇。那里的主内弟兄也许要把他从他在想象中已多次经历过的殉道的厄难中抢救出来；也许他自己在最后一刻会动摇退缩，不能坚持下去。他又为小亚细亚的教会担心，那里似乎出现了他在安提阿教会所遇到的问题的征候。所有这些都可以从他所写的这七封书信中看出来。[②]

在这些书信中，伊格纳修首先要反对和驳斥的就是幻影说。他强调耶稣基督具有完完全全的人性，是"道成肉身"。耶稣基督的确是大卫王的后裔，是圣母玛利亚所生，并曾在施洗约翰那里受过洗礼，后来被钉死在十字架上，又从死里复活。不仅如此，耶稣基督在复活以后仍然具有其肉身，并向人们显现。在耶稣基督的本性问题上，伊格纳修坚持认为耶稣基督既是完完全全的人，也是完完全全的神，既神亦人，亦人亦神。在信中，伊格纳修这样写道：

---

① 〔美〕奥尔森：《基督教神学思想史》，吴瑞诚、徐成德译，北京：北京大学出版社，2003年，第35-36页。

② 〔美〕胡斯都·L.冈察雷斯：《基督教思想史》（第一卷），陈泽民等译，南京：译林出版社，2008年，第62-63页。

有一位医生；
既有肉身，又是灵，
既被生，又非被生，
既是人，又是神，
既经历死亡，又是真生命，
曾（和我们一样）感受忧伤痛苦。
后来超脱一切忧伤痛苦，
就是我们的主耶稣基督。[①]

伊格纳修认为只有一个统一的教会，即“大公教会”[②]（the Catholic Church）。他主张，教会的这种统一根源于耶稣基督在教会中的临在，也通过教会严格的等级制度和教阶体制表现出来。因此，伊格纳修非常重视主教在教会中的地位。他认为，从属于上帝、耶稣基督和使徒的教会借由主教的核心引领和灵性牧养而统一起来。他甚至主张，一个教会如果没有主教的话就不能够采取任何行动，不顺从主教就是不顺从上帝，未经主教同意，所有的洗礼和圣餐仪式都是非法的。“正如这样，所有的人都应当尊敬执事，如同尊敬基督一样；应当尊敬主教，因为他是父上帝的代表；应当尊敬众长老，如同尊敬上帝的公会和众使徒一样。因为如果离开了这些人任何组织都不能称为教会。”[③]由此可见伊格纳修对主教权威的强调。

此外，在这些书信中，伊格纳修也刻意规定了两个有关圣餐仪式的名词，即“圣餐”（eucharist）和“圣餐礼”（communion ceremony）。他认为，信徒通过领受圣餐，内在的灵性信仰发生了重要的更新变化，从而构成获得上帝救恩的重要组成部分。很显然，伊格纳修着重于强调圣餐仪式背后的属灵意义，而没有过多地去关注圣餐仪式形式方面的具体规定。

关于安提阿的伊格纳修在早期基督教时期的思想贡献，冈察雷斯这样评价说：“伊格内修斯作为一个神学家，虽然没有对基督教教义在理论上作出什么重要的建树，也没有创立较为完整的思想体系，但他深刻体会到某些基本教义的重要性，并以深邃的眼光预见到这些教义的后果和影响。此外，他对教会组织制度和教牧工作表现了极大的热忱，在他面临殉道的时刻，他能够笃守信仰，忠贞不渝。他的书信可以列为古代基督教遗留下来的最丰富、最宝贵的文献之一。”[④]

4. 士每拿的波利卡普

伊格纳修绝大部分书信都是写给当时各个教会的，但其中有一篇是写给士每拿的波利卡普的。在这封信中，伊格纳修劝告波利卡普：“如果你喜爱优秀的门徒，那并没有什么可夸的；你要用温柔的心使让你头痛的人物软化顺眼。”[⑤]而波利卡普曾经有一

① 〔美〕胡斯都·L.冈察雷斯：《基督教思想史》（第一卷），陈泽民等译，南京：译林出版社，2008年，第66页。
② 实际上，安提阿的伊格纳修也应该是教会史上第一个使用“大公教会”这一概念的人。
③ 〔美〕胡斯都·L.冈察雷斯：《基督教思想史》（第一卷），陈泽民等译，南京：译林出版社，2008年，第68页。
④ 〔美〕胡斯都·L.冈察雷斯：《基督教思想史》（第一卷），陈泽民等译，南京：译林出版社，2008年，第72页。
⑤ 〔美〕奥尔森：《基督教神学思想史》，吴瑞诚、徐成德译，北京：北京大学出版社，2003年，第38-39页。

封专门写给腓立比教会的书信——《圣波利卡普致腓立比人书》(*Epistle of Saint Polycarp to the Philippians*)。在这封信中，波利卡普遵照腓立比教会的请求，答应把他所保存的伊格纳修的几封书信寄给他们，同时也在信中向他们打听有关伊格纳修的消息。波利卡普在公元155年左右在士每拿为信仰殉道。有关他殉道的事迹都记录在《波利卡普殉道记》(*Martyrdom of Polycarp*)一书中。后来的学者也把这本书看作使徒后期教父哲学时代的作品之一。

事实上，我们所知道的有关士每拿的波利卡普的所有信息也仅此而已。他写给腓立比教会的那封书信最重要的意义也许就在于，证明安提阿的伊格纳修本人以及其所写书信的真实性。实际上，通过两人相互往来的书信，士每拿的波利卡普与安提阿的伊格纳修似乎也是在向作为后来者的我们印证对方在历史长河中的真实存在。

5.《巴拿巴书》

《巴拿巴书》实际上是托当年与使徒保罗一同宣教的那位同伴巴拿巴之名所写的书信，也就是所谓"伪巴拿巴"所著。《巴拿巴书》曾经一度被一些早期教父收入新约正典中，但最终还是被从圣经正典中剔除掉。《巴拿巴书》成书年代在公元70年至公元135年之间，成书地点很有可能是在埃及的亚历山大城。《巴拿巴书》主要由两个部分组成。第一个部分(即第1章至第17章)主要是运用当时比较流行的寓意解经法来解释旧约经文。自犹太哲学家斐洛以来，寓意解经法日渐流行起来。而《巴拿巴书》正是采用这种方法去解释旧约圣经。例如《申命记》第14章8节的经文讲要禁食猪肉，作者解释为是告诫我们不要做像猪一样的人，饿了就老老实实跟随主人，而一旦吃饱就六亲不认。"伪巴拿巴"甚至认为旧约里面所讲的割礼实质上是指着人的心灵和耳朵说的，是要教人们应当仔细聆听上帝的教导，相信上帝的应许。而《巴拿巴书》的第二部分(即第18章至第21章)实际上是在重复《十二使徒遗训》中所讲到的"两条道路文稿"。

6.《黑马牧人书》

在使徒后期教父哲学著作中，《黑马牧人书》的篇幅最庞大。它林林总总地包含五篇"异象"、十二篇"训诫"和十篇"寓言"，论述所涉及内容也十分广泛。据说这部作品的作者可能是曾经在公元140年至公元145年担任过罗马主教的庇护(Pius)的兄弟，大约成书于公元1世纪末至公元2世纪中叶。在所有最终未被纳入圣经正典的著作中，《黑马牧人书》是其中最接近的一部书卷。甚至古代世界最伟大的那些教会领袖如里昂主教爱任纽、亚历山大的主教克莱门特与奥利金，以及公元4世纪的伟大教父阿塔那修都曾公开承认接受《黑马牧人书》为圣经正典。

在《黑马牧人书》一开篇，牧人天使第一次向黑马显现时说道："首先要相信独一的真神，他从无中生有，创造与安排万物，惟有他包含一切，但是没有任何一物可以包容他。因此，你们要相信他、畏惧他、永远不断地畏惧他，又要自制。如果你们遵守这个命令，实行这些条例，你们就可以远离恶者，得到公义的美德，向神活着。”[①]以此为基调，《黑马牧人书》想要传递的信息是上帝的宽恕和怜悯是有限度和条件的，每个信仰者都必须严格遵守上帝的诫命。在书信中，牧人告诉黑马说：“如果你遵守我的命令，你以前犯的罪行就会得到赦免。事实上，每个人都可得到赦免，如果他们遵守我的命令，并以纯洁的心行事为人。”[②]在《黑马牧人书》中，五篇“异象”主要是为规劝信徒悔过自信，勉励他们在迫害面前坚持信仰。十二篇“训诫”论述的则是基督徒应该严格遵守的行为准则。值得注意的是，在最后的十篇“寓言”中，黑马还特别强调了圣灵的意义。他说：

> 上帝使那现在的圣灵，就是那创造万物的，按着他所愿的住在肉身中。因此，圣灵所寄寓的肉身，就好好服事圣灵，行事为人敬虔纯正，不使圣灵蒙受玷污。正因他品行端正，无可指责，凡事都和圣灵协作，又刚强勇敢，所以被拣选成为圣灵的同伴。因为他在地上承受圣灵的时候，不受玷污，所以肉身的行为就蒙上帝喜悦。因此上帝将子和众荣耀的天使一同接纳为谋士，使肉身在服事圣灵之后，也有一个居所，而不至像失去了他因服役所得的赏赐的样子。[③]

关于使徒后期教父哲学的重要性和价值，一直存在褒贬不一的看法，冈察雷斯在其最具影响力的著作《基督教思想史》中的评价应该算是其中比较客观的看法。冈察雷斯认为：

> 从这些作者对洗礼的解释，以及他们在神学上的一般主张，可以说他们和《新约》时期的基督教之间，尤其是和保罗之间，存在着某种距离。尽管他们时常提到保罗和别的门徒，但在他们眼里，这个新生的宗教似乎越来越成为一种新的律法。保罗所强调的借上帝的恩典而称义的教义，也逐步变成凭恩行义的教训。
>
> 使徒后期教父对后来基督教思想发展的影响，也很不一致。有些教父几乎完全不为后世基督教所知晓，但有的像赫马和“伪巴拿巴”，却曾一度被收入《新约》正典。对后世影响最深的，要算是克莱门特和伊格内修斯了。这可能是因为他们的神学相对来讲比别的教父更能超出犹太化基督徒的楷模，并摆脱他们所纠缠不休的一些争论，因此也就更有助于为后来的基督教神学开辟新的途径。[④]

三、希腊教父

公元 2 世纪中叶，正值罗马帝国对基督教的压制与迫害最为严酷的时代，出现了

---

① 〔美〕奥尔森：《基督教神学思想史》，吴瑞诚、徐成德译，北京：北京大学出版社，2003 年，第 41 页。

② 〔美〕奥尔森：《基督教神学思想史》，吴瑞诚、徐成德译，北京：北京大学出版社，2003 年，第 41 页。

③ 〔美〕胡斯都・L. 冈察雷斯：《基督教思想史》（第一卷），陈泽民等译，南京：译林出版社，2008 年，第 81 页。

④ 〔美〕胡斯都・L. 冈察雷斯：《基督教思想史》（第一卷），陈泽民等译，南京：译林出版社，2008 年，第 87-88 页。

一批基督教的护教家。他们从希腊哲学的角度,以理性和哲学的方式向罗马帝国的统治者与异教批评者辩护他们自身所持守的基督教信仰。在这些早期的护教者中,比较具有代表性的人物有殉道者查士丁、里昂主教爱任纽,以及亚历山大教会的两位主教克莱门特和奥利金。

1. 查士丁

在公元 2 世纪所有的基督教护教者中最为著名的一位或许就是殉道者查士丁。查士丁(Justin,约公元 100 年—公元 165 年)于公元 2 世纪上半叶出生于巴勒斯坦的一个希腊家庭。如同后来那位著名的教父哲学家圣奥古斯丁一样,在其正式皈依基督教之前,查士丁曾经在不同的希腊哲学和希腊文化中辗转漂泊。查士丁在《与蒂尔弗的对话》(*Dialogue with Trypho the Jew*)中曾这样描述自己早年的思想经历:

> 一开始,我很想和这样的一个人私下交谈,于是求教于一位斯多亚派;我和他交往了很长一段时间后,没有得到关于上帝的进一步的知识(因为他自己也不知道,并且说,关于这的教导是没必要的),于是离开了他,去找另外一个,是个逍遥派。就像他自己认为的那样,这个哲学家很精明。他招待了我几天后,要求我把学费定下来,以免我们的交往无利可图。因此,我抛弃了他,认为他根本不是哲学家。
>
> 而我的灵魂强烈渴望听到独特的和最好的哲学,于是我来到了一个很有名的毕达哥拉斯派那里。他对和智慧相关的事情很在行。我和他交谈了一次之后,很想当他的听众和门徒。而他说:"那怎样?你熟悉音乐、天文学、几何学吗?这些学问使灵魂脱离可感的事物,使它适应和心灵相关的对象,这样就能专注于美自身和那善自身。如果你还没有学这些,难道你还希望学习那些指向幸福生活的东西吗?"
>
> 他要求我学很多这类的学问,告诉我这些都是必须的。当我承认我对这些一窍不通时,他拒绝收我。因此,我对此很不耐烦了,因为我失去了希望,这也是在情理之中的。因为我觉得此人有知识,所以越是这么感觉;但是想到我要学习这些学问会耽误很多时间,我不愿意更长久地徘徊。
>
> 在我完全无助的时候,我碰巧遇到了柏拉图主义者,他们声音很大。于是,我花了尽可能多的时间,来和一个后来住在我们城的柏拉图主义者交往。他是一个智慧的人,在柏拉图主义者中地位很高。我在进步,每天都有最大的收获。对非物质的事物的观察吞没了我,对理念(Idea)的思考为我的心灵安上了翅膀,过了很短的时间,我就认为我有了智慧;这就是我的愚蠢,我更希望进一步看到上帝,因为这也是柏拉图哲学的目的。[①]

由此可见,查士丁早年是经历了一番理智的哲学探寻之后才最终走向基督教信仰的。也正是这一番不同寻常的经历,他才始终会对希腊哲学抱有好感。查士丁很多作

① 〔古罗马〕查士丁:《与蒂尔弗的对话》第 2 章,转引自赵敦华、傅乐安主编:《中世纪哲学》(上卷),北京:商务印书馆,2013 年,第 11-12 页。

品都已经佚失，现存的主要有三部作品。头两部都是护教辞，一部写于公元 155 年，一部大约成书于公元 160 年，分别被称作《第一护教辞》(*First Apology*)和《第二护教辞》(*Second Apology*)。第一篇护教辞是写给当时的罗马帝国皇帝庇护的书信，请求他能够公正地对待基督徒。而第二篇护教辞则是写给罗马元老院的，主要是列举和控诉了当时一些罗马帝国官员不公平对待基督徒的案例，请求主持公道。查士丁的第三部现存作品就是《与蒂尔弗的对话》，主要是回顾他自己早年通过学习希腊哲学最终皈依基督教信仰的历程。

而在护教的过程中，查士丁最大的思想贡献就在于试图从希腊哲学固有的"逻各斯"或"道"的概念出发来解决基督教信仰同古希腊文化特别是古希腊哲学之间的关系。作为一个对希腊文化和希腊哲学有深厚情感的教父哲学家，查士丁也第一个提出了"基督教哲学"的概念。在查士丁看来，希腊的一切哲学都指向基督教信仰这一最终目标。基督就是希腊哲学中所讲的"逻各斯"或"道"，基督就是"道成肉身"。而在基督降生前，"逻各斯"体现为宇宙的理性规律。查士丁甚至如此乐观地认为，像苏格拉底、柏拉图这些古希腊哲学家们只是"部分地"认识了"道"。只有当"道"成肉身、化作基督之后，基督徒才能"完全地"认识"道"。因此，相对于希腊哲学而言，基督教才是真正的哲学，才能认识和把握绝对的真理。查士丁在其《护教辞》中明确地说：

> 人的每一个认识都是基督的恩赐，而且那些原先被认为是无神论者的人，只要按照理性规律来生活，他们就是基督徒。有如希腊人中的苏格拉底和赫拉克利特，还有别的像他们一样的人。又如"蛮人"中的亚伯拉罕、亚拿尼亚、阿撒利亚、玛西雅和以利亚以及许多其他的人，我们在这里就不必一一赘述了。①

因此，在查士丁的眼光中，古希腊哲学与基督教信仰之间并不存在根本性的不可调和的矛盾和冲突，而是有机融合在一起。只不过这二者之间有主次之分。查士丁认为，基督教哲学才是绝对的、终极的真理，而过往的一切哲学包括古希腊哲学无不是在朝向和走向基督教信仰。在耶稣基督降生即"道成肉身"之前，"逻各斯"就已经在这个世界存在，并透过那些犹太先知和古希腊哲学家们不断地在言说。奥尔森认为查士丁哲学思想的价值在于："查士丁建立了一个逻各斯基督论的基督教传统，取代圣灵基督论，并向三位一体的基督论迈进一步，同时又赏识哲学与文化，是道在化身为耶稣基督之前，本于这逻各斯的活动。"②抛开查士丁作为一个护教者在其所处时代竭尽全力为基督教信仰辩护的护教辞，查士丁基督教哲学思想的根本意义恐怕正在于此。

2. 爱任纽

高卢地(Gaul)里昂(Lyons)的主教爱任纽(Irenaeus，约公元 120 年—公元 202 年)在公元 120 年左右出生于小亚细亚的士每拿。在他年轻的时候曾经亲耳聆听过使

---

① 〔古罗马〕查士丁：《护教辞》第 46 章，转引自〔美〕胡斯都・L. 冈察雷斯：《基督教思想史》(第一卷)，陈泽民等译，南京：译林出版社，2008 年，第 95-96 页。

② 〔美〕奥尔森：《基督教神学思想史》，吴瑞诚、徐成德译，北京：北京大学出版社，2003 年，第 52 页。

徒后期教父士每拿主教波利卡普的教导。如果事实真是如此的话，那么从使徒统绪的角度来看，爱任纽继承的是使徒约翰的传统。后来，爱任纽被差遣到高卢地区担任教会长老，后定居于罗纳河畔的里昂，成为当地教会著名的领袖。公元177年，罗马皇帝奥勒留残忍迫害高卢地区特别是罗纳河地区的基督徒，而我们的这位主教由于被差遣到罗马去对付异端活动而逃过一劫。再次返回到高卢以后，爱任纽发现在高卢地区以华伦提努学派（Valentinus's school）为首的诺斯替主义异端大肆横行，他甚至目睹自己昔日的爱徒转信诺斯替主义。这些经历使得爱任纽担任里昂地区主教以后，集中全力去对抗日渐猖獗的诺斯替主义。实际上，对抗诺斯替主义异端也几乎成为爱任纽这一生的思想主题。公元202年，爱任纽在里昂主教的任上死于罗马帝国对基督徒的一次大迫害，最终为信仰而殉道。

为了批评和驳斥诺斯替主义异端，爱任纽撰写了《驳异端》（*Against Heresies*）一书，共五册。《驳异端》一书的全名为 *A Refutation and Subversion of Knowledge So-Called*，作者本是用希腊文所写，现今只有拉丁文版本传世。这部书也是我们今天能够看到的由当时最具影响力的教会领袖与诺斯替主义异端论战的最早作品。此外，爱任纽还写过一部名为 *Proof of the Apostolic Preaching*（也叫作 *Epidexis*）的袖珍教义手册。这本小册子也可以看作《驳异端》的摘要本或简写本。由于这样的小册子简明扼要且通俗易懂，因而，自此以后撰写这样的教义手册便成了基督教思想史上流行的惯例。

从总的方面来看，“爱任纽在基督教神学史上是举足轻重的关键人物，因为他是击溃诺斯替主义的巨擘，又是首先提出原罪与救赎完整理论的第一位基督教思想家”[①]。因此，爱任纽的哲学主要包含了两个方面的基本内容：一方面是对诺斯替主义的批驳；另一方面就是在批驳诺斯替主义异端的过程中所发展出来的基督教救赎理论。

为了能够彻底击败诺斯替主义异端，爱任纽曾经花费了相当多的时间和精力去深入研究这个对手。据说他曾经前前后后一共研究过二十几位诺斯替派的导师及其所属学派。不过就当时的具体状况来说，爱任纽把斗争的火力主要集中于他所认为的当时在罗马基督徒中最具蛊惑力、最有威胁的诺斯替主义学派华伦提努学派。在《驳异端》一书中，爱任纽主要从三个大的方面对以华伦提努学派为代表的诺斯替主义展开了详细批驳。

首先，爱任纽认为，以华伦提努学派为代表的诺斯替主义所持的世界观是一种毫无根据的杜撰出来的虚妄想象，诺斯替主义的各种所谓真理陈述相互之间充满了各种自相矛盾，是完全荒谬的主张。在《驳异端》中，爱任纽不惜长篇累牍地描述诺斯替主义的信念与主张：

> 他主张，有一个二分体（Dyad，具有二体的存在物），任何名字都无法表达它。它有一部分应该叫做 Arrhetus（无法言述），而另一部分则应该叫做 Sige（安静）。但从这个二分体，产生了第二个二分体，它把这第二个的一部

---

① 〔美〕奥尔森：《基督教神学思想史》，吴瑞诚、徐成德译，北京：北京大学出版社，2003年，第60页。

分叫做 Pater，而另一部分叫做 Aletheia。从这四个一组，又产生 Logos 与 Zoe，以及 Anthropos 与 Ecclesia。这些二分体构成主要的八个一组（Ogdoad）……另有一位在他们中间很著名的教师，想办法要得到比较崇高伟大的东西，并得到比较高级的知识，他解释主要的四个一组如下：在万有存在之前有一个 Proarche，它超越所有的思想、语言与名称，我把它叫做 Monotes（统一）。跟着这个 Monotes 存在着一个能力，我又把它叫做 Henotes（一）。这个 Henotes 与 Monotes 因为是一，它产生，然而并不是为了产生……万物的起源，一个有智能的、非受生的、不可见的活物，初级语言称之为“单子”（Monad）。跟着这个 Mo-nad 有一个与它互生的同质力量，我又把它叫做 Hen（一）。然后，这些力量，即 Monotes，Heotes，Monas 与 Hen 生出其他的爱安（Aeon）群体。①

接着就是爱任纽言辞激烈的猛烈批驳，言语中极尽揶揄和讽刺：

呸！呸！啐！啐！看到他表现得这样厚颜无耻，胆敢为他自己的虚假系统命名，但一点也不会脸红，我们应该都吐一口痰。因为当他宣告：在万有存在之前有一个 Proarche，超越所有的思想，我把它叫做 Monotes；并且，跟着这个 Monotes 存在着一个能力，我又把它叫做 Henotes——这些话说得一清二楚，他承认，他所说的是他所捏造的、又是以前从来没有人提过的东西，所以由他本人为这些东西命名。这也表示，他是惟一这么无耻，胆敢捏造这些名词的人；所以，要不是他落地出生，这个真理就无以名状了。但是，既然是这样，我们可以照章行事，为这些东西命名如下，也没有什么不可以：有一个 Proarche，威风八面，超越所有的思想，在万有存在之前，向四面八方延伸。但是有一个能力跟它同在，我把这能力叫做葫芦；而跟着这个葫芦又有一个能力，我称为完全空虚。这个葫芦和完全空虚，因为它们是一个，生出（然而不是完全生出，以至于离开它们）一个水果，到处都可以见到，可吃，味道很美，水果语言把它叫做黄瓜。跟着这个黄瓜，有一个同质的能力，我又把它叫做西瓜。这些能力：葫芦、完全空虚、黄瓜和西瓜，产生其他精神错乱的华伦提努西瓜大众……如果别人可以命名取乐，谁能禁止我们也取这些名字呢？因为这种命名（比其他的命名法）更可信，用途更广泛，而且人人都了解。②

在此，爱任纽坚决反对以华伦提努派为代表的诺斯替主义主张物质世界和人的肉身都是从神流溢而出的创造论，坚持基督教所主张的上帝是所有物质性的和灵性存在的终极创造者，上帝无中生有地创造了世界。爱任纽以圣经为根据和基础，严厉驳斥诺斯替主义对于圣经的理解和阐释是完全不合理的胡说八道。

其次，爱任纽严厉批驳诺斯替主义宣告其主张的权威性可以追溯到耶稣基督及其

① 〔古罗马〕爱任纽：《驳异端》第1章11节，转引自〔美〕奥尔森：《基督教神学思想史》，吴瑞诚、徐成德译，北京：北京大学出版社，2003年，第62页。

② 〔古罗马〕爱任纽：《驳异端》第1章11节，转引自〔美〕奥尔森：《基督教神学思想史》，吴瑞诚、徐成德译，北京：北京大学出版社，2003年，第63页。

使徒的做法，认为这是根本虚妄的。由于爱任纽本人曾经长期追随士每拿的波利卡普，而士每拿的波利卡普师承使徒约翰，因此他认为，借由这种使徒统绪的传统他最有资格来判定诺斯替主义所说真理是否权威。爱任纽认为，假如诺斯替主义者认为他们获得了来自使徒的所谓"秘密教导"，那么他的导师波利卡普就一定会知道，并且一定会告诉他本人。然而事实并非如此。

最后，爱任纽还批评认为诺斯替主义者破坏大公教会的统一，是教会分裂主义者，因此应该被正统教会完全拒斥。由于爱任纽师承波利卡普，又经由波利卡普而与使徒约翰产生直接的对接关系，因此，他对诺斯替主义的这些批驳在早期教会被看作真正权威，并使得一时之间甚嚣尘上的诺斯替主义沉寂下来。

除此之外，爱任纽在批驳诺斯替主义的过程中，还发展了基督教救赎理论，产生了深远的影响。针对诺斯替主义者认为耶稣基督的生平历史和肉身死亡与救赎论无关的主张，爱任纽主张把"道成肉身"作为整个救赎论的中心。爱任纽认为，使徒统绪所承继和教导的救恩福音是以"道成肉身"为中心的，存在于耶稣基督有血有肉的身体中。救赎的全部意义都存在于耶稣基督的"道成肉身"，包括他的出生、受苦、蒙难、死亡和复活。爱任纽用"同归于一"(anakephalaiosis；recapitulation)的概念来显明整个人类在耶稣基督的"道成肉身"中获得更新和重生，原本已经由于人类始祖亚当所犯的罪而根本败坏了的人性，也借由道在耶稣基督里成为有血有肉的人而获得了永不堕落、纯洁、永恒的崭新源头。他指出：

> 如果人类要得拯救，第一个人亚当就需要重生，而且不是只要有一位完美无瑕但与亚当无关的新人，生在地上就可以。拥有生命的神，必须让他的生命进入"亚当"里面，这个人真的会饥渴、要饮食、会疲倦需要休息，了解焦虑、忧愁和喜乐，并且面对死亡的时候会觉得痛苦。[①]

在爱任纽看来，上帝的救恩需要耶稣基督生命中的每一个部分。换句话说，耶稣基督所完成的救赎凭借着耶稣基督走过的整个生命历程，并从根本上扭转亚当的不顺服，以及由此所导致的原初罪性。上帝救赎的目的就是要从根本上扭转由于亚当的堕落而导致的人性的罪、败坏和死亡，并由此进入崭新的生命以至永生。而"道成肉身"就是试图把人性和神性有机结合起来，以完成上帝的救赎。也正因为此，耶稣基督才真正成为上帝救赎恩典的中保。

爱任纽的救赎论不仅是对诺斯替主义的批驳，而且在公元 2 世纪末期使整个基督教救赎论获得了前所未有的理论突破。实际上，对于早期基督教哲学发展来说，一条经由使徒后期教父伊格纳修、殉道者查士丁延伸至爱任纽的正统主线正在悄然形成。

3. 亚历山大的克莱门特

公元 3 世纪初，有两位出自北非亚历山大教会的教父哲学家对整个东罗马帝国的基督教哲学发展产生了重要影响。一位是克莱门特，另一位就是奥利金。他们共同确

---

① Gustaf Wingren, *Man and the Incarnation: A Study of the Biblical Theology of Irenaeus*, trans. Ross Mackenzie, Philadelphia: Muhlenberg, 1959, pp. 95-96. 译文为作者所译。下同。

立了“亚历山大学派”在早期基督教哲学发展时期的重要地位。北非的亚历山大在公元 2 世纪末到公元 3 世纪初曾是罗马帝国的一个极其重要的城市，在政治和经济方面甚至可以与罗马相媲美。而在文化、学术方面，相比于罗马来说有过之而无不及。亚历山大城在公元前 332 年左右由年轻的亚历山大大帝所建。相比于罗马帝国那些历史悠久的古老城市来说，这座城市年轻而又充满活力。此后，在托勒密王朝时期又大力兴建图书馆和博物馆，把这座城市打造成了闻名一时的文化中心与学术中心。由于亚历山大城得天独厚的优越地理位置和便捷交通，这座城市拥有一种独具特色的文化气质。它开放包容、兼容并蓄，各种思想学说都汇聚在这里，如古希腊人的哲学、古埃及人的几何学、古巴比伦人的天文学、古波斯人的二元论宇宙观、犹太人的宗教传统，甚至是来自东方的神秘主义。所有这些因素使得公元 2 世纪末到公元 3 世纪初的亚历山大城成为古代世界名副其实的学术文化中心。在此背景下，亚历山大教会也成为初代教会的五大中心[①]之一。

“亚历山大学派”最初起源于潘代努斯（Pantaenus）创办的“亚历山大教理学校”（catechetical school of Alexandria）。潘代努斯死后，克莱门特继任校长。公元 202 年，为了逃避罗马帝国的迫害，克莱门特不得不从亚历山大逃亡，教理学校随即关闭。后来，年轻的奥利金又重新恢复创办教理问答班。因此，所谓的“亚历山大学派”正是以这些学校和研究机构为实际载体而形成的基督教哲学学派或思潮。其中重要且具代表性的人物就是克莱门特与奥利金。

关于克莱门特的生平，我们知之甚少。他的父母是异教徒，他自己早年所持有的也是异教信仰。克莱门特出生于雅典，为了寻求所谓真理，他辗转来到意大利、叙利亚和巴勒斯坦，后来在亚历山大遇见了潘代努斯。通过与其一起学习、工作和生活，最终皈依基督教，并于公元 200 年时继承了教理学校校长的职位。公元 202 年左右，克莱门特为躲避迫害而从亚历山大逃亡，先后到过卡帕多西亚（Cappadocia）和安提阿，最后死于公元 211 年至公元 216 年之间。

克莱门特现存有五本著作，分别是《劝告外邦人》（*The Exhortation to Heathen*）、《教导者》（*The Instructor*）、《杂记》（*The Stromata*）、《谁是该被拯救的富人？》（*Who Is the Rich Man That Shall Be Saved*）、《提奥多图斯言录》（*The Excerpts From Theodotus*）。其中，《劝告外邦人》是一部反对异教迷信和偶像崇拜的书，书中对希腊哲学给予很多正面评价，认为有许多与基督教真理一致的地方。《教导者》把耶稣基督看作宇宙和世界的“道”或“逻各斯”，因而基督徒应该摒弃不合理的自然欲望和自然激情，依照理性过一种合乎信仰要求的灵性生活。《杂记》也是在讲希腊哲学，却五花八门、包罗万象，没有任何体系性和系统性，后人认为这部著作也许是克莱门特研习希腊哲学的笔记。《谁是该被拯救的富人？》谈论的是经济方面的问题，主要是描述在越来越多的富人皈依基督教以后，基督教信仰自身所面临的一些问题。这部著作一般不为后来研究克莱门特的学者所重视。

---

① 初代教会的五大中心分别是耶路撒冷教会、亚历山大教会、安提阿教会、君士坦丁堡教会和罗马教会。

和殉道者查士丁一样[①]，克莱门特最为关注的问题就是理性和信仰、哲学与神学之间的关系，尤其是基督教真理与希腊哲学真理之间的关系。克莱门特认为，真理只有一个，不管在什么地方找到，最终的真理只有上帝的真理。"所有真理都是神的真理，无论它在哪里被发现"，这句话被克莱门特奉为座右铭，也正是其态度和立场的真实写照。在克莱门特看来，上帝把哲学赐予希腊人，与把律法赐予犹太人具有相同的目的，都是试图把人们引向耶稣基督和上帝。如果说诫命和律法是上帝与犹太人所立的约的话，那么哲学就是上帝同希腊人所立的约。根据这个约，上帝把哲学的灵感赐予了毕达哥拉斯、赫拉克利特、柏拉图这样的古希腊哲学家。而每个基督徒也同样可以以哲学的方式来把握上帝启示的真理。因为从根本上讲，信仰启示的真理和理性哲学的真理是同一个真理。在其《杂记》一书中，克莱门特曾经明确地说：

> 譬如好多人画一艘船，不能说它成于好多原因，而是一个原因包括好多人，因每一个人就他自己来说，并不是这艘船画成的原因，而是跟别人一道画的。哲学也是一样。作为对真理的探索，哲学对真理的领悟有所贡献，但它不是领悟真理的原因，而只是和其他一些事物在一道的一个原因，是一个合作者，或者说是一个联合的原因。也就像一个人的幸福是好几个因素构成的，就如太阳、火、洗澡以及衣服，都是取暖的途径。所以，真理是一个，而对它的研讨却是多方面都有贡献的。但只有圣子才是发现它的。……创立两约（律法之约与哲学之约）的同一位上帝，就是把希腊哲学赐给希腊人的恩赐者，就此，全能者就在希腊人中得到了荣耀。[②]

克莱门特本人也深信哲学可以有效地帮助基督教对抗异端。哲学运用逻辑和辩证法不仅可以产生健全的信仰和道德，而且可以帮助我们有效地分辨真假学说和信念。"因此，清楚表达对于真理的沟通有帮助，而逻辑使我们不至于沦落为我们自己大张挞伐的异端。"[③]

此外，也许是受到犹太哲学家斐洛和使徒后期教父哲学作品《巴拿巴书》的深刻影响，克莱门特也把寓意解经法看作解经学最重要的方法。克莱门特认为：

> 《圣经》用隐喻是有多方面的原因的。首先，叫我们追求探索，并不断注意寻求其中的救恩教训。其次，它不那么容易叫所有的人都能看懂，免得他们因误解了圣灵所宣告的救恩而受害。总之，预言中上帝的奥秘是用隐喻掩盖的——是留着给那些蒙选之人的，根据他们的信心，有选择地使他们能理解，《圣经》的文体就是比喻式的。[④]

克莱门特强调《圣经》经文的历史和字面意义是真实的，但它最高的价值在于把它

---

① 当然也有不一样的地方，比如查士丁的意图是向非基督徒彰显基督教的合理性，克莱门特则是想向基督徒表明哲学的价值。这或许是由他们各自所处的时代背景的差异所导致的。

② 〔古罗马〕克莱门特：《杂记》第1章20节、第6章5节，转引自〔美〕胡斯都·L.冈察雷斯：《基督教思想史》（第一卷），陈泽民等译，南京：译林出版社，2008年，第184页。

③ 〔古罗马〕克莱门特：《杂记》第1章20节，转引自〔美〕奥尔森：《基督教神学思想史》，吴瑞诚、徐成德译，北京：北京大学出版社，2003年，第80页。

④ 〔古罗马〕克莱门特：《杂记》第6章15节，转引自〔美〕胡斯都·L.冈察雷斯：《基督教思想史》（第一卷），陈泽民等译，南京：译林出版社，2008年，第186页。

作为象征或隐喻,用来解释背后所隐藏的终极真理。因此,《圣经》中的每一段经文都包含字面意义和属灵含义。我们必须透过外表的字面意义去把握最后的属灵含义。不仅如此,克莱门特也特别强调,我们在理解和把握任何一段经文的时候都需要将其放置到合适的上下文背景中去解释,这样才能获得一段经文的合理含义。

从总体的层面上看,在克莱门特身上,我们充分看到了一个试图有效调和哲学与神学、理性与信仰紧张关系的希腊教父所做出的种种思想尝试和努力。克莱门特始终力图以基督教信仰为基础,使古希腊哲学能够更加有效地融入其中并尽可能为这种信仰提供服务。克莱门特基督教哲学最重要的思想价值正在于此。当然,冈察雷斯在其《基督教思想史》中提醒我们不要忘记的一点:"最后,克莱门特在基督教思想史方面也颇为重要的一点是,他能够把他的一些基本观点,特别是他这种神学的基本精神,传给他的学生奥利金,而奥利金又把它加以系统化,并建造成了一个堂皇的神学大厦。"[①]克莱门特思想承前启后的意义可见一斑。

4. 奥利金

奥利金于公元 185 年或公元 186 年出生于埃及的亚历山大城,他的父母都是虔敬的基督徒。从很年轻的时候起,奥利金就表现出了非常强烈的宗教热忱。公元 202 年,他的父亲为信仰而殉道。据说 16 岁的奥利金坚决想要追随其父亲一同殉道,以至于后来他的母亲不得不把他出门穿着的衣服藏起来,最终才阻止他这样做。后来,奥利金在《圣经·福音书》里读到"并有为天国的缘故自阉的"[②],他也立志去效仿并在自己很年轻的时候把自己阉割掉。后来,奥利金进入亚历山大教理学校学习,师从时任校长克莱门特。由于出色的表现和卓越的才能,年仅 18 岁的奥利金就已经出任亚历山大教理学校的校长。优西比乌在其《教会史》一书中曾经这样描述其身上展现出来的优秀素质:

> 考虑到他不需要别人的帮助,这也是像他这样的人会有的想法,他在成名并独立生活后,就将其所有的古代文学书籍尽数出售给商人,无论其价值如何,唯以每日拿到四个奥伯尔(oboli,古希腊银币名)为足。多年来,他抵御了各种年轻人的欲望对他的诱惑,一直过着哲人的生活。他在整个白天中要忍受许多教规戒律的束缚;而在夜晚,他还要以大部分时间潜心研究《圣经》,他尽量用哲学家的生活方式约束自己,有时要遵守禁食的规定,还要限制睡眠时间。为了虔诚之故,他从不上床睡觉,而只是在地上一躺了事。[③]

尽管在教会中的声望与日俱增,但亚历山大教会出于种种原因一直不愿按立其为主教。奥利金不得不以一个非神职人员的平信徒的身份教授神学。当时,巴勒斯坦地区的主教们想要邀请奥利金为他们讲授《圣经》。他本人欣然应允前往,却由于教会规

---

① 〔美〕胡斯都·L.冈察雷斯:《基督教思想史》(第一卷),陈泽民等译,南京:译林出版社,2008 年,第 195 页。

② 和合本圣经《马太福音》第 19 章 12 节。

③ 〔古罗马〕优西比乌:《教会史》第 6 章 3 节,转引自〔美〕胡斯都·L.冈察雷斯:《基督教思想史》(第一卷),陈泽民等译,南京:译林出版社,2008 年,第 196 页。

定平信徒不能在主教面前讲道而不得不就此作罢。直到后来他被按立为巴勒斯坦地区的凯撒利亚主教才得以最终成行。奥利金终其余生都在凯撒利亚从事神学思考和著述活动。公元 255 年左右，奥利金最终如愿以偿，实现了早年立志为信仰殉道的愿望。当时，罗马当局逮捕了奥利金并施以残酷迫害，其最终受尽折磨而死。据优西比乌记载，奥利金遭受了十数天的严刑拷打，然而这位主教的表现却着实令人钦佩。

奥利金著作内容之广泛、数量之多超出所有人的想象。据传，奥利金功成名就以后，有一位原本是华伦提努派诺斯替主义者后来皈依基督教的富有商人，对奥利金极为崇拜，他出钱给奥利金提供了一栋房子、一位秘书、七位速记员，以及大量的抄写员，并愿意替他缴纳所有出版费用。[①] 伊皮凡尼乌（Epiphanius）说奥利金一共撰写了 6000 部著作，现存的目录中只有其中的 800 部作品。但这一目录中的绝大多数著作都已经佚失。奥利金曾经为自己的写作定下明确目标："对提出智性问题的基督徒，提供符合圣经的解答，使他们不用去找当时流行的诺斯替教派。"[②]依此目的，奥利金的作品涵盖了两大类主题：一类是阐述哲学和神学主张的基督教哲学作品，较有影响且具代表性的作品是《驳塞尔修斯》（*Contra Clesum*；*Against Celsus*）与《论首要原理》（*De Principiis*；*On First Principles*）。另一类则是圣经研究类的著作，代表性的作品如《六种圣经对照》（*Hexapla*）、《经文注解》（*Scholia*）、《讲道集》（*Homolies*）、《圣经注疏》（*Commentaries*）。

与其思想前辈斐洛和克莱门特一样，奥利金也同样强调寓意解经法的重要性，并且把它贯彻在自己研究圣经和解释圣经的活动中。在这种寓意解经法中，奥利金把圣经的意义划分成三个层次。第一层的含义是经文的字面（literal）意义，好比人的身体。例如旧约圣经中所讲的摩西从西奈山上所颁下的十诫。第二层的含义是经文的道德（moral）意义，好比人的灵魂。这也就意味着，每个圣经故事在其字面意义和历史意义之下都隐含某种道德伦理的原则和规范。如旧约圣经中明令禁止以色列人食用某些食物，其背后的道德含义就是规定他们不能与恶人交往。第三层的含义是经文的灵性（spiritual）意义，好比人的理智。这个层次的含义是最深刻的，充满了神圣的奥秘，而所有属灵的意义最终都指向上帝的神圣救恩。在奥利金看来，一切圣经诠释的终极目的都是要努力挖掘经文背后属灵的意义，以彰显上帝的神圣主权和神圣救恩。

奥利金的这种寓意解经法在实际操作中也遵循着某些具体原则。首先，每段经文必须通过运用寓意解经法才能参透其中属灵的奥秘。其次，阐释和谈论上帝的话语不能有任何亵渎信仰的意义。再次，必须参照其他经文以及经文上下文的背景进行合理阐释。最后，也是最根本的一点就是，任何与信仰相违背的观点、主张和阐释都不能成立。在他的老师克莱门特那里，就曾经特别强调每段经文必须参照其他相近或相似的经文来进行阐释的基本原则。到了奥利金这里，这一原则得到了进一步的继承和发扬。奥利金甚至试图通过考察某个相同语词在其他经文中的意思来确定其在某段有待阐释经文中的隐含意义。一名专门研究奥利金寓意解经法的现代学者曾经详细列

---

① 〔美〕奥尔森：《基督教神学思想史》，吴瑞诚、徐成德译，北京：北京大学出版社，2003 年，第 94 页。

② Henri Grouzel, *Origen*, trans. by A. S. Worral, San Francisco: Harper&Row, 1989, p. 14.

举了奥利金自称在圣经语词中所发现的神秘意义。

> 在《圣经》中，“马”通常意为“声音”；“今天”意为“这个世代”；“酵”意为“教训”；“银子”和“号角”意为“道”；“云”……意为“圣洁者”；“脚”意为“我们人生道路的目的”；“水井”意为“《圣经》的教诲”；“麻布”意为“贞洁”；“大腿”意为“开始”；“未掺和的酒”意为“不幸”；“瓶子”意为“身体”；“秘密”和“财富”意为“理性”。①

如此一来，奥利金似乎就“把《圣经》变成某种神圣的字谜，但又将指示谜底的种种线索深藏在自己心中”②。可见，寓意解经法运用的有效限制和合理限度始终是一个亟待解决的根本问题。

在充分阐述其哲学和神学主张的著作《驳塞尔修斯》与《论首要原理》中，奥利金主要表明了两个方面的思想。第一，奥利金想要充分运用古希腊哲学中已有的“逻各斯”的观念来解决“道成肉身”的问题。奥利金认为，“逻各斯”是理解上帝“道成肉身”为耶稣基督的关键点。一方面，“逻各斯”从永恒上帝而出，与上帝同在，并以“道”的方式存在于上帝之中。另一方面，奥利金又认为，上帝预备了一个所谓的“灵质”，它作为一个“居间媒介”是神圣的“逻各斯”与耶稣先存的理智灵魂混合而成的实体。这个灵质介于神性与人的肉体之间，并在耶稣基督降生于伯利恒之前与神圣“逻各斯”结合起来。“然后，这个灵质，因为介于神与肉体之间——若没有居间的媒介，神的本性无法与人体结合——生出神人，正如我们说过的，这个灵质居于他的本性之间，得到一个身体并无不可。”③奥利金认为，在“道成肉身”的过程中，耶稣基督里面的神圣“逻各斯”从未经历真正的改变，而只有耶稣基督的肉身与灵魂受苦死亡。奥利金相信，这就是“道成肉身”背后的全部奥秘。

第二，奥利金试图在“三位一体”的问题上做出自己的理解和阐释。一方面，奥利金力图维护“一体”的根本统一性。奥利金肯定上帝是唯一的宇宙真神，肯定上帝就是父、子与圣灵。另一方面，奥利金并没有否定三位格各自的独立性和分殊性。关于圣父与圣子之间的关系，奥利金强调圣父与圣子之间的统一性，反对用流溢说来解释圣子的产生。关于父与子的这种统一关系，他说：

> 子确实由父而生，他的一切由父而来，然无开端，这不仅是指那种可以用时间度量的开端，甚至唯有心智本身所具有的思想能力，或者说纯粹的知性能力，也不能想象出这个开端。……我们必须小心，不可陷入荒谬，他们为自己炮制出流溢，以此来划分神的本质，他们尽量把圣父划向遥远的天际，因为对无形的存在者哪怕有一点怀疑，都不仅是对神的不虔诚，而且标志着极大的愚蠢，要从物理上划分任何无形的本质，是一种最不理智的做法。因此，作

---

① 汉森：《寓言》，转引自〔美〕胡斯都·L.冈察雷斯：《基督教思想史》（第一卷），陈泽民等译，南京：译林出版社，2008年，第205页。

② 汉森：《寓言》，转引自〔美〕胡斯都·L.冈察雷斯：《基督教思想史》（第一卷），陈泽民等译，南京：译林出版社，2008年，第205页。

③ 〔古罗马〕奥利金：《论首要原理》第2章，转引自〔美〕奥尔森：《基督教神学思想史》，吴瑞诚、徐成德译，北京：北京大学出版社，2003年，第104页。

为始于知性的意志所发出的一个行动，既不会从它之中割裂出一个部分，也不会与它隔开或分开，只能这样来想象父生子的方式。①

因此，子虽然是受生于父，但与父同样具有神性和永恒性。同时，奥利金也强调了父与子之间存在的区别与界限。在他看来，这个界限和区别就在于上帝是具有绝对无限性本质的超越性存在，而子只是上帝的形象、上帝的名和上帝的显现。这一本质区别是根本无法跨越的。

而关于第三个位格圣灵，奥利金坚持圣灵从圣父而来，并与父与子同样永恒。此外，奥利金也同样认为圣父、圣子和圣灵这三个位格在与受造物的关联中起着不同作用。具体来讲，一切受造物皆由父而来，在理性受造物中有子在工作，而在神圣化的理性受造物中必定能够见到圣灵的作用。

毫无疑问，奥利金是早期亚历山大学派最伟大的哲学家和思想家。像他的老师克莱门特一样，奥利金喜爱哲学思辨，同时也雄心勃勃，他试图把古希腊哲学与圣经智慧有机融合起来，构建一个伟大的基督教哲学体系。也正因为如此，作为学生的奥利金至少在两个方面超越了他的老师克莱门特，即思想的体系性和系统性，以及思想的创新性。此外，奥利金继承和发扬的寓意解经法也成为留给所有后来者的一份值得珍视的宝贵思想遗产。

四、拉丁教父德尔图良

自有基督教信仰以来，哲学与神学、理性与信仰之间的关系一直都是大家争论的焦点问题。作为希腊教父与拉丁教父各自的典型代表，亚历山大的克莱门特与迦太基的德尔图良形成了强烈的对照和反差。亚历山大的克莱门特追随的是由殉道者查士丁开创的传统，认为基督教信仰与古希腊哲学二者之间并不相互冲突，而是具有根本的内在统一性。与之相反，以德尔图良为代表的拉丁教父则在此问题上持有完全相反的态度，认为古希腊哲学作为一种异教哲学根本不利于维护基督教信仰的稳固根基。当以殉道者查士丁为代表的希腊教父们试图悉心去构建所谓的基督教哲学的时候，作为拉丁教父典型代表的德尔图良却在怒不可遏地质问"雅典与耶路撒冷有何关系"。这一对立恰恰彰显出了公元2世纪到公元3世纪整个教父哲学内在的思想张力。

1. 德尔图良的基本生平

德尔图良(Tertullian，公元150年—公元212年)在公元150年左右出生在北非重镇迦太基。后来，他常常造访罗马并在罗马定居过一段时间。在公元190年左右皈依基督教之前，他本来的职业是律师。基于这个职业背景，在其后来发表的一些护教作品中，总是可以看到这样的身份特征。例如在驳斥罗马皇帝图拉真写给小普林尼的信件时，德尔图良据理力争、咄咄逼人。他说：

① 〔古罗马〕奥利金：《论首要原理》第1章2节，转引自〔美〕胡斯都·L.冈察雷斯：《基督教思想史》(第一卷)，陈泽民等译，南京：译林出版社，2008年，第207-208页。

> 啊，好一个拙劣的判决——一个迫于形势的自相矛盾。既把他们看做无罪而禁止追捕，又把他们视为罪人下令惩罚。这是既宽宏又残酷；既是饶恕又是惩罚。啊，法官啊，为什么对你自己玩这个规避把戏？如果你要判罚，那么何以又不追查；如果你不要追查，那么何以又不宽恕呢？[①]

在40岁左右皈依基督教以后，德尔图良又返回北非的迦太基。返回迦太基后，他撰写了大量的著作来维护正统信仰并驳斥异端。然而，在公元207年左右，德尔图良令人匪夷所思地自我放逐告别正统教会，叛逃大公教会而加入迦太基的孟他努主义所谓"新预言"教会。据说是因为他对于大公教会信仰状况和道德水准每况愈下的现实状况极为不满，而孟他努主义反对教阶权力和坚持严谨道德的主张深深打动了德尔图良。5年以后即公元212年，德尔图良孤寂地死去。

德尔图良的著作主要分成两大类。一类是护教类作品，另一类是驳斥异端的论战作品。护教类作品中较具影响力的是《护教辞》(*Apology*)，大概写于公元200年。除此之外，相类似的著作还有《反异端训要》(*Prescription Against the Heretics*)、《致异教徒》(*To the Gentles*)、《灵魂的证据》(*Testimony of the Soul*)、《致殉道者》(*To the Martyrs*)，这些作品生动地反映了当时基督徒面临的残酷迫害，以及早期基督徒面对这些迫害时的英勇表现。驳斥异端的作品主要包括五卷本的《驳马吉安》(*Against Marcion*)，主要是批驳早期异端马吉安主义，后来也成了历史学家们了解马吉安主义的主要参考资料。另外一部比较有影响力的作品就是《驳帕克西亚》(*Against Praxeas*)，这部作品本是驳斥当时一位名叫帕克西亚的基督教教师错误学说的著作，今天也是我们系统了解德尔图良有关"三位一体"教义基本主张的重要著作。

2. "因为荒谬，所以相信"

在理性与信仰之间的关系问题上，德尔图良并不赞同殉道者查士丁和亚历山大的克莱门特试图将希腊哲学与基督教信仰有机融为一体的做法。德尔图良认为，基督教是上帝的福音，而哲学则是"人与魔鬼的学说"，哲学是以一种歪曲的方式解释上帝的旨意，各种与正统基督教相对立的异端思想也都是由哲学教唆出来的。因此，他主张应该彻底摒弃一切哲学，以便纯洁基督教信仰。德尔图良甚至愤怒地咆哮道："让斯多亚派、柏拉图、辩证法与基督教相混合的杂种滚开吧！我们在有了耶稣基督之后不再要奇异的争论，在欣赏了福音书之后不再需要探索！"[②]面对希腊哲学扑面而来的理性主义，德尔图良甚至主张一种反理性的或超理性的信仰。据说他曾表达过初听起来似乎如此荒谬的观点，即"正因为其荒谬，所以我才相信"。实际上，德尔图良在其《论基督肉体》一文中的原初论述是："上帝的儿子死了；正因为这是荒谬的，却无论如何是应该相信的。并且他被埋葬了，又复活了；正因为这是不可能的，这事实却是确凿的。"显然，德尔图良在这里强调信仰从本质上是超越于理性所能够完全理解和把握的限度

---

① 〔古罗马〕德尔图良：《护教辞》第2章，转引自〔美〕胡斯都·L.冈察雷斯：《基督教思想史》(第一卷)，陈泽民等译，南京：译林出版社，2008年，第163页。

② 〔古罗马〕德尔图良：《反异端训要》第7章，转引自赵敦华：《基督教哲学1500年》，北京：人民出版社，1994年，第106页。

的，信仰真理从根本上是从启示而来的。冈察雷斯在其《基督教思想史》中相当准确地把握到了德尔图良之所以如此表述的本意：

> 实际上德尔图良并不是一个盲目的非理性主义者。他的的确确相信，有那样一些令人惊奇以致无法理解的事情，例如钉死于十字架或洗礼的能力，就是这样。但这并不是说信仰总要以理性无能为力作为基础。而他实际是这样想的：过度的思考和推理，就会走得离题太远；而上帝的现实的天启，对基督徒才是重要的。①

如果说查士丁和克莱门特始终坚持信仰与理性之间的有机融合与相互协作，那么德尔图良则根本拒斥在信仰根基中混杂过多作为有限存在者的人的理性和思考。德尔图良批评一切醉心于理性哲学的信仰倾向，因为他坚持认为信仰的根基在于超越理性的启示。就此而言，奥尔森认为，相对于查士丁和克莱门特来说，德尔图良是完全“保守的”：

> 尽管“自由的”与“保守的”这两个形容词，是用来描写现代而不是古代的神学类别，但我们若说，德尔图良是保守主义，甚至是基要主义思想家的典型，而克莱门特是自由派思想家的典型，绝对不会太离谱！他们两人都承认，不管从哪里发现，所有真理都是神的真理。但是克莱门特对于人类的心智能力很乐观，认为它能够超越真理陈述之明显冲突，从而发现超越传统圣经与希腊思想的真理合成物。德尔图良对于以人类心智从事这种工作而能避免偶像崇拜与真理混淆的能力很悲观，因此警告基督徒不要学习太多哲学，以免受到诱惑，成为异端。②

3. 有关“三位一体”的基本主张

在德尔图良所有反异端著作中，《驳帕克西亚》一书占有非常重要的地位。也恰恰是在这本著作中，德尔图良比较系统地阐述了他自己有关“三位一体”教义的理解和主张。帕克西亚本是罗马的一位基督教教师，大概也是早期基督教时期最早试图详细阐述“三位一体”教义的理论家。帕克西亚认为神只有一个位格身份，而这个单一身份可以显现为圣父、圣子和圣灵。这就好比一位演员佩戴不同的面具而在同一出戏剧中扮演着三个不同的角色。据德尔图良转述，帕克西亚“主张只有一个主——大能的创世主，以便他可以从这个统一的教义，编造异端的学说。他说，父神本身降临进入童贞女玛利亚里面，经由她出生，他自己受苦。他本身真的就是耶稣基督”③。很显然，帕克西亚的主张根本抹杀了神圣存在具有三个位格、三个身份的正统信仰，而把圣父、圣子与圣灵贬抑为一个位格的三个方面的显现。后人把帕克西亚的这一主张称为“三位一体”的形态论（modalism），又称撒伯里乌主义（sabellianism）。

---

① 〔美〕胡斯都·L.冈察雷斯：《基督教思想史》（第一卷），陈泽民等译，南京：译林出版社，2008年，第166-167页。

② 〔美〕奥尔森：《基督教神学思想史》，吴瑞诚、徐成德译，北京：北京大学出版社，2003年，第84页。

③ 〔古罗马〕德尔图良：《驳帕克西亚》第1章，转引自〔美〕奥尔森：《基督教神学思想史》，吴瑞诚、徐成德译，北京：北京大学出版社，2003年，第88页。

德尔图良挺身而出旗帜鲜明地反对帕克西亚有关"三位一体"的教义主张。德尔图良认为,如果帕克西亚的主张正确的话,那么圣父就会同圣子一样被钉死在十字架上,很显然这是不可能的,而且是根本荒谬的。针对帕克西亚的"三位一体"的形态论,德尔图良提出了所谓"有机一神论"(organic monotheism)的"三位一体"主张。他认为,"三位一体"中三个独立位格与一体之间的关系就好比一个生物有机体本身是一个完整的统一体,然而这并不妨碍它同时又是由相互关联的各个独立组成部分所构成的。在《驳帕克西亚》一书中,德尔图良这样表述道:

> 所有(三个:父、子和圣灵)都是属于一位,因为在本质上是一;尽管这个分与的奥秘仍然要谨慎保护着,但这个分与把一区分为三,按照秩序有三个位格——父、子和圣灵。然而,这三并不在于形态,而在于地位;不在于本质,而在于形式;不在于能力,而在于方面。但是,这三同属一个本质、一个形态与一个能力。①

也就是说,按照德尔图良的理解,基督教正统信仰所讲的是同一本质而有三个位格(una substantia,tres personae)。这里所讲的本质(substantia)指的是一个事物之所以存在的本体和本质,而位格(personae)是指赋予独立行动的身份。因此,这一理解背后所渗透的观念就是三个位格之间"区别但并不分离"(distinction without division)。尽管在三个位格之中,圣父超越于圣子和圣灵而居于更重要位格,但圣父、圣子和圣灵这三个位格从根本上说是不能相互分离和完全割裂开来的统一体。圣子和圣灵始终与圣父保持相同的本质。因此,位格相互之间的独立性丝毫无损于一体的终极统一,万事万物只有上帝这个唯一的神圣源头。如此一来,基督教信仰方能既保持三个位格各自相对独立性,同时又从本质上来讲仍然是唯一神论的信仰。在《驳帕克西亚》一书中,德尔图良试图用比喻的方式来生动形象地说明这种关系:

> 既然这样,从神和子神出来,圣灵真的是第三;正如树木的果实,从树根出来是第三;或者正如溪水,从河流分出来,从源头算起是第三;或者正如光线的尾端,从太阳出来是第三。然而它们都与得到特质的源头,没有任何不同。三位一体,以同样的方式,从父透过纠缠交错的步骤流露出来,完全不会干扰(父神的)神权统治,同时又能保障(创造的)秩序。②

在牢牢守住"三位一体"正统信仰的基础上,德尔图良进一步强调耶稣基督同时兼具神性和人性两种本性。这两种本性统一在圣子这同一位格之中,相互区别、"独立行动",但不会互相干扰,联合并存于耶稣基督的本性之中。德尔图良认为,在耶稣基督身上"神人二性的特征完全保存,一方面,神性在耶稣里所做的一切都是与神性相称的,如神迹,大能,和奇事等;另一方面,人性则表现于那些属于肉身的感情"③。

---

① 〔古罗马〕德尔图良:《驳帕克西亚》第 8 章,转引自〔美〕奥尔森:《基督教神学思想史》,吴瑞诚、徐成德译,北京:北京大学出版社,2003 年,第 89 页。

② 〔古罗马〕德尔图良:《驳帕克西亚》第 30 章,转引自〔美〕奥尔森:《基督教神学思想史》,吴瑞诚、徐成德译,北京:北京大学出版社,2003 年,第 90 页。

③ 〔古罗马〕德尔图良:《驳帕克西亚》第 27 章,转引自〔美〕胡斯都 · L. 冈察雷斯:《基督教思想史》(第一卷),陈泽民等译,南京:译林出版社,2008 年,第 174 页。

从总体层面来看，德尔图良有关“三位一体”教义的主张正是在与帕克西亚的错误主张的论战中发展出来的，但其对于整个基督教思想史发展来说具有极其重要的理论意义和思想价值。然而，出于种种原因，德尔图良的这些思考在早期基督教时期并没有获得充分的关注和必要的重视。奥尔森就此做如是评价：

> 与帕克西亚的异端对比，德尔图良把三位一体教义的详节，阐述得面面俱到。可能是因为叛逃到孟他努主义，德尔图良在这方面的贡献完全都被束之高阁，或者大部分无人闻问。后来东方的基督教在这个领域里不得不重起炉灶，因为他们对德尔图良在这方面的成就几乎一无所知。基督教经过3世纪和4世纪数次的公会议和信经的讨论之后，最终得到的正式三位一体教义，与一百到一百五十年之前德尔图良提出的诠释很接近。正如一位历史学家所说的：“德尔图良《驳帕克西亚》的论文极其重要，因为其中有些措词与专门用语似乎预示在数世纪之后会变成普遍接受的教义。这在三位一体教义及基督论上都是如此。”由此，在某些意义上，德尔图良是正统三位一体与耶稣基督位格的教义之父，尽管他死于大公与正统的大教会之外。①

五、两个重要问题的解决：“三位一体”和“基督神人性”

伴随着公元3世纪以来整个教父哲学的发展，有关基督教信仰的两个重大理论问题也逐渐引起教父哲学家们的普遍关注，这就是“三位一体”和“基督神人性”这两大问题。在这两大问题中，“三位一体”的问题是支撑整个基督教信仰的柱石。“基督神人性”的问题则是有关耶稣基督这一位格本身的本质和本性问题的探讨。围绕着这两大理论问题，东西方教会展开了一场旷日持久的激烈论争，这一时代的几乎所有教父哲学家都被卷入其中。基督教早期的四次大公会议②主要就是为了解决“三位一体”和“基督神人性”这两个基督教信仰的核心问题，并最终确立了教会的正统信经。直至公元451年卡尔西顿公会议的落幕，以及头四次大公会议所形成的两大信经，即尼西亚-君士坦丁堡信经以及卡尔西顿信经的最终形成，围绕这两大问题持续100多年的论争才宣告结束。

1. “三位一体”之争

“三位一体”的争论可以说由来已久，早在奥利金和德尔图良时代，这个问题就已经引起了教父哲学家们的普遍关注。“三位一体”的问题在基督教教义学体系中通常也被称为“三一论”(trinity)问题。其最核心的本质就在于既要确立起“一体”的统一性，根本性地坚守住基督宗教作为一种唯一神论信仰的本质，同时也要维持“三位”即圣父、圣子和圣灵这三个位格各自相对的独立性，以及这三个位格各自的功能与作用。

---

① 〔美〕奥尔森：《基督教神学思想史》，吴瑞诚、徐成德译，北京：北京大学出版社，2003年，第85页。

② 具体是指公元325年的尼西亚公会议、公元381年的君士坦丁堡公会议、公元431年的以弗所公会议和公元451年的卡尔西顿公会议。

围绕着这一出自信仰本身的根本要求，公元4世纪前后整个基督教会内部形成了各种不同的看法和主张，也因此形成了广泛持久的争论。在这一过程中，有三个关键环节起到了决定性作用。具体包括：①阿塔那修坚持“本体相同(homoousios)”，而反对“本体相似(homoiousios)”；②卡帕多西亚三教父(凯撒利亚的巴西尔、纳西盎的格里高利和尼撒的格里高利)的贡献：主张一个本质(ousia，本质)三个实体(hypostases，本体)，以及ousia与hypostases这两个概念必须得到区分；③尼西亚-君士坦丁堡信经的最终定格。

阿塔那修(Athanasius，公元296年—公元373年)出生于亚历山大城。公元325年尼西亚公会议召开的时候，时任亚历山大城主教的亚历山大带着一位年仅20来岁的助手赴会，这位年轻人就是阿塔那修。公元328年，亚历山大去世的时候，他亲自挑选了阿塔那修作为他的继任者。于是，当时年仅30岁的阿塔那修接任了亚历山大教会的主教职位。自此，阿塔那修担任亚历山大教会的大主教长达45年，直到公元373年去世。然而在这45年担任主教的时期内，阿塔那修却屡屡因为得罪罗马帝国皇帝和教会领袖而被迫放逐。他先后五次被放逐，主教任期内大约有三分之一的时间都是在流放中度过的。据说，在其中的一次被放逐过程中，他有幸结识并亲眼见证了在沙漠中苦修的圣安东尼(Anthony)[①]，并写下了著名的《圣安东尼传》，这部作品后来成为西方教会修道运动的经典作品。关于阿塔那修担任主教职位后的种种遭遇，后来曾有人这样描述道：“在46年的主教任期中，阿塔那修有16年之久过的是放逐生活。政治与神学永远都纠缠不清。所以，阿塔那修终生都为了辩护尼西亚信经所表达的信念与他对大公信仰的认知而活。”[②]历史证明，阿塔那修所坚持的主张往往都是正确的。因此，同时也因为阿塔那修作为亚历山大教会主教在整个早期教会中日益增长的影响力，他屡次被放逐又屡次被罗马皇帝和大公教会延请回来。公元373年，阿塔那修安详宁静地在亚历山大主教任上去世。

导致阿塔那修屡屡得罪当时罗马皇帝与教会领袖的最主要原因就在于他始终坚持他自己所信守的真理。这个真理就是在“三位一体”的问题上为了牢牢守住“一体”的统一性，阿塔那修始终坚持“本体相同”(homoousios)的主张，而反对当时流行的“本体相似”(homoiousios)的观点。也就是说，阿塔那修始终坚持圣父、圣子和圣灵这三个位格在本体上是同一个本质，而绝非相互之间彼此相似。在阿塔那修看来，圣父上帝是整个“三位一体”真正合一的根源和源头，也是一切神性的根源，圣子和圣灵都来自圣父。阿塔那修认为，“本体相同”与“本体相似”之间最根本差异和分歧主要体现在两个方面：①“本体相似”根本性地抹杀了基督教信仰作为唯一神论信仰的本质特征，必然会走向三神论而滑向错误和异端。②“本体相同”通过强调圣父、圣子和圣灵三个位格根本的统一性而赋予了三个位格各自的神圣本性，而“本体相似”则会根本性地失去这种神圣性。正是基于此，公元362年，阿塔那修主持召开亚历山大主教会议，向整

---

① 圣安东尼(St. Anthony the Great，约公元251年—公元356年)，罗马帝国时期的埃及基督徒，是基督教隐修运动的先驱，也是沙漠教父的著名领袖。

② Alvyn Pettersen, *Athanasius*, Harrisburg, Penn.: Morehouse, 1995, p. 18.

个教会其实也是向整个基督教世界明确宣告，坚持“本体相同”才是理解和把握“三位一体”的核心与根本。

紧随阿塔那修之后出现了一个小的团体来维持和守护有关“三位一体”的核心信仰，这就是卡帕多西亚的三教父。他们分别是凯撒利亚的巴西尔（Basil of Caesarea，公元 300 年—公元 379 年）和他的同胞兄弟尼撒的格里高利（Gregory of Nyssa，公元 335 年—公元 394 年），以及他们共同的好朋友纳西盎的格里高利（Gregory of Nazianzus，公元 329 年—公元 389 年）。这三位同样出身于卡帕多西亚地区的教父哲学家形成了一个强有力的战斗集体，共同捍卫有关“三位一体”的正统信仰。在阿塔那修坚持“本体相同”的基础上，他们共同主张一个本质（ousia，本质）三个实体（hypostases，本体），以及 ousia 与 hypostases 这两个概念必须得到明确区分。巴西尔认为：

> 本质（ousia）和实体（hypostases）之间的区别即为普遍与特殊的区别，举例来说，正如动物与人的区别一样。因此，在论到神格时，我们承认他具有一个本质或本体，而不允许用其他的存在定义来论述神。但我们也承认他具有特殊的实体，以使我们关于父、子和圣灵的观念不致混淆而明白无误。我们如果对这些独立的特性，即为父、为子和使人成圣，没有确切的感知，而只是根据一般的存在观念构成我们的上帝观，那么，我们就无法有力地说明我们的信仰。因此，我们必须在普遍之中加进特殊，以接受我们的信仰。神格是普遍性，为父则是特殊性。故我们必须结合二者，并且说：“我信上帝圣父。”在相信子时亦当循此过程，我们必须将特殊性与普遍性结合在一起，并且说：“我信上帝圣子。”在论到圣灵时，我们也必须用与前两句相同的言语说：“我们信上帝圣灵。”这样便形成如此结局，即我们以相信一个神格而成功地保持了上帝的统一性，并以相信各个位格的特殊性质而在三位中作出区分。另一方面，那些识别本质或实体者不得不只承认三个位格，而且在他们讲到三个实体之时，却犹豫不决，他们已注定要犯撒伯流那样的错误。[①]

巴西尔的这一主张后来分别为纳西盎的格里高利和尼撒的格里高利所接受，并最终占据教会主流。后来，纳西盎的格里高利进一步认为，“三位一体”当中三个位格之间最根本的区别不在于本体和本质上的区别，而是来源上的不同。格里高利这样说道：

> 当我讲到上帝时，你们的心中必定被一道闪光和三条闪光所照亮。在个性或特性，如有人愿意的话亦可称之为位格（hypostases）里面的三位，我们不愿在名称问题上争论不休，只要这些音节表达了同一个意思就行；但从实体角度看却为一个，即神格。因为他们被毫无区别所区别，如果我能这样讲的话；并且他们在区别中加上合一。因为神格系三位里面的一个，三位是一个，神格即在这一个里面，或更准确地讲，这一个即在神格里面。我们将去掉过分与不足的说法，既不使合一成为混淆，也不把区别视为分开。我们对撒

① 〔美〕胡斯都·L.冈察雷斯：《基督教思想史》（第一卷），陈泽民等译，南京：译林出版社，2008 年，第 290-291 页。

伯流的混淆和对阿利乌的区分采取同样远离态度，这两种观点是截然相反的罪恶之见，但又具有共同的邪恶。有什么必要以异端的观点将上帝混为一谈，或分成不同的等级呢？

对于我们来说，只有一位上帝圣父，一切事物都属于他；只有一位主耶稣基督，一切事物都靠他；只有一位圣灵，一切事物在他的里面；而这一切词汇，属于他，靠他，在他里面，丝毫没有本质区别之意……而是说明了唯一且不可混淆的本质的各个位格所具有的特征……圣父是父，并且是无起源的，因为他不属于任何他者；圣子是子，但不是无起源的，因为他属于父。但如果你们以现世的意义理解起源，那么子也是无起源的，因为他是时间的创造者，且不受时间管辖。圣灵是真正的灵，他确实来自父，但与子的生成方式不同，因为这不是靠生成，而是"出来的"……父绝不因为他生了什么而不再是非生成者，子也不会因为他属于非生成者而不再是生成的(那怎么可能呢?)，圣灵亦不会因他是"出来的"，或因他是上帝而变成父或子。①

可见，在纳西盎的格里高利看来，圣父、圣子和圣灵三位格之间最根本的区别在于其来源：圣父是非生成的造物主；圣子是受生而非受造；圣灵则是出于圣父。这些区分进一步加强了卡帕多西亚三教父有关一个本质(ousia)三个实体(hypostases)的基本内涵。总体来看，阿塔那修与卡帕多西亚三教父在"三位一体"问题上做出的贡献互为支撑，有力地奠定了"三位一体"正统教义的理论根基。关于二者之间的这种微妙关系，奥尔森在其《基督教神学思想史》一书中曾援引冈察雷斯的评价说："若没有阿塔那修，卡帕多西亚教父的事奉就没有用武之地。但是若没有卡帕多西亚教父，阿塔那修的事奉也无法开花结果。"②

而开的花和结的果就是最终通过公元 325 年的尼西亚公会议和公元 381 年的君士坦丁堡公会议这头两次大公会议所确立的尼西亚-君士坦丁堡信经。对于正统基督教信仰来讲，圣经毫无疑问是信仰的根基，也是最具信仰权威性的文本依据。它既是基督教福音传播及其教诲、崇拜和道德的理论根基，同时也是平信徒分享耶稣基督及其门徒的生平事迹、传道牧养和信仰见证的文本依据。因此，圣经文本从来都被视作基督教信仰的根本出发点，是具有绝对权威性的信仰经典。而与圣经同样具有绝对权威的就是历次大公会议(这里主要是指为东西方教会所普遍认可的前四次大公会议)所确立的基本信经(creeds)。信经既是对圣经真理高度概括之后的述说，也是信徒对自己所持守的信仰所作的宣告。信经的权威性仅次于圣经。如果说圣经的权威性主要体现在它是基督教信仰的权威依据的话，那么大公会议所确立的基本信经其权威性则在于它是规范基督教信仰的正统观念，用来防止基督教信仰堕入异端。这些信经勾勒出了正确信仰活动的"基本区域"。因此，一切合于这些基本信经的具体内容及其实质精神的教义与教理才是正确的，而与之有不合之处，甚至是完全相悖的观点和主张则必然会被划归为异端。

---

① 〔美〕胡斯都·L.冈察雷斯：《基督教思想史》(第一卷)，陈泽民等译，南京：译林出版社，2008 年，第 297-298 页。

② 〔美〕奥尔森：《基督教神学思想史》，吴瑞诚、徐成德译，北京：北京大学出版社，2003 年，第 175 页。

公元325年的尼西亚公会议和公元381年的君士坦丁堡公会议所处理的有关信仰的基本问题就是“三位一体”的问题。尼西亚公会议初次确立的尼西亚信经奠定了根本基调，而透过阿塔那修、卡帕多西亚三教父等一批教父哲学们的杰出贡献，到了公元381年君士坦丁堡公会议落幕的时候，最终以信经这样一种教会集体决议的方式结束。尼西亚-君士坦丁堡信经基本内容如下：

> 我们相信一神，全能的父，一切有形与无形的、天地的创造主，我们相信一主，耶稣基督，神的独生子，永恒从父受生，神从神，光从光，真神从真神，受生，不是受造，与父为一。万物透过他受造。为了我们人类与我们的救恩，他从天降临；借着圣灵的大能，他从童贞女玛利亚道成肉身，成为一个人。为我们的缘故，被本丢彼拉多钉十字架，受死并且被埋葬。根据圣经的话，第三天复活；升到天上，坐在父神的右边。他会在荣耀中再来，审判活人与死人，他的国度永远无穷，我们相信圣灵，赐给生命的主，他来自父神(与子)[①]。与父、子同受敬拜和荣耀。他透过先知说话。我们相信一个圣洁、大公与使徒的教会，我们承认一个使罪得赦免的洗礼，我们盼望死人复活，以及来世的生命。阿门。[②]

最终，“三位一体”的问题以这样一种方式在历史中定格，并穿越历史时空向今天走来。

2. “基督神人性”的问题

“三位一体”问题的持续争论刚刚告一段落，与之紧密相关的另外一个重大问题即“基督神人性”的问题随之而起。这个问题既牵扯到耶稣基督的位格，同时更关联到耶稣基督的本性。基督的本性问题其实就是有关耶稣基督具有神人二性的问题，这也是基督教信仰的根本问题之一。具体来说，这个问题就是耶稣基督到底是具有神性还是具有人性，以及如果二者兼具的话，那么它们又是如何结合在一起的。围绕着这些根本问题，在基督教哲学发展的早期产生了巨大的争论。笼统来说，在耶稣基督身上，历史性的因素和理想性因素是共存一体的。这种理想性因素体现在基于他个人灵性生活的内容所形成的基本观念，而其历史性因素则是由有关他作为一个历史性人物的生平事迹和基本言行的记载所形成的基本认知。换句话说，作为救赎者，在耶稣基督的个人身份问题上，他一方面既是上帝父的独生子，是信仰中的基督，另一方面他又是由童贞女玛利亚受圣灵孕而生的拿撒勒人耶稣。特别重要的一点的是，耶稣基督的这种人性化的出生与历史性的生平被详细地记载在圣经当中。

教父哲学时期围绕着“基督神人性”的基本问题，逐渐形成了三大不同的学术流

---

① 这里出现的分歧就是教会史上著名的“和子句”(也叫“与子句”)之争。东方教会一直坚持圣灵是从圣父出，而西方教会则坚持圣灵是从圣父与圣子出。双方激烈争执且互不相让，最终只好把这一分歧保留在原始信经当中。尼西亚-君士坦丁堡信经中的这一分歧直接造成了东西方教会最初的裂痕，后来双方分歧不断扩大，最终导致公元1054年天主教会与东正教会的决裂，这也是基督教世界的第一次大分裂。

② 参见《历代基督教信条》，转引自〔美〕奥尔森：《基督教神学思想史》，吴瑞诚、徐成德译，北京：北京大学出版社，2003年，第198-200页。

派，他们在这一问题上各有自己的主张。①以亚历山大教会为中心主张“道—肉(logos-flesh)基督论”：强调耶稣基督的神性，认为耶稣基督的人性在其神性里面。②以安提阿教会为中心主张“道—人(logos-man)基督论”：一方面强调必须区分耶稣基督的人性和神性，另一方面强调耶稣基督同时具有神性和人性，但其重点在于强调耶稣基督的人性，主张“人的耶稣”是认识“上帝的道”的道路。③聂斯脱利派主张耶稣基督具有神人二性，神性由上帝而来，人性由童贞女玛利亚而来，主张把玛利亚由“生上帝者”(theotokos)改为“生基督者”(christotokos)。“基督神人性”的问题最终在公元451年召开的卡尔西顿公会议上通过卡尔西顿信经以集体决议的方式得到彻底解决。

亚历山大和安提阿两座城市都坐落在北非世界，那个时候的北非世界繁荣璀璨，屹立在整个基督教世界的中心位置。亚历山大城始建于马其顿帝国时期，以年轻有为的一代雄主亚历山大大帝命名，在后来基督教信仰的时代更是古罗马商业、贸易、文化和教育的重镇。又由于其历来注重发展文化教育，因而也成为北非世界乃至整个罗马帝国的学术中心。与之相映照，安提阿城始建于亚历山大大帝手下一位名叫安提阿古·伊比芬尼(Antiochus Epiphanes)的大将。其在基督和使徒时代也是罗马帝国重要的商业和贸易中心。安提阿的罗马总督统治着包括巴勒斯坦地区在内的整个叙利亚行省。亚历山大与安提阿这两座城市也曾经都是早期基督教信仰和教会生活的中心，各自都是早期教会的五大中心之一。亚历山大的教会领袖在东方教会一直具有持久的影响力。而安提阿教会同样如此。使徒保罗开始向外邦人宣教就是从安提阿开始的。对于使徒时代的基督徒来说，安提阿教会的重要性远远超过其他教会，包括亚历山大教会。公元2世纪以后，亚历山大教会在整个北非世界和罗马帝国的影响力与日俱增。也正因为如此，当“基督神人性”的问题成为教会关注的理论焦点之后，安提阿教会和亚历山大教会在这一问题上的看法与主张形成了鲜明的对立和对峙。

实际上，双方的分歧在各个思想层面全面铺展开来，形成了针锋相对的两个学派。在解经学上，安提阿学派比较注重字面与历史的解经法，而亚历山大学派特别推崇当时比较流行的寓意与灵意解经法。安提阿学派的救恩论比较倾向于伦理道德层面，强调救恩是奇妙的伦理道德成就。而亚历山大学派的救恩论比较强调“逻各斯”通过与耶稣基督的人性相结合，构成形而上学的神圣奥秘。两个学派之间全面的紧张对立造成了在“基督神人性”问题上更大的分歧。以阿塔那修为代表的亚历山大学派站在他们所主张的“道成肉身”和“逻各斯”学说的基础上，主张“道—肉基督论”。这种道肉基督论认为，神圣“逻各斯”取了人类的血肉之躯，但没有完全进入人类的存在中。他们认为，耶稣基督的人性仅仅是指他所显现出来的肉身和肉体，而否认耶稣基督的人性具有任何人类的主动理智和意志。因此，亚历山大学派的道肉基督论实际强调的是耶稣基督的神性，认为耶稣基督的人性被完全包裹在其神性里面。与亚历山大学派针锋相对的是，安提阿学派主张“道—人基督论”。这种道人基督论一方面强调必须区分耶稣基督的人性和神性，另一方面强调耶稣基督同时具有神性和人性，但其重点在于强调耶稣基督的人性，强调耶稣基督是全然的人，其人性并不是被动的而是主动的，主张“人的耶稣”是认识“上帝的道”的道路。

亚历山大学派的道肉基督论与安提阿学派的道人基督论的分歧直接导致他们各自对救恩理解上的歧异。亚历山大学派坚持认为上帝的神圣救恩在于神圣“逻各斯”成了肉身，在于真正的“道成肉身”，而不在于耶稣基督与我们具有完全相同的真实人性。在他们看来，耶稣基督并不需要也不具备完全的人性。而安提阿学派则与之相反地认为，上帝的神圣救恩完全在于真正的“道成肉身”，而真正的“道成肉身”必须具有完全的人性。有人总结说：

> 我们把阿波利拿里与西利尔(Cyril)当作亚历山大学派思想的代表，他们主张人类的救恩等于神性化，看见只有神本身才能拯救罪人，因此强调基督徒要承认，神圣的“逻各斯”已经在耶稣基督里面，使人性与他自己合一，成为他自己的：那么，耶稣基督就是“逻各斯”这个位格处于道成肉身的状态中。安提阿从另一个角度来看福音的信息。这些看法知道，如果有人要更新他对于神旨意的顺服状态，也就是指变成他的救恩，神圣的“逻各斯”必须使他自己与这人(基督)联合，他竭尽全力，终会完成第一个亚当失败的地方。[①]

正当亚历山大学派和安提阿学派发生激烈争执的时候，聂斯脱利派也加入进来并提出了他们自己的主张。然而事实证明，聂斯脱利派的加入不仅没有使原有双方的激烈争执降温，反而使得有关“基督神人性”问题的激烈争论进一步白热化。作为聂斯脱利派的开创者，聂斯脱利(Nestorius，公元 386 年—公元 451 年)原本是君士坦丁堡的主教，由于其在“基督神人性”问题上的一系列主张引发了教会内的激烈冲突。聂斯托利的具体主张如下：①主张耶稣基督具有神人二性，神性由上帝而来，人性由童贞女玛利亚而来。主张把圣母玛利亚由“生上帝者”改为“生基督者”。②主张耶稣基督具有神人二性，其神性由上帝而来，其人性由圣母玛利亚而来。主张耶稣基督同时具有完全的神性和完全的人性，这两种本性相互区分但并不对立，共同存在于耶稣基督这同一个位格当中。聂斯脱利使用“本性合一”的概念来理解和把握耶稣基督神性与人性之间的关系。“在聂斯脱利心目中，本性合一是诸种本性的合一，这种过程始于诸种本性，止于一种本性，在位格里面的合一……则是诸种本性的合一，而非诸个位格的合一，这种过程始于位格，而非本性，止于位格，亦非本性。”[②]

聂斯脱利派的这一系列主张在公元 431 年召开的以弗所公会议[③]上遭受沉重打击。公元 431 年 6 月 22 日，亚历山大教会的宗主教西利尔在聂斯脱利以及所有追随安提阿学派的主教都缺席的情况下，强行召开会议，进行缺席审判。最后，以弗所公会议通过决议强烈谴责聂斯脱利派及其主张的基督论为异端，并对聂斯脱利派施以逐出教会的绝罚[④]。这一官方宣告具体如下：

> 本神圣主教会议，因着神的恩典，遵照我们虔诚、爱基督的国王之命

---

① R. V. Sellers, *The Council of Chalcedon: A Historical and Doctrinal Survey*, London: SPCK, 1961, p. 15.

② 〔美〕胡斯都·L.冈察雷斯：《基督教思想史》(第一卷)，陈泽民等译，南京：译林出版社，2008 年，第 345 页。

③ 公元 431 年召开的第三次大公会议以弗所公会议被看作教会史上最黑暗的一页，史称“以弗所强盗会议”。

④ 自以弗所公会议后，聂斯脱利派就被正统教会判为异端，这一教派后来不断辗转漂泊，后经过中亚于公元 625 年来到了大唐都城长安，时称景教。这是有明确历史记载的基督教文明与华夏文明在历史上的首次相遇，可惜聂斯脱利派早已被斥为异端。

> 令……在以弗所召开大会，写信给聂斯脱利——你这位新的犹大！你要知道，因为你目中无神的教导……又不顺服圣经正典，根据本月，即 6 月 22 日制定的教会法规，本神圣的主教会议谴责你，并褫夺你在教会里的所有尊荣。[①]

以弗所公会议除了发表一系列谴责性的公告之外，并没有能够形成任何的信经决议。而“基督神人性”问题最终解决是在公元 451 年召开的第四次大公会议即卡尔西顿公会议上，卡尔西顿公会议最终的成果就是形成了有关“基督神人性”问题的信仰决议，即著名的卡尔西顿信经。卡尔西顿信经明确宣告：

> 我们承认，我们的主耶稣基督与(神)子是同一位；他在神性和人性上都同样完美无瑕，他是真神与真人，具有与我们相同的理性魂与身体；与父神同质，并且同样也与我们人类同质；除了罪之外，在所有事上都与我们相像；在神性上，他于万世以前从父神受生，并且同样在末世，为了我们以及我们的救恩，在人性的方面，从童贞女玛利亚，这位神之母生出来；同一位基督、子、主、独生子，具有二性，<u>不会混乱、不会改变、不能分开、不能离散</u>[②]；这二性的区别绝对不会因为结合而抹煞，反而各性的特征因此得到保存，并且联合为一位格(prosopon)与一质，并不分开或分裂为两个位格，而是同一位子、独生子、神圣的道、主耶稣基督；正如古代先知与耶稣基督本人，以及教父们传给我们的信经所教导的真理。[③]

几乎是以一种相同的方式，当公元 451 年卡尔西顿公会议落幕的时候，有关“基督神人性”问题的争论也最终以信经决议的方式在历史中定格。

综观整个教父哲学时期有关“三位一体”问题和“基督神人性”问题的争论，带给我们以下几点历史启示：①三一论和基督论是整个基督教正统信仰不可或缺的两大理论支柱。因此，三一论和基督论的争论不仅仅是一场基督教学术思想上的论争，更重要的是，它也是确立和维护基督教正统信仰之争。从这一层面来看，这场争论是必需的和必要的。②在这一争论过程中，信仰的因素毫无疑问占据主导地位，但同样不能忽略的是，政治上的、教会权势争夺上的，乃至出于某些个人主观情感方面的因素也掺杂在这场旷日持久、影响广泛的历史争论之中。但从最后所达成的正统信经来看，历史本身的平衡性使得这场争论最终还是回归到了信仰本身的正确轨道上。③三一论与基督论的正统信经非常强烈地体现出了基督教信仰本身超越于理性的奥秘性和神秘性。从这个意义上来说，三一论和基督论的正统信经既是大公教会有关信仰的最终决议，也是发自基督教内部的一次信仰的表白、宣告和重申。

---

① Aloys Grillmeier, *Christ in Tradition* vol. 1, *From the Apostolic Age to Chalcedon*, 2d, rev. ed., trans. by John Bowden, John Knox Press, 1975, p. 462. 译文转引自〔美〕奥尔森：《基督教神学思想史》，吴瑞诚、徐成德译，北京：北京大学出版社，2003 年，第 228 页。

② 卡尔西顿信经中的这四个特殊强调通常被称作所谓的“卡尔西顿的四道围墙”。

③ 参见《历代基督教信条》，转引自〔美〕奥尔森：《基督教神学思想史》，吴瑞诚、徐成德译，北京：北京大学出版社，2003 年，第 242 页。

六、教父哲学时代的思想总结：奥古斯丁的基督教哲学

奥古斯丁(Augustinus,公元354年—公元430年)是整个教父哲学时代最伟大、最杰出的基督教哲学家,也是教父哲学思想的集大成者。奥古斯丁与后来经院哲学时代的托马斯·阿奎那一起构成了整个西方教会的两大理论台柱。奥尔森在其《基督教神学思想史》中认为,“身兼教父、神学家与主教的奥古斯丁,巍然矗立于一个很重要的神学岔路口上,指引整个西方基督教的行进方向”[①]。

1. 奥古斯丁的基本生平

奥古斯丁于公元354年出生在北非努米底亚省的小镇塔加斯特(Thagaste)。塔加斯特距离当时北非重镇迦太基不远,以今日地理位置来看,这个地方属于今天北非阿尔及利亚境内。奥古斯丁的父亲是一位异教徒,母亲莫妮卡则是一位虔敬的基督徒,而且她个人非常仰慕当时一位德高望重的米兰大主教安布罗斯(Ambrose of Milan)[②],这也对后来奥古斯丁的生命转向起到了非常重要的影响。奥古斯丁7岁时被送到当地的启蒙小学开始学习识字和算术,12岁时进入文法学校学习文法、诗词和历史。在文法学校,奥古斯丁爱好学习拉丁文,而讨厌希腊文,这也使得他后来精熟于用拉丁文写作,而不擅长运用希腊文。17岁时,奥古斯丁来到了迦太基学习修辞学,毕业以后成为一名专授修辞学和论辩术的教师。当时的迦太基是一个典型的花花世界,强烈吸引着年轻的奥古斯丁。在迦太基的这段岁月里,年轻的奥古斯丁陷入追求物质感官享乐的沉沦之中而不能自拔,过着一种放荡不羁、声色犬马的生活。奥古斯丁在《忏悔录》(*Confessions*)中回忆道:“我来到了迦太基,我周围沸腾着、振响着罪恶恋爱的鼎镬。我还没有爱上什么,但渴望爱,并且由于内心的渴望,我更恨自己渴望得还不够。我追求恋爱的对象,只想恋爱……如果进一步能享受所爱者的肉体,那为我更是甜蜜了。”[③]他甚至与一名出身妓女的情妇姘居,而这位情妇为他诞下一名独生子阿丢达都斯(Adeodatus)。后来在其撰写的《忏悔录》一书中,奥古斯丁屡屡表达出对迦太基这段岁月感到痛悔不已。这一时期,年轻的奥古斯丁由于对修辞学和论辩术的浓厚兴趣,因此在思想和精神世界着迷于西塞罗华丽的词藻和文风。据他自己在《忏悔录》中的描述,他曾在当时花费很大精力去研究西塞罗的一部名为《百花园地》(*Hortensius*)的作品。奥古斯丁回忆说:

> 在日常的学习中,我偶然见到一本西塞罗的著作。他的语言,但不是他

---

① 〔美〕奥尔森:《基督教神学思想史》,吴瑞诚、徐成德译,北京:北京大学出版社,2003年,第268页。

② 圣安布罗斯(St. Ambrose),罗马人,拉丁教父,公元374年至公元397年间担任米兰大主教。安布罗斯出生于罗马皇帝近卫队队长家庭,约公元370年任列古里亚和以米里亚的总督。4年后,他战胜一名阿利乌派的候选人,成为米兰大主教。在任米兰大主教期间仿效东方教会建立教会礼仪规范,其中规定教历上每个节日所唱的歌曲,在教会礼仪规范中设置应答式诗篇诵唱和赞美诗,开西方教会音乐发展之先河,因而被誉为西方教会音乐之父。在政治方面,安布罗斯主张国家在某些事务上必须服从教会,教会权力独立于并高于世俗权力。

③ 〔古罗马〕奥古斯丁:《忏悔录》,周士良译,北京:商务印书馆,1963年,第36页。

的心，是众所共仰的，书名叫《百花园地》。这书的确使我的爱慕之心起了变化，使我转向您，我的主，祷告并使我另有所望，另有所求。对我说来一切奢望突然变得毫无价值，而且我怀着难以置信的满腔热忱，渴望得到智慧的永生。我要从此振作起来，以期归向于您。[①]

不过很快一个新的问题开始持续困扰着年轻的奥古斯丁，这就是“恶的起源问题”，即我们这个世界现实存在的诸种恶究竟是如何产生的。一开始，主张善恶二元论的摩尼教似乎一下子就吸引了奥古斯丁的注意。摩尼教的创始人摩尼（Mani）公元216年出生于巴比伦，他主张这个世界由善神和恶神、光明之神和黑暗之神之间的二元对立所主导。善神与恶神、光明之神与黑暗之神围绕着对世界和人类的统治权展开此消彼长的争斗，最终善神战胜恶神，光明之神战神黑暗之神。因此，在摩尼教的这种善恶二元论的架构中，现实世界之所以存在诸种恶，其根本原因在于它们是由恶神或黑暗之神所创造出来的。对于当时的奥古斯丁来讲，这种教义似乎能够为他提供某种有关宇宙世界的合理解释。然而，奥古斯丁虽深陷摩尼教善恶二元论的诱惑，但仍有诸多疑难没有解决。诸如在摩尼教的信仰中，善恶两种力量为什么总是处于争斗之中？在什么情况下恶会暂时性地战胜善？而又在什么情况下善会最终战胜恶？带着诸多疑问，奥古斯丁不断地求教于摩尼教的那些所谓伟大导师。直到最后有机会见到传说中的摩尼教当时最著名的大师福斯图斯（Faustus）的时候，奥古斯丁对摩尼教彻底失去了信心。在《忏悔录》中，奥古斯丁这样讲道：

差不多整整九年，我怀着动摇不定的心情，成了他们的追随者，我一直殷切地盼望这位福斯都斯的到来。我偶然遇到的该教派的其他成员，每逢不能回答我提出的问题时，总是嘱咐我等待着他的到来，说将来和他谈话，这些问题以及我可能有的更大的难题，都将很顺利地和充分地得到解决。当他终于来到的时候，我发现他讲得很动听，但他所讲的和别人讲的完全一样，只不过讲得更流利些，用词更美些。但是，为我斟酒的人如果不能给我一杯我所渴求的更美的酒，他的优雅举止对我又有什么好处呢？这些类似的话我的耳朵已经听腻了；不能因为这些话表达得好些，对我就更有说服力；不能因为讲得口若悬河，就成了真理；也不能因为面容和蔼，言词流畅，就一定是神智聪慧。[②]

一方面是奥古斯丁自己对于摩尼教的彻底失望，另一方面也是由于其母亲深感如果继续在迦太基生活的话就会彻底毁掉自己的儿子。母亲莫妮卡带着奥古斯丁离开迦太基和北非世界，辗转来到罗马和米兰。在罗马短暂停留的日子里，似乎是要在思想和精神世界与过去彻底决裂，奥古斯丁开始逐渐倾向于柏拉图学园派的怀疑主义。奥古斯丁回忆说：“我有点倾向于相信，那些被称为‘学园派’（Academics）的哲学家们

① 〔古罗马〕奥古斯丁：《忏悔录》，译文引自〔美〕胡斯都·L.冈察雷斯：《基督教思想史》（第二卷），陈泽民等译，南京：译林出版社，2008年，第10-11页。

② 〔古罗马〕奥古斯丁：《忏悔录》，译文引自〔美〕胡斯都·L.冈察雷斯：《基督教思想史》（第二卷），陈泽民等译，南京：译林出版社，2008年，第14页。

比其余的人更为明智，因为他们主张，我们应当怀疑一切，并断言人没有理解任何真理的能力。”[①]随着奥古斯丁迁移来到米兰，这种怀疑主义的影响很快消失。当奥古斯丁阅读了新柏拉图主义者普罗提诺的著作以后，特别是读到普罗提诺以一元论的立场讲到恶的本质是善的缺乏的时候，奥古斯丁为新柏拉图主义的思想所深深打动。而新柏拉图主义思想对奥古斯丁的深刻影响也为他后来接受基督教信仰开辟了道路。

公元 386 年 8 月的一天，当奥古斯丁坐在一个别墅后花园里和他的一位名叫亚吕皮乌(Alypius)的朋友正在阅读《罗马书》的时候，一种深深的悔罪和信仰的顿悟突如其来地产生了。奥古斯丁在米兰后花园的顿悟也成为整部《忏悔录》最高潮的部分。奥古斯丁这样说道：

> 当时有一个很深沉的思想，从我灵魂的秘密深处涌上来，并把我以前遭遇的不幸呈现在我的眼前，形成一个巨大的风暴，跟着，我的泪水好像倾盆大雨一样流出来。因为它沛然莫之能御的能力，我想，我一定会完全情不自禁地爆发出来，所以我偷偷地离开亚吕皮乌；因为我的潜意识认为，独处是比较好的痛哭场所。所以，我退到遥远的地方，使我不会受到压迫感。这就是我当时的狼狈情形，他也知道；因为，我想，我呜呜咽咽地说过一些话，并在这种情形下，站起身来离开他。他当时留在我们原来所坐的地方，很可能是因为他完全吓呆了。我扑倒在地上，到底是怎么变成这样的，我自己也不清楚，只知道我在一棵无花果树下，放声大哭；因此，我的泪水就好像黄河决堤一样迸发出来，这是神所悦纳的祭物。然后，我并不是用这样的字句说，但却有这样的果效，不断地对神说：“但是，主啊，多久了？主啊，多久了？你要永久对我生气吗？哦，主啊，请不要记念我以前的过犯。”因为，我认为，过犯把我迷住。我由衷地发出这样悲哀的哭喊：“多久了，多久了？明日复明日吗？为什么不是现在呢？为什么现在不是我告别不洁净的时刻呢？”
>
> 我口中喃喃自语，说着这些话，懊悔无比又痛心疾首地哭泣着。当时，听啊，我听到一个好像男孩子，又像女孩子的声音，我不知道是哪一种，来自一个邻居的房子，一直重复地唱着说：“拿起来读，拿起来读。”我的脸色马上改变了，开始迫切地想：这样说唱，对于孩子的任何游戏，是否都很不平常呢？而且，我也想不起来，我曾经听过这种声音。所以，我两眼中的洪流就中断了。我起身，把这件事当作是从天上而来、叫我打开圣经阅读的命令，并且是叫我看，展现在我眼前的第一章……所以，我快快地走回我与亚吕皮乌原来坐着的地方，因为我在那里放下使徒所写的书卷。我回去后，一把抓起来，打开，默默地看这书卷，我的眼光首先接触到的地方，赫然就是：“不可荒宴醉酒，不可好色淫荡，不可争竞嫉妒；总要披戴主耶稣基督，不要为肉体安排，去放纵私欲。”(《罗马书》13:13—14)，我没有再读下去，而且我也不需要再读下去；因为顷刻间，当这个句子结束时，我的心里就像被一个大光照射着，充满

① 〔古罗马〕奥古斯丁：《忏悔录》，译文引自〔美〕胡斯都·L. 冈察雷斯：《基督教思想史》(第二卷)，陈泽民等译，南京：译林出版社，2008 年，第 14 页。

了安全感，所有的怀疑阴霾都一扫而光，消逝无踪了。①

不久以后，即公元386年秋，在米兰大主教安布罗斯的施洗下，奥古斯丁在米兰正式皈依基督教。奥古斯丁本人也因此被罗马教会树立为“浪子回头”的典范。皈依受洗后不久，奥古斯丁和他的母亲莫妮卡一道返回迦太基和北非世界。他的母亲在返回的路途中不幸去世，奥古斯丁扶着他母亲的灵柩返回塔加斯特。回到北非世界以后，奥古斯丁潜心于学术研究和著书立说，在教会内的影响力与日俱增。公元395年，他被推选和按立为希波城(Hippo)主教。如果说奥古斯丁早年是在坚持不懈地追寻所谓信仰真理的话，那么其后半生在正式皈依基督教以后则是在不屈不挠地捍卫其所持守的信仰真理。在担任希波城主教长达35年的时间里，奥古斯丁与当时教会内流行的各种各样的错误学说和异端思想展开激烈论战。其中比较著名的论战如下：①与多纳徒主义(donatism)论战，目的是反对教会分裂、维护大公教会统一；②与帕拉纠主义(pelagianism)论战，最终形成了有关恩典和预定的学说；③与罗马异教徒的论战，最终撰写了《上帝之城》。公元430年，汪达尔人四面围困希波城，奥古斯丁在朗诵忏悔诗的安详平静的状态中去世。

奥古斯丁一生著述颇丰。在古代作家中，奥古斯丁的传世作品总量较多。据不完全统计，奥古斯丁一共撰写了96部著作、200封书信及400篇布道讲演。这些著作按主题可分为以下五类：①自传与书信，如《忏悔录》、《更正篇》等；②哲学著作，如《论自由意志》、《灵魂及其起源》等；③神学著作，如《教义手册》、《上帝之城》等；④反异端著作，如《论三位一体》、《论恩典与自由意志》等；⑤圣经注释和布道讲演。在所有这些著作中，《忏悔录》、《论三位一体》和《上帝之城》是公认的奥古斯丁的代表作。其中尤以《忏悔录》最为出名。《忏悔录》一书既是西方思想史上享有盛誉的经典文学著作，也是基督教经典著作。奥古斯丁在《忏悔录》中以优美的文笔和真挚的情感描述了自己皈依基督教的心路历程以及对于基督教信仰的独特感受。《忏悔录》全书共分13卷。卷1记述从出生到15岁时的事迹；卷2和卷3讲述青年时期在迦太基求学时的生活；卷4和卷5讲述在赴米兰之前的教书生涯；卷6和卷7记述在米兰时期思想转变的过程；卷8详细记述了米兰花园所发生的那一次具有决定性的思想转变；卷9记述了从皈依基督教后到母亲病逝的一段事迹；卷10分析著述时的思想状况；卷11到卷13诠释《旧约·创世纪》第一章。

2. “信仰，然后理解”

奥古斯丁结合自己的亲身感受和经历，认为古代哲学(特别是柏拉图的哲学)经过一番改造和利用之后，能够与基督教信仰融合。在奥古斯丁看来，哲学和信仰都是以寻求幸福为目的，根本区别在于哲学以追求人类的智慧为幸福，而基督教信仰则是把上帝的救恩作为最终的幸福。也因此，哲学家们所追求的只不过是现世的幸福，而基督教信仰则追求的是永恒的来世幸福，朝向彼岸天国。所以，从根本上讲，基督教哲学

---

① 〔古罗马〕奥古斯丁：《忏悔录》，译文引自〔美〕奥尔森：《基督教神学思想史》，吴瑞诚、徐成德译，北京：北京大学出版社，2003年，第271-272页。

可以通过吸收、改造和利用世俗的哲学来为自己服务。奥古斯丁说："如果那些被称为哲学家的人，特别是柏拉图主义者说了一些确实为真的、与我们的信仰相一致的话，我们不应该害怕，而要把这些话从他们不正当的主人那里拿过来，为我们所用。"[①]奥古斯丁认为，理性与信仰、哲学与神学之间的关系并不是根本冲突和对立的，而是形成互有交叉、相互协作的关系。在奥古斯丁看来，所谓信仰只不过是"以赞同的态度思想"[②]。具体来说，思想的对象包括三种：①只能相信而不能或不需要理解的东西，如已经真实发生的历史事件；②既要相信也需要理解的东西，如数学几何学公理以及形式逻辑的基本规律和规则；③只有先信仰然后才能理解的东西，如上帝启示的信仰真理。他明确地说："有些东西必须在相信上帝之前被理解；但是，对上帝的信仰帮助一个人理解得更多。……因为信仰来自聆听，聆听得自基督的布道，人们若不理解布道者的语言，何以能够相信他的信仰呢？另一方面，有些事情必须先被相信，然后才能理解，正如先知所说：'除非你相信，否则你将不会理解'，因此，心灵由相信进而理解。"[③]

正是基于此，奥古斯丁坚持"信仰，然后理解"的基本立场，认为信仰尽管要高于理性，但是二者绝非完全对立，在信仰至上的前提下也要积极寻求理性的协作。后来经院哲学时代的托马斯·阿奎那尽管更倾向于亚里士多德哲学，但他也对奥古斯丁的这一做法表示了充分肯定。阿奎那说："圣奥古斯丁充分地利用了柏拉图主义的学说，每当他在这些人的教诲中发现与信仰相符合的东西，他采用之；当他看到与信仰相反的东西，则修订之。"

3. 上帝创世与"种质"说

和包括柏拉图与亚里士多德这样一些古希腊哲学家不同的是，奥古斯丁认为，按照《圣经·创世纪》中的描述，上帝不同于世界万物，既不在空间的区间和范围中，也不在时间的区间和范围中，上帝是"自有永有的"。世界万物，包括时间和空间本身都是由上帝所创造的。一切存在着的东西无不是来源于上帝。他说：

> 一切生命，不论大小；一切能力，不论大小；一切安全，不论大小；一切记忆，不论大小；一切德行，不论大小；一切理智，不论大小；一切安宁，不论大小；一切富有，不论大小；一切感觉，不论大小；一切光明，不论大小；一切和蔼，不论大小；一切标准，不论大小；一切美好，不论大小；一切平安，不论大小。以及任何其他可能发生的类似的事物，特别是那些贯穿于一切事物中的不管是灵性的还是有形的东西，每一尺寸，每一形态，每一种类，不论大小，都是来自上帝。[④]

上帝创世既不需要质料和材料，也不需要工具，甚至连时间和空间都不需要，他仅凭语言(the word，道)和言说就创造出了整个世界。也就是说，上帝从无中创造了万

---

① 〔古罗马〕奥古斯丁：《论基督教学说》第2卷40章60节，转引自赵敦华：《基督教哲学1500年》，北京：人民出版社，1994年，第142页。

② 〔古罗马〕奥古斯丁：《论圣徒的归宿》第5章，转引自赵敦华：《基督教哲学1500年》，北京：人民出版社，1994年，第143页。

③ 〔古罗马〕奥古斯丁：《布道辞》第18章3节，转引自赵敦华：《基督教哲学1500年》，北京：人民出版社，1994年，第144页。

④ 〔美〕胡斯都·L.冈察雷斯：《基督教思想史》(第二卷)，陈泽民等译，南京：译林出版社，2008年，第36页。

事万物。奥古斯丁在《忏悔录》中写道：

> 你创造天地，不是在天上，也不在地上，不在空中，也不在水中，因为这些都在六合之中；你也不在宇宙之中创造宇宙，因为在造成宇宙之前，还没有创造宇宙的场所。你也不是手中拿着什么工具来创造天地，因为这种不由你创造而你借以创造其他的工具又从哪里得来的呢？哪一样存在的东西，不是凭借你的实在而存在。
>
> 因此你一言而万物资始，你是用你的"道"——言语——创造万有。[①]

而就上帝创造世界的具体过程而言，奥古斯丁成功地将古代哲学（尤其是柏拉图的理念论）和基督教的创世说融合在其有关上帝创造世界的解释中。奥古斯丁认为，上帝首先创造出了无形的"种质"（the seminal principles）。这些"种质"好比事物的胚芽，具有一种潜在的能力，"种质"的复制与展开最终形成了有形万物。种质由潜在发展成为现实，而上帝透过创造种质控制整个自然世界及其发展进程。奥古斯丁说："自然的正常进程服从于自身的自然律。据自然律，一切有生命的被造物具有特殊的秉性，无生命的物质元素同样也有特定的性质和力量。它们按照自己的功能活动，在活动中发展，除此之外不服从其他方式。一切事物都按照最初的原则，在恰当的事件中，在合适的时间里出现，并且每一个都按照它的本性衰败消亡。"[②]但是奥古斯丁同时也认为，上帝创造"种质"和有形万物都是在"瞬间"完成的，圣经中关于上帝在六天内创造世界的说法只是一种方便我们理解的形象化比喻而已。由此也引发了奥古斯丁关于时间本质问题的思考。

4. 主观时间论

奥古斯丁认为，时间并不是永恒的和客观的存在，它只不过是"流逝的事物留给心灵的印象之持续"，因此时间只是一种主观的知觉。奥古斯丁把这种主观知觉的持续称作"现在"。在奥古斯丁看来，"现在"不是时间的一部分，而是时间的全部。所谓"过去"和"将来"都不过是在现在的主观知觉中对已逝事物的记忆和对将至事物的期望而已。因此，时间不应该分为过去、现在和将来，而是过去的现在、现在的现在和将来的现在。奥古斯丁说：

> 如果过去和将来都存在，我愿意知道它们在哪里。假如目前为止我还不可能，那末我至少知道它们不论在哪里，决不是过去和将来，而是现在。因为如作为将来而在那里，则尚未存在，如作为过去，则已不存在。为此，它们不论在哪里，不论是怎样，只能是现在。……说时间分过去、现在和将来三类是不确当的。或许说：时间分过去的现在、现在的现在和将来的现在三类，比较确当。[③]

因此，在奥古斯丁看来，时间从根本上讲是不能用空间的大小和长短来度量的。

---

① 〔古罗马〕奥古斯丁：《忏悔录》，周士良译，北京：商务印书馆，1963 年，第 235-236 页。

② 〔古罗马〕奥古斯丁：《论教师》第 11 章 37 节，转引自赵敦华：《基督教哲学 1500 年》，北京：人民出版社，1994 年，第 156 页。

③ 〔古罗马〕奥古斯丁：《忏悔录》，周士良译，北京：商务印书馆，1963 年，第 245-247 页。

因为，我们只能通过存在于心灵中的主观印象的持续来度量时间。通过记忆，印象被保留而伸展；通过注意，印象被维持而伸展；通过期望，借由对将来可能之印象的预知而伸展。奥古斯丁这样说道：

我的心灵啊，我是在你里面度量时间。……事物经过时，在你里面留下印象，事物过去而印象留着，我是度量现在的印象而不是度量促起印象而已经过去的实质；我度量时间的时候，是在度量印象。为此，或印象即是时间，或我所度量的并非时间。……由于人的思想工作有三个阶段，即：期望，注意与记忆。所期望的东西，通过注意，进入记忆。谁否定将来尚未存在？但对将来的期望已经存在心中。谁否定过去已不存在？但过去的记忆还存在心中。谁否定现在没有长度，只是疾驰而去的点滴？但注意能持续下去，将来通过注意走向过去。因此，并非将来时间长，将来尚未存在，所谓将来长是对将来的长期等待；并非过去时间长，过去已不存在，所谓过去长是对过去的长期回忆。①

总的来看，奥古斯丁把时间的本质规定为"流逝的事物留给心灵的印象之持续"，把时间还原为心灵的一种主观的知觉，这一做法至少带来了两个方面的影响。第一，在古希腊，时间与物体的运动和变化紧密联系在一起，它是事物运动变化的原因和条件。但这种物理意义上的时间观在奥古斯丁这里被彻底颠覆。时间的本质由客观彻底还原为主观。随之而来的是，时间和运动之间的关系也发生了根本性的反转，即时间变成了把握运动的前提，而不是运动构成理解时间的前提。第二，如果时间在本质上变成了主观心灵的印象之持续和绵延，那么就意味着时间本质上是附属于人的。因此，时间和我们人一样都是上帝所创造出来的，都是被造物。所以，上帝在创造时间之前是没有时间的，上帝根本不落在时间之中，上帝的存在是超越于时间的永恒存在。奥古斯丁明确地说：

因为上帝是一切时代的创始者和创造者，如果你上帝并未创造时代，哪能有不可计数的时代流逝呢？或者，那些不是由你创造的时间是什么时间呢？或者，如果时间未曾有过，那么时间又如何能流逝呢？因此，既然你是一切时间的创造者，如果在你创造天地之前就有时间，为什么又说你曾无所事事呢？就你创造的时间本身来说，在你创造时间之前，时间是不可能流逝的。②

从这一层面上讲，奥古斯丁的时间观根本性地维护了上帝的永恒存在的神圣属性，以及上帝无中生有地创造了世界的基督教创造论图景。

5. 恶、原罪、自由意志与救赎

关于恶的本质和原因问题的思考在奥古斯丁整个基督教哲学体系中占据着非常

---

① 〔古罗马〕奥古斯丁：《忏悔录》，周士良译，北京：商务印书馆，1963年，第254-256页。

② 〔古罗马〕奥古斯丁：《忏悔录》，译文引自〔美〕胡斯都·L.冈察雷斯：《基督教思想史》（第二卷），陈泽民等译，南京：译林出版社，2008年，第35页。

重要的位置。奥古斯丁之所以会如此热衷于探讨恶与原罪问题，主要有三个方面的重要原因。

第一，对恶的问题的思考几乎伴随着其个人早年追寻信仰的全部经历。从最早在迦太基生活的时期开始，奥古斯丁就一直对恶的原因的问题感到困惑，曾先后辗转于主张善恶二元论的摩尼教、柏拉图学园派的怀疑主义，直到后来经由以普罗提诺为代表的新柏拉图主义，最后才在米兰皈依基督教信仰。在这一思想发展过程中，对于恶的本质和原因问题的思考可以说是贯穿始终的一个重要思想线索。

第二，恶的本质尤其是恶的原因问题也是基督教信仰本身所面临的一个重大理论难题。因为至少从表面上看，恶的现实存在似乎与上帝全知、全能、全善的神圣本性存在相矛盾、相冲突的地方。如果我们承认现实世界存在诸种恶，那么这些恶产生的原因究竟是什么呢？如果恶是由上帝所创造出来的话，那么就会与上帝全善的神圣本性发生根本性冲突。如果恶并不是上帝所创造出来的，那么上帝为什么没有阻止和消除恶的发生呢？问题在于：①如果上帝不知道现实存在诸种恶，那么就会与上帝全知的神圣本性相冲突；②如果上帝没有能力去阻止和消除恶，那么就会与上帝全能的神圣本性相违背；③如果上帝既知晓恶的现实存在，同时又有能力去阻止和消除恶，却袖手旁观、坐视不理的话，那么就又会与其全善的神圣本性根本不相符。可见处理这一问题的棘手性。

第三，也是最根本的一点是，恶和原罪的问题与作为基督教信仰核心的救赎问题直接相关。因为对于基督教信仰来说，承认原罪正是信靠上帝和获取救赎的基本前提。由此可见处理这一问题的根本重要性。也正是基于以上三个方面的原因，奥古斯丁才会一直对恶的问题具有如此强烈的理论兴趣。

奥古斯丁有关恶的问题的思考主要包括三个大的方面。第一，是有关恶的本质的思考，即从实质上讲恶究竟是什么。在这一问题上，奥古斯丁基本上完全接受了以普罗提诺为代表的新柏拉图主义的看法，认为恶的本质是“善的缺乏”或“本体的缺乏”。奥古斯丁说：

> 我们不应寻找邪恶意志的动力因，而是它的缺陷因。因为这种意志不是其他东西的动力，而是一个缺陷。从最崇高的存在者到不足的存在者之间有差距，由此开始有了邪恶的意志。寻求这些差距的原因，如我所说，不是动力因，而是缺陷因，犹如在黑暗处看，于沉默处听，但两者都能为我们所知。前者通过眼睛，后者通过耳朵，所知的不是正面的现实性，而是它们的缺乏。[①]

当奥古斯丁把恶的本质规定为是“善的缺乏”或“本体的缺乏”的时候，他就一方面破除了以摩尼教为代表的善恶二元论而走向了一元论；另一方面也从根本上否认了恶是由上帝神圣创造的产物，也就是说，上帝原本只创造了善的实体，而恶只不过是善的缺陷性和不完满性的外在表现。

第二，依据有关恶的本质的规定，奥古斯丁把恶具体划分成三大类，即自然的恶、

① 〔古罗马〕奥古斯丁：《上帝之城》第12卷7章，转引自赵敦华：《基督教哲学1500年》，北京：人民出版社，1994年，第166页。

认识的恶和伦理的恶。第一类的恶是自然的恶。自然的恶是指由于事物的自然属性所造成的客观损失和损害而导致的不完满性。例如地震、火山、海啸等自然灾害以及生老病死等自然变故。相较于上帝存在的完满性来说，一切被造物本身都是不完满的，都从根本上缺乏终极完满性。这正是自然的恶之所以产生的根本原因。第二类的恶是认识的恶。认识的恶产生的根本原因在于我们作为有限存在者在认知能力上的有限性和不完满性。从恶的本质规定上讲，虽然我们一般并不把认识的恶视为恶，但其实它同样是一种缺乏和不完善，因而从根本上讲也是恶。第三类的恶是伦理的恶。伦理的恶表现为实践主体基于某种意志动机主观人为造就的恶，其根本原因在于人的主观意志的背离，因而造成了完满正当秩序的缺乏。因此，伦理的恶是最根本的恶，也与我们所犯的罪密切相关。实际上，奥古斯丁接下来对恶的原因的思考主要就是关注于第三类伦理的恶。

第三，奥古斯丁认为，伦理的恶根源于人的自由意志，具体说来是我们的灵魂对自由意志的滥用。自由意志是灵魂的固有本性，灵魂依据上帝所赋予的自由意志可以选择服从或者背离，从而就有可能导向良善或罪恶。那么，上帝为什么会把自由意志赋予人呢？在奥古斯丁看来，上帝本着全善的神圣本性，其所创造的一切事物都是善的，包括自由意志在内。上帝之所以要把自由意志赐予人，是因为如果没有自由意志，人就不可能正当而有尊严地生活，就不可能超越于那些遵循严格必然性的自然事物而成为真正的人，拥有自由意志恰恰是人之为人的根本。奥古斯丁说：

> 如果人是善的，而且如果他不是自己情愿就不能行为端正，那么他就必须有自由意志，因为没有自由意志，他就不能行为端正。他也由于有自由意志而犯罪，我们不能因此而以为，上帝给他自由意志是为这个目的。上帝为什么把自由意志赐给人，其充分的理由是，没有它，人就不能正当地生活。①

然而，人虽然拥有上帝所赐予的自由意志，但人却滥用了自由意志而背离了上帝，正如伊甸园中人类始祖亚当所做的那样。上帝之所以赐予人自由意志，原本是为了让人正当地生活，而不是让人借此作恶，因此，人滥用自由意志来作恶，罪责不在于上帝，而在于人自身。正是由于人类始祖亚当对自由意志的滥用，导致了人的本性的根本败坏和永恒的罪性，即“原罪”。正是原罪注定了人类的先验罪性、邪恶本质和必死命运。原罪既从根本上败坏了人的本性，也通过人类一代代的生育和繁衍而遗传下来。由于人的本性的完全败坏，因此人在面对原罪时是无能为力的，要想摆脱原罪状态，必须完全凭借上帝通过耶稣基督这一中保所带给我们的救赎。耶稣基督在十字架上的受辱和蒙难是在为我们赎罪，使我们得以与上帝重新和好，耶稣基督所传扬的正是上帝的恩典和救赎的福音。

6. 恩典论与预定论

早年的奥古斯丁在思考恶和原罪问题的过程中充分发挥和高扬了人的自由意志。

① 〔美〕胡斯都·L.冈察雷斯：《基督教思想史》（第二卷），陈泽民等译，南京：译林出版社，2008年，第38页。

然而，后来为了应对帕拉纠派的威胁和挑战，奥古斯丁一方面重申了其早先有关原罪和救赎的已有观点，同时也对其早期相对宽松的恩典论做出了必要修正，并且提出了一种严格的双重预定论。由于奥古斯丁在恩典论方面的突出贡献，后来也被教会授予"恩典博士"的荣誉称号。

帕拉纠(Pelagius)原是英国不列颠群岛的一个修士，关于他的生平后人无从确知。大约在公元405年时他来到罗马并与奥古斯丁首次展开思想交锋。我们只知道他后来曾经在巴勒斯坦地区撰写过两本有关罪、自由意志和恩典的著作：《论自然》(*On Nature*)和《论自由意志》(*On Free Will*)。帕拉纠的观念曾先后遭到奥古斯丁和哲罗姆的强烈抨击。大概在公元431年时，帕拉纠被大公会议谴责为异端。我们今天已经没有任何有关帕拉纠和帕拉纠派的书籍资料，只能从奥古斯丁、哲罗姆这些当时的批评者的观点中反过来推断他们的一些基本主张。归纳起来，帕拉纠和帕拉纠派的主张大致有如下几点：

(1)亚当起初就被创造为是终有一死的人，因此不管他有没有犯罪，最终都要死去。

(2)亚当所犯的罪只涉及他自身，而无损于全人类。

(3)不但福音，而且律法也可以引领人走向上帝之国。

(4)新生婴儿其状况与亚当堕落前的状况是一样的。

(5)全人类既不是在亚当的死亡和堕落中死去，也没有在基督的复活里获得重生。

(6)如果我们有决心，我们就能过无罪的生活。

(7)未受洗礼的婴儿可得永生。

(8)人凭其自己的自由意志就可以从罪恶的状态中摆脱出来。

奥古斯丁曾经指责帕拉纠的主张构成了三种异端。第一，帕拉纠否认原罪；第二，帕拉纠否认上帝的恩典是救赎的根本；第三，帕拉纠派主张人可以在上帝神圣恩典之外仅凭自己的自由意志达到无罪状态。奥古斯丁和帕拉纠虽然都主张人有自由意志，但奥古斯丁自始至终都不愿放弃上帝的神圣恩典。帕拉纠则把罪归结为人性的弱点，因此他认为人能够通过运用自己的自由意志过无罪的生活。因此，奥古斯丁不得不在和帕拉纠派的论战中再次重申恩典论的核心构架：我们的救赎是出于上帝白白的恩典，我们的拯救必须全心全意地投靠上帝的恩典。而信仰是接受恩典的唯一通道。不仅如此，针对帕拉纠派对自由意志学说的滥用，晚期的奥古斯丁特别强调我们的意志被扭曲到如此地步，以至于凭借我们的自由意志只可能不断地犯罪和堕落。他严厉驳斥帕拉纠派说："一个人的自由意志，除了犯罪之外，一无用处。"[①]人凭借其自由意志有犯罪的自由，但没有不犯罪的自由。在奥古斯丁看来，唯有通过上帝的恩典，我们才有可能得救。得救并不是我们自己的功德的结果，相反，我们的一切功德都是上帝恩典的结果。而且，奥古斯丁甚至主张上帝的神圣恩典是不可抗拒的。上帝通过恩典在我们的意志中起作用，加强它并激励它立志向善。可见，晚期的奥古斯丁实际上在逐

① 〔美〕奥尔森：《基督教神学思想史》，吴瑞诚、徐成德译，北京：北京大学出版社，2003年，第288页。

步收紧早年的自由意志学说，逐渐转向对神恩的完全强调。奥古斯丁同时也认为，上帝在创世之初已经根据他自己的理由预定了哪些人将被拯救和拣选，哪些人会受到惩罚。而上帝的预定是我们人类理性根本无法理解的信仰“奥秘”。人类凭借自身的有限理性试图去揣度和揣测上帝的神秘预定和隐秘计划不仅是虚妄的，而且是一种根本的僭越。因此，奥古斯丁恩典论最终的理论归宿是走向一种严格的双重预定论和神秘主义决定论。

7.《上帝之城》：两座城的划分与历史哲学的思考

公元 410 年，日耳曼民族的一支西哥特人劫掠了罗马，使罗马这座不朽之城蒙受了巨大耻辱，一些异教徒认为这是由于罗马人背叛传统多神教而改信基督教所招致的惩罚。为了回应这一责难，奥古斯丁于公元 413 年至公元 427 年写成了《上帝之城》。

奥古斯丁的《上帝之城》由两大部分构成。第一部分主要是反驳异教徒的责难，包括前十卷的内容。第 1 卷主要是反驳异教徒的指责。第 2 卷论述罗马传统诸神并不能阻止罗马城的堕落。第 3 卷论述罗马人所信仰的诸神并不能阻止罗马城遭受劫掠的厄运发生。第 4 卷论述罗马城的伟大与多神论信仰无关。第 5 卷论述上帝而非诸神使得罗马城如此伟大。第 6 卷和第 7 卷论述罗马诸神并不能够赐予人们永恒生命。第 8 卷和第 9 卷论述柏拉图主义者有关诸神和魔鬼的学说。第 10 卷论述天使的善良与魔鬼的邪恶。《上帝之城》的第二部分主要是论述上帝之城与世俗之城的划分及其历史，包括从第 11 卷到第 22 卷的内容。第 11 卷至第 14 卷论述两座城的历史起源。第 15 卷至第 18 卷论述两座城的历史进程。第 19 卷至第 22 卷论述两座城的历史朝向和历史终结。

奥古斯丁撰写的《上帝之城》主要阐明了三个方面的问题。首先，针对异教徒的种种指责做出必要回应。当时，异教徒对基督教的指责主要涉及三个方面。第一，异教徒们指责罗马城因为背弃了传统的多神论而皈依基督教，因而招致了诸神的惩罚，造成了蛮族人入侵和劫掠的耻辱。奥古斯丁认为这一指控完全是子虚乌有的诽谤。相反，奥古斯丁要告诉人们，罗马城之所以会遭受如此巨大的羞辱是因为罗马人长期坚持异教信仰，以及起初大规模迫害和压制基督教所导致的惩罚。同时，奥古斯丁也根本否认诸神的存在，认为罗马人所信奉的诸神只是一些无用的偶像和不洁的神祇，它们是被造物而不是造物主。第二，异教徒们指责基督教的上帝既没有引领罗马走向强盛，也没有能够保护罗马免遭劫掠，因此相较于罗马诸神来说，基督教的上帝是无能的。奥古斯丁认为，异教徒所信奉的罗马诸神既是没有道德的，经常做各种恶事，也没有任何权能来保护罗马以及给罗马带来和平。罗马帝国所谓的强盛只不过是建立在血腥和苦难之上，通过不断的战争和掠夺，以一部分人的痛苦、苦难和牺牲所换来的。因此也根本不是所谓罗马诸神护佑的结果。第三，异教徒们指责基督教信仰强调忍耐、宽恕、怜悯和仁爱，主张以德报怨，从而导致世俗正义和现实福利方面的缺失。奥古斯丁要指出的是，基督教信仰是在对彼岸天国的期盼中给人以安慰、信心和希望，而且这个希望是绝对真实可靠的。基督徒虽然在尘世生活中要承担诸种不幸和苦难，但从未动摇对上帝的信心和信念，并且把这些现实的不幸和苦难看成虔敬信仰的考验和试炼。基督徒也正是在这种坚定的信仰中，在忍耐、宽恕、怜悯和仁爱精神的关照下朝向幸福喜乐的彼岸天国。奥古斯丁说：

> 至高无上和真实的上帝的仆人自有其安慰，这安慰不是虚假的，也不是建立在摇摆不定的希望基础之上。因为有此确定不移的希望，他不满足于尘世(时间性)的生命；这尘世生命只是那永恒生命的预备工作，就如一次朝圣旅行需要尘世美物，但又不被它们所束缚一样。他自愿通过不幸来考验和净化自己，但有人(异教徒)会嘲笑他的诚实与正直，而且当他遭受某种尘世不幸的侵害时，他们就会对他说："你的上帝现在在哪里呢?"但是，当他们必须忍受他们通过崇拜诸神而要避开的不幸时，人们也同样可以问：你们的诸神在哪里呢？上帝的仆人会回答说：我的上帝当前无处不在，他能隐秘地在场而悄无声息，且不可回避。如果上帝加我以不幸，那么，他这是在考验有德行的人或者惩罚犯罪的人，并且因我虔诚地忍耐尘世不幸而为我保留了永恒福祉。而你们是谁？你们至多也只能配谈你们的诸神，而根本不配谈我们的上帝——为诸神所害怕的上帝。因为异教徒的诸神是一些恶魔，而上帝则创造天地。[①]

其次，奥古斯丁明确提出了上帝之城与世俗之城的区分和对立。奥古斯丁认为，自从人类始祖亚当犯了罪被上帝逐出伊甸园以后，现实世界就被划分成了两座城。一座是由按照精神和灵性方式生活的人所组成的上帝之城，而与之相对照的则是由那些按照肉体和感官方式生活的人所组成的世俗之城。前者是光明的上帝的国度，而后者是黑暗的负罪者的国度。前者是由上帝所拣选和拯救的基督徒所组成的群体，是一座真正的永恒之城，而后者是由那些犯罪并注定受惩罚下地狱的人所组成的群体，是魔鬼撒旦控制的领地。奥古斯丁认为，两座城的生活方式实质上也代表着两种爱的方式，上帝之城建立在爱上帝的基础上，而世俗之城则建立在自爱的基础上。奥古斯丁这样说道：

> 相应地，两个城是由两种爱形成的：尘世的城是由爱自己形成的，甚至到了藐视上帝的地步；天国的城是由爱上帝形成的，甚至到了鄙视自己的地步。一句话，前者的城以己为荣，而后者的城则以上帝为荣。因为一个城从人那里寻求荣耀；但另一个城的最大荣耀是上帝，上帝是良心的见证。一个城因自己的荣耀而昂首挺胸；另一个城对它的上帝说："你是我的荣耀，是你使我昂首挺胸。"在一个城里，归属该城的王子们和国民们是由嗜爱统治的人统治的；在另一个城里，王子们和庶民们在爱中彼此服务，后者服从，而前者为大家操心。一个城对自己的力量沾沾自喜，而以其统治者们本身为代表；另一

① 〔古罗马〕奥古斯丁：《上帝之城》第1卷29章，转引自叶秀山、王树人总主编：《西方哲学史(学术版)》第三卷，南京：凤凰出版社，2015年，第144-145页。

个城对它的上帝说："我的主啊，我爱你，你是我的力量。"[①]

最后，由这两种爱所建立起来的这两座城截然对立、互不相容。正是在上帝之城与世俗之城的区分和对立基础上，奥古斯丁在《上帝之城》中也试图从基督教信仰的立场上描绘出一种人类历史发展的进程。在他看来，整个世界都是起源于上帝的神圣创造，而自从上帝创造了人以后，人类历史就以其固有的方向、秩序和规律展开。自从人类始祖亚当堕落被逐出伊甸园开始，上帝之城与世俗之城就在现实世界中交融在一起，各自都在继续他们各自的历史进程，最终前者获拯救，而后者接受末日审判。而人类历史发展的最终目的是朝向上帝之国的最终实现。可以说，奥古斯丁在基督教信仰的视野中引入了历史，也把历史导入基督教信仰的领域内，从而造就了一种崭新的历史神学，而这种历史神学的本质其实就是真正意义上的历史哲学。德国著名基督教思想家汉斯·昆甚至认为："在奥古斯丁之前的古代，既没历史哲学也没历史神学。"[②]对于奥古斯丁的这一开创性的贡献，有学者给予其极高评价：

> 在基督教传入欧洲并成为欧洲人的主流意识之前，希腊人与罗马人都已经有了很发达的"历史学"。各种历史学著作以各种成熟的方式（比如编年体或传记体）记录了各个时代的历史事件，甚至还对这些历史事件进行某种解释。但是，使这些历史事件得以展开的历史本身却从未进入历史学的视野。也就是说，在这期间，历史本身的问题尚未进入欧洲人的意识里。
>
> 历史本身如何可能？或者说，人如何有历史？历史是否有意义？或者更确切地问：历史本身是否有目的？因而也就是说，历史是否有"方向"、有"终结"？历史是在自由选择中展开，还是受某种必然性命运的支配？这些后来被归于历史哲学里的问题虽然迄今也不能说已得到满意的回答，但是对于今天的人们来说至少已是习以为常的问题。然而，在古希腊罗马时代，这些问题并没有在欧洲人的意识世界里开显出来。我们可以确切地说，在基督教成为古代欧洲的主流意识之前，这些历史本身的问题从来就没有成为古代西方思想的对象，历史本身的问题长期被掩盖、遗忘在宇宙论-存在论的背后而没有得到古代西方思想的觉悟（意识）。在西方思想史上，正如自由意志问题一样，历史本身的问题也是在基督教信仰的推动与逼迫下得到觉悟的。也就是说，西方人的"历史意识"是通过基督教信仰开辟出来的。这一思想事件同样是由奥古斯丁这位北非神学家来完成的，它发生在《上帝之城》（《上帝的国度》）这部伟大的著作中。在这个意义上，正是《上帝之城》首先在西方精神世界里打开了"历史"这个新维度，使历史本身（而不只是历史事件）成为思想的一个问题，成为人类理解自身的"世界图景"的一个基本方面。[③]

---

① 〔古罗马〕奥古斯丁：《上帝之城》第14卷28章，转引自〔美〕胡斯都·L.冈察雷斯：《基督教思想史》（第二卷），陈泽民等译，南京：译林出版社，2008年，第49页。

② 〔德〕汉斯·昆：《基督教大思想家》，包利民译，北京：社会科学文献出版社，2001年，第88页。

③ 叶秀山、王树人总主编：《西方哲学史（学术版）》第三卷，南京：凤凰出版社，2015年，第125-126页。

8. 光照论

奥古斯丁的知识论通常被称作所谓“光照论”(theory of illumination)。虽然早年曾经受到过柏拉图学园派的怀疑主义的短暂影响,但奥古斯丁丝毫不怀疑真理的确定性和可靠性,以及我们是否能够最终获得真理。奥古斯丁探讨认识论的问题所关注的是我们是如何获得真理性认识的。受到柏拉图“回忆说”的影响,奥古斯丁认为,我们可以从感觉经验中获取对外部对象的某种知识,但这种知识只是一种最低层次和最不确定的知识。真理性的知识是先于经验且独立于经验而潜存于我们的灵魂中的。然而,和柏拉图的“回忆说”相区别的地方在于,奥古斯丁认为,真理性的东西是来源于上帝而见之于我们灵魂中的东西。从根本上讲,理性对真理的认识不是通过感觉经验的刺激,而是依靠上帝的光照。

> 因此,尊贵的哲学家柏拉图努力说服我们,人的灵魂甚至在它拥有肉体之前就早已存在,因此,正如人们所知道的,那些学到的东西不过是回忆而已,而不是进入头脑的新知识……但是,我们更应该相信,聪慧的头脑在本质上是这样形成的,它借助某种独一无二的无形之光,而看到了这样一些东西,它们按照造物主的安排,被附加在那些在自然状况下唯有依靠智力才能理解的事物之上;这就像肉眼凭借这身体之光而看见其附近的东西,而这种肉眼是生来就能接受和适应光照的。[①]

一方面,上帝好比真理之光,正是上帝的光照使心灵的理性看到了真理。另一方面,灵魂本身是由上帝所创造的,因而在上帝创造它的时候灵魂实际上已经潜在地包含真理的成分,真理以一种潜在的方式内在于我们的灵魂之中。因而,神圣的真理在上帝的光照中向我们彰显出来。奥古斯丁说:

> 因为光就是上帝本身,而灵魂是被造的……所以,当它被带走,并且在身体的感官撤退之后,以一种更完善的方式面对着这光时,它也能看到在它上面的那光本身。正是在这光的照明里,它才能够看到它所看到并理解的万物。[②]

从总体上看,奥古斯丁的理论成就代表了整个教父哲学时期的最高成就,在他这里,基督教哲学的理论水平达到了一个前所未有的高度。奥古斯丁最终确立起了教父哲学时期所关注的第三个大的理论问题,即有关人的原罪和救赎问题的基本教义,至此也圆满完成了整个教父时代的历史使命。奥古斯丁的基督教思想开启了基督教思想史上的一个新的传统,即奥古斯丁主义(augustinianism)传统。其最基本的理论特征体现为强调上帝至高无上的绝对主权,人类灵魂的绝对软弱无助,以及人类对于上帝恩典的绝对依赖。可以说,奥古斯丁的基督教思想上承保罗神学、中联中世纪经院哲学、下启马丁·路德和约翰·加尔文所开创的宗教改革神学,在整个基督教思想史上具有举足轻重的历史地位。谈及奥古斯丁在基督教思想史上的重要地位和深远影

---

① 〔古罗马〕奥古斯丁:《论三位一体》第12卷15章24节,转引自〔美〕胡斯都·L.冈察雷斯:《基督教思想史》(第二卷),陈泽民等译,南京:译林出版社,2008年,第30页。

② 转引自〔美〕沙伦·M.凯、保罗·汤姆森:《奥古斯丁》,周伟驰译,北京:中华书局,2014年,第47页。

响，冈察雷斯曾这样评价道："奥古斯丁乃是一个时代的结束，同时也是另一个新纪元的开始。他是古代基督教作家中的最后一人，同时也是中世纪神学的开路先锋。古代的神学主流都汇聚在他的身上，奔腾成从他而出的滚滚江河，不仅包括了中世纪的经院哲学(scholasticism)，连16世纪新教神学也是其中的一个支流。"①

① 〔美〕奥尔森：《基督教神学思想史》，吴瑞诚、徐成德译，北京：北京大学出版社，2003年，第268页。

第三章

高潮：经院哲学的辉煌与没落

经院哲学(拉丁文为 philosophia scholastica,英文称作 scholasticism 或 scholastic philosophy,中文也译为士林哲学),拉丁文原意是指“学校或学院中的教师或学者的哲学”,中世纪专指在教会学校和修道院里传授的以神学为背景的哲学。公元 476 年西罗马帝国灭亡以后,伴随着大量蛮族人的入侵,整个西欧世界经历了几百年的黑暗时代。大约从公元 1000 年开始,中世纪经院哲学开始起步。综观整个中世纪经院哲学的发展,其大致表现出以下六个方面的基本特征:①以“经院”(教会或修道院办的学校)为生存环境。②思想基础逐渐由教父哲学时期的柏拉图主义和新柏拉图主义转变为亚里士多德主义。③讨论和关注的主要理论问题包括理性与信仰的关系问题、共相的问题和上帝存在的证明问题。④在理性与信仰的基本关系问题上不再是简单地用信仰来贬抑理性或否定理性,而是力图用理性来论证信仰,为信仰服务。⑤以“辩证法”(亚里士多德的论辩推理)为操作原则,体现出对古代传统的继承与发展。⑥以教义教理传授为目标,影响中世纪的理智教育。

中世纪经院哲学的发展上承教父哲学,下启文艺复兴和宗教改革。从历史阶段上划分,一般包括四个基本阶段。第一个阶段是从公元 600 年至公元 1000 年左右,历史上称作所谓“黑暗时代”(the dark ages)。这一时期从表面上看似乎是一个思想荒芜的时代,然而就深层次来具体观察的话,对于稍后中世纪经院哲学兴起具有重要作用的一些思想要素与精神营养,正在以一种地下隐秘的方式向新的时代输送。这一时期出现的比较有名的思想家如波埃修和爱留根纳。第二个阶段是早期经院哲学时期,大约从公元 1000 年到公元 13 世纪初。这一时期是整个中世纪经院哲学开始起步的时代,最具典型性的思想代表就是安瑟伦与阿伯拉尔。第三个阶段是公元 13 世纪,也正是中世纪经院哲学的鼎盛时期,作为中世纪经院哲学的集大成者,托马斯·阿奎那在公元 13 世纪所闪耀的思想光芒无人可以与之相媲美。在某种程度上甚至可以说,公元 13 世纪就是托马斯·阿奎那的世纪。当然,中世纪经院哲学的辉煌也从哲学和思想层面反映出整个西欧中世纪在政治、经济、社会和文化等各个领域迈入鼎盛时期。第四个阶段是从公元 14 世纪开始,在后托马斯·阿奎那的时代,中世纪经院哲学陷入分裂,并逐渐走向衰落。这一时期最典型的思想代表如波纳文图拉,以及以罗吉尔·培根、约翰·邓斯·司各脱、奥卡姆的威廉为代表的反托马斯主义的方济各修会的经院哲学家。

一、“黑暗时代”的哲学

公元476年，由于蛮族人大规模的入侵，西罗马帝国风雨飘摇并最终灭亡。随着罗马帝国的衰亡，西欧历史进入一个所谓的“黑暗时代”。黑暗时代是18世纪历史学家们开始广泛使用的一个历史名词，用来专指从公元6世纪到公元11世纪这一段中世纪早期的西欧历史。这一历史时期由于大部分古希腊罗马文化惨遭破坏，并逐渐被缺乏文化教养的蛮族文化所取代，故被称作所谓的“黑暗时代”。后来由于在英国历史学家乔治·威尔斯和美国历史学家卡尔顿·海斯[①]联合撰写的享誉全球的经典之作《全球通史》一书中被使用，而在历史学界被普遍接受。这一时期虽有短暂卡罗林王朝的“文艺复兴”，然而至少从表面上看，这一时代更多表现出来的是精神世界的凋敝与思想领域的荒芜。这一时期比较具有代表性的哲学家主要有两位，分别是波埃修和爱留根纳。

1. 波埃修

波埃修(Anicius Manlius Severinus Boethius，公元480年—公元524年)出生于显赫的罗马贵族家庭。早年丧父，由其富有而又声名显赫的监护人绪马古斯(Symmachus)抚养成人。波埃修早年被送到雅典学习希腊文，并广泛涉猎了亚里士多德主义、新柏拉图主义和斯多亚派的哲学。波埃修所生活的时代，恰逢西欧历史发生空前剧变。蛮族人大范围入侵罗马帝国，古老的希腊罗马文明渐趋衰落，新的精神统一尚未完全建立起来。公元476年，就在波埃修出生前不久，日耳曼将军奥多亚克(Odovacar)[②]发动军事政变正式结束了西罗马帝国的历史。在欧洲的其他地区，过去罗马帝国一统天下的局面一去不复返，日耳曼蛮族纷纷建立起自己的王国。公元493年，狄奥多里克(Theodoric)占领罗马，建立起短命的东哥特王朝。当时有许多学者在其宫廷任职，波埃修就是其中较为著名的一位，曾官至宫廷宰相的要职。后因被控犯有叛国罪，致使波埃修晚年失宠，被剥夺了各种尊荣，受到长期监禁，并于公元524年被处以死刑。在狱中长期监禁期间，波埃修用散文和诗体写成《哲学的安慰》(*De consolatione philosophiae*；*The Consolation of Philosophy*，也译为《哲学的慰藉》)一书。这本书在中世纪广为流传，影响深远，被誉为中世纪文学的经典作品[③]。《哲学的安慰》

---

① 卡尔顿·海斯(Carlton J. H. Hayes)，美国著名历史学家，享誉世界的知名学者，哥伦比亚大学历史学教授，著有《全球通史》、《近代欧洲之政治史与文化史》、《美国和西班牙》、《西方文明史》等。其撰写的《全球通史》被视为世界通史领域的开山大作。

② 奥多亚克(Odovacar，公元435年—公元493年)是意大利历史上的第一个日耳曼蛮族国王(公元476年至公元493年在位)。奥多亚克早年参加罗马军队，公元475年他率众反叛篡夺者欧瑞斯特斯。公元476年被军队拥立为王，并于同年废黜西罗马帝国最后一个皇帝罗慕路斯，这一事件在历史上被认为是西罗马帝国灭亡的标志。奥多亚克宣称效忠东罗马帝国皇帝芝诺，但把意大利的统治权握在自己手里。他先后征服达尔马提亚(公元482年)，打败鲁吉人(公元487年至公元488年)，从汪达尔人手里收复了西西里岛。在东罗马帝国皇帝芝诺的暗中支持下，东哥特王国国王狄奥多里克于公元489年入侵意大利，夺取了亚平宁半岛的大部分地区。公元493年，奥多亚克被狄奥多里克诱杀。

③ 后来英国著名诗人乔叟(Geoffrey Chaucer，公元1340年—公元1400年)也曾翻译过此书，而且他的《坎特伯雷故事集》中的一部分就是以波埃修的这本书为故事蓝本的。

是一本对话体的著作，是波埃修本人想象自己同一位名叫索菲亚的智慧女神之间进行的一场对话。这场对话广泛涉及了上帝、自由、命运以及恶等一系列哲学主题。其中，第 1 卷主要是叙述作者自己的不幸经历，第 2 卷和第 3 卷主要是描述命运的变幻莫测，第 4 卷主要是阐释善与恶的本质，第 5 卷主要是阐释命运与人的自由之间的关系。在这本书中，波埃修援引了大量柏拉图主义、新柏拉图主义和斯多亚学派的哲学观点来阐述这些主题。就此而言，波埃修的这本著作一方面保存了大量古希腊哲学的重要资料，另一方面也把一些重要哲学概念从希腊文翻译成了拉丁文，对希腊哲学的保存和转化做出了重要贡献。

波埃修曾计划将柏拉图和亚里士多德的全部著作翻译成拉丁文。但显然这个计划远远超出其能力所及，他实际只翻译了亚里士多德的《工具篇》和《范畴篇》，以及新柏拉图主义哲学家波菲利的注释。波埃修还撰写了《范畴篇》和《解释篇》注释各两篇。这些译著和注释成为中世纪早期广泛采用的逻辑学教材，被后人称作"旧逻辑"。他后来翻译的《前分析篇》、《后分析篇》、《论辩篇》和《正位篇》一直到公元 12 世纪时才被人发现，被后人称作"新逻辑"。波埃修还设计了中世纪教会学校教学的基本科目，即作为初阶科目的文法、修辞和逻辑，以及作为高阶科目的音乐、算术、几何与天文。这几个科目通常被称作所谓"七艺"。他还撰写有算术、几何、天文等多个科目使用的教科书，并在中世纪教会学校被广泛采用。波埃修所做的这些工作对中世纪早期的教育产生了深远影响。

波埃修在翻译注释新柏拉图主义哲学家波菲利的《亚里士多德〈范畴篇〉导论》时发现波菲利提出了关于共相的三个问题：①共相（即那些普遍的"种"、"属"概念）究竟是独立存在的，还是仅存在于理智之中？②共相是有形的，还是无形的？③共相是与可感事物相分离的，还是寓于可感事物之中？然而波菲利本人并没有系统回答他所发现的这些问题。波埃修在《波菲利〈导论〉注释》中这样说道：

> 波菲利没有忘记自己写的是一部导论，他所采用的讨论方式，始终是教学式的。他说事实上他避开了那些比较高级的问题，只是用普遍的解释来解决简单的问题。关于那些他要搁置的高级问题，他是这样说的："我现在不谈属和种的问题，不谈它们是否持存（subsistere），是否仅仅存在于单纯的理智之中；如果存在，它们究竟是有形的还是无形的，以及它们究竟是与可感事物分离，还是存在于可感事物之中，并与可感事物一致。这类问题是最高级的问题，需要下很大的工夫研究的。"[①]

而波埃修本人则试图站在亚里士多德哲学的基本立场上来对这一问题做出系统解答。针对第一个问题，波埃修认为，共相从根本上讲是存在于个别事物之中的，当我们要认识和把握它的时候，我们就把它从具体个别事物当中抽象出来，成为我们头脑和心灵当中存在的观念。因此，共相本身是不能独立存在的，它既存在于自然事物当中，同时也可以作为观念存在于我们的理智当中。关于第二个问题，波埃修认为，共相

---

① 赵敦华、傅乐安主编：《中世纪哲学》（上卷），北京：商务印书馆，2013 年，第 617-618 页。

既可以物质性地具体存在于事物之中，同时也可以作为抽象的一般概念非物质性地存在于我们的心灵当中。而有关第三个问题，波埃修回答说，共相既可以作为一般本质寓于个别事物当中而存在，同时也可以在认识过程中与个别事物相分离而抽象出来。似乎是感觉到了这个问题背后的复杂性，波埃修在做出系统解答之后这样耐人寻味地说道："但是，我们竭力贯彻亚里士多德的意见，是基于这样的理由：决不是因为我们赞同他，而是因为这本书是为《范畴篇》写的，而亚里士多德是《范畴篇》的作者。"①

如果从总的方面来看的话，波埃修哲学最大的贡献也是最难懂的部分其实还在于他对"存在"(esse)概念的辨析。esse一词本是拉丁语单数第一人称sum(是)的现在不定式，相当于英语中的to be，其对应于希腊文einai一词，该词既表达存在的含义，同时也在一般的主谓判断中充当系词，表示某种确定性和实在性，而该词也正是古希腊形而上学的核心概念。伴随着基督教信仰的确立，希腊形而上学的传统与《圣经》的传统二者又交织在一起，使得有关"存在"概念的理解更加重要也更加复杂化。波埃修关于"存在"概念的辨析和论述，主要集中于他在公元512年至公元522年间写的《神学短论》(*Opuscula Sacra*)的第三篇，题为"实体如何因其之为具体的在者而为好，尽管实体并非实体性的好"(Quomodo substantiae in eo quod sint bonae sint cum non substantialia bona)。在这篇简短的论文中，波埃修以简洁隐晦的文风列出了有关"存在"的七条公理，因此后人也往往称之为《七公理论》。关于这篇论文写作的动机，波埃修在论文开篇就已经写明。他说：

> 你要我更加清楚地表述和解释我在《七章集》(*De Hebdomadibus*)中涉及的一个晦涩问题——实体如何因其之为(具体的)在者而为好，尽管实体并非实体性的好。你敦促我说，这个证明是必要的，因为并非所有人都清楚论文使用的这种方法。我能作证，你已经何等急切地处理过这个主题。但是我本人正在深入思考我的《七章集》，想把我的沉思保留在我自己的记忆中，而不是拿它们去与那些无礼的、怒气冲天的人分享；他们不肯容忍一个论证，除非它能逗乐。因此，你不要反对由于简洁而带来的晦涩，晦涩的东西其实是秘密学说的宝库，它们有这样的好处，即只讲给那些配得上听的人听。所以我下面要以数学，以及与数学同源的其他学科为榜样，先提出一些术语(termini)与法则，然后再据此详细解说。②

波埃修在这里所指的"你"学界普遍认为就是当时担任罗马教会执事的"约翰"。而根据《波埃修：音乐、逻辑、神学、哲学的慰藉》一书编者亨利·查德威克(Henry Chadwick)的看法，这个名叫约翰的人极有可能是公元523年至公元526年担任过罗马教皇的约翰一世。从字里行间可以看出，波埃修与这位约翰志趣相投、互相欣赏，而且约翰也愿意认真去倾听波埃修的这些论述。波埃修在这篇论文里所要论述的有关"存在"的七条公理具体如下：

> 公理1(Ⅱ)：存在(esse)与在者(id quod est)不同；存在的确还不是某事

---

① 赵敦华、傅乐安主编：《中世纪哲学》(上卷)，北京：商务印书馆，2013年，第625页。

② 赵敦华、傅乐安主编：《中世纪哲学》(上卷)，北京：商务印书馆，2013年，第625-626页。

物，然而在者已接受在的形式(essendi forma)，它就是某事物并持存(consistit)。(Diuersum est esse et id quod est. Ipsum enim esse nondum est. At uero quod est accepta essendi forma est atque consistit.)

公理2(Ⅲ)：在者可以分有某物，然而存在不能以任何方式分有某物。因为当有某物的时候，才会发生分有；而某物获得存在时，它才是某物。(Quod est participare aliquo potest, set ipsum esse nullo modo aliquo participat. Fit enim participatio cum aliquid iam est. Est autem aliquid cum esse susceperit.)

公理3(Ⅳ)：在者能拥有除了它之外的某些东西。但是单一的存在不与它自身之外的任何事物混合。(id quod est habere aliquid preter quam quod ipsum est potest. Ipsum uero esse nichil aliud preter se habet ammixtum.)

公理4(Ⅴ)：单纯是某物(esse aliquid)与因其之为(具体的)在者(in eo quod est)而是某物不同，前者指偶性，后者指实体。(Diuersum est tamen esse aliquid et esse aliquid in eo quod est. Illic enim accidens, hic substancia significatur.)

公理5(Ⅵ)：每一在者为了存在而分有绝对的存在；而它分有其他某些事物为了是某些事物。因此，在者为了存在而分有绝对的存在，而它存在为的是分有其他事物。(Omne quod est participat eo quod est esse ut sit. Alio uero ut aliquid sit. Ac per hoc id quod est participat eo quod est esse ut sit. Est uero ut participet alio quolibet.)

公理6(Ⅶ-Ⅷ)：每个单一的事物，它的存在和它之为在者是一回事。而在每个复合的事物中，存在是一回事，它自身是另一回事。(Omni composito aliud est esse, aliud ipsum est. Omne simplex esse suum et id quod est unum habet.)

公理7(Ⅸ)：一切不同的事物互相排斥，一切相同的事物互相吸引。追求其他事物也就表明它所追求的事物与它具有相同的性质。(Omnis diuersitas discors, similitude uero appetenda est. Et quod appetit aliud, tale ipsum esse naturaliter ostenditur quale est illud hoc ipsum quod appetit.)①

具体来看的话，公理1讲的是存在与存在者之间的区别。存在者因为获取了存有的本质形式而获得了自身的实存性，而存在本身只是作为一个抽象的一般本质，只具有一般的实体形式(ipsum esse)。但是“存在”并非虚无，而是“是”本身或“存在”本身，是存在的第一原则，也是存在的最高规定性。一切存在者都是通过分有而获得其存在，从而获得其自身的实在性，成为确定的有限的存在。可见波埃修这里既有来自柏拉图主义和新柏拉图主义的东西，同时也有来自亚里士多德主义的思想要素。公理2和公理3进一步说明存在者(quod est)与存在本身(ipsum esse)之间的分有与被分

① 赵敦华、傅乐安主编：《中世纪哲学》(上卷)，北京：商务印书馆，2013年，第626-627页。拉丁文原文引自董尚文：《阿奎那存在论研究——对波埃修〈七公理论〉的超越》，北京：人民出版社，2008年，第59-61页。

有关系。存在本身是最普遍、最高形式的规定性，是分有的最高点。存在本身不再分有任何对象，而只能为其他东西所分有。存在者正是通过分有存在本身对“存在”进行具体特殊的限制和规定，从而把抽象的存在具体实现和呈现出来。公理4除了进一步强调存在者对存在的分有之外，还进一步补充说一个具体的、特殊的存在者需要其他成分和要素复合以构成其具体实存。而绝对的“存在”可以被一切存在者所分有，可以参与一切存有，但本身却不能再分有任何别的什么东西，因为其本身是绝对的存有。公理5试图说明实体和偶性之间的区别，一般的、普遍的分有还只是获得了事物的实体形式，而当一个事物获得了其偶性形式的时候才真正地具有了其个体化特征及具体本质。公理6讲的是当一个事物通过对一般存在的分有而获得其存在的时候，其所获得的仅仅是一种抽象的形而上学的本质规定，这种规定还未获得任何具体的限定。只有当它真正变成“这个存在”(tode ti)的时候，一个事物才获得了具体而丰富的规定。公理7讲的是同类的事物具有相同的本质和共同的本性，这种共同普遍的本质和本性使得它们归属于同一个种属。

波埃修的《七公理论》尽管是一个非常简短的篇章，却成为引发后来者持续关注的一个理论话题，其中就包括作为经院哲学的集大成者的托马斯·阿奎那。而波埃修对“存在”概念辨析的基本特征就在于其思想背后渗透出浓烈的柏拉图主义的理论色彩。

> 波埃修存在论以柏拉图主义或者新柏拉图主义精神为基本的主导倾向，尽管他一而再再而三地表现出一种试图调和柏拉图本质主义与亚里士多德实体主义的努力，然而就其学理脉络而论，波埃修的基本思想所传承的仍然是柏拉图本质主义哲学，甚至他对于亚里士多德形而上学的相关术语所作的解释也充满了浓厚的柏拉图本质主义色彩。从整个西方形而上学发展的长时段的宏观历史过程来看，处于西方哲学酝酿时期的希腊古典存在论，无论是柏拉图的本质主义存在论抑或是亚里士多德的实体主义存在论，从总体上来说，都可以被归结为一种以“存在者”(to on/ens)为中心的静态的本质主义哲学。虽然波埃修把古希腊本质主义哲学在西方拉丁世界的基督宗教创造论语境中作出了某种程度的推进，但是他未能从根本上摆脱希腊古典存在论的本质主义窠臼，因为他对“存在/是”(esse)意义的追问仍然如同希腊古典存在论一样追问它“是什么”，这种提问方式本身就隐然地把“存在/是”变成“存在/是者”，所追问的其实就是静态的“本质”问题，这正是希腊古典生存论的传统做法。在这个意义上，我们可以把波埃修存在论定位于对希腊古典存在论的柏拉图主义传统在基督宗教的创造论语境中的汇通与继续。①

由此可见，波埃修的哲学基本还是停留在教父哲学时期柏拉图主义和新柏拉图主义的思想语境之下，而与以亚里士多德主义为思想基础的经院哲学尚有一段距离。

2. 爱留根纳

距离波埃修的时代三个世纪以后，西欧思想界出现了另一位黑暗时代的代表性人

① 董尚文：《阿奎那存在论研究——对波埃修〈七公理论〉的超越》，北京：人民出版社，2008年，第460-461页。

物，这就是生活在公元9世纪的爱留根纳（J. S. Eriugena，约公元810年—公元877年）。大约在公元810年时，爱留根纳出生于爱尔兰，他在一个修道院上学，并学习和掌握了希腊文。大约在公元851年，爱留根纳离开爱尔兰来到秃头查理的宫廷中担任教师。他投身于对奥古斯丁和波埃修的研究，并为波埃修的《哲学的安慰》撰写评注。应秃头查理的要求，凭借自己精通希腊文，爱留根纳在公元858年时将伪狄奥尼修斯[①]的希腊文著作翻译成拉丁文，取名为《大法官书》并为它撰写了评注。大约在公元864年时，爱留根纳发表了他的《论自然的区分》（*The Division of Nature*）。在这本书中，爱留根纳试图运用新柏拉图主义的哲学来阐述基督教哲学。由于这本著作中隐含着一种倾向于泛神论（pantheism）的思想，因此导致爱留根纳后来在公元1225年遭到当时教皇洪诺留三世（Pope Honorius Ⅲ）的严厉谴责，并被下令禁毁，只有少量手抄本流传于世。公元877年秃头查理死后，爱留根纳离开宫廷，据说他在一家修道院院长的任上被谋杀而亡。

《论自然的区分》一书共分为5卷，按照理性和辩证法的基本操作原则以对话体的方式写作。全书基本内容都是围绕着作者对“自然”和“区分”两个题名的理解展开的。所谓“自然”，在爱留根纳看来指的就是一切存在的和一切不存在的东西的普遍名称。而所谓“区分”，爱留根纳指的是对一切实存做出分析和考察的一种方法。按照这两个主题，爱留根纳在《论自然的区分》一开始做如下阐述：

> 老师：我常思考，并极力细心探讨，心灵所能了解的或者超越心灵力量所能及的全部事物，从最根本和最重要的方面来看，如何区分为存在的与不存在的。我想到了一个概括所有这些事物的词语，这个词语用希腊文表示是physis，用拉丁文表达是natura，就是自然。你认为不是这样吗？
>
> 学生：我想也是如此，我同意你的说法：虽然我才开始走上理性探索的道路，我也觉得事情就是这样的。
>
> 老师：那么，“自然”就是我刚才说的所有存在和不存在的事物的一般称号了。
>
> 学生：确是这样。因为我们可以感觉到的世上的一切如果没有这样的称号，我们就无法进行思考了。
>
> 老师：既然我们都同意这个名称是一个一般名称（generale），我希望你说一说把自然按照一定的种差加以区分（并分——引者添加）为不同的种的原则（ratio）。或者，如果你愿意的话，我先试着区分一下，然后由你来对我的区分进行评论。
>
> 学生：我请求您先开始吧，因为很想听您区分事物的真正原则。

---

① 在欧洲中世纪，基督教教会中广泛流传着一些署名狄奥尼修斯的著作，人们相信作者就是由使徒保罗使其皈依的雅典大法官、首任雅典主教亚略巴古的大法官狄奥尼修斯，而作者本人也竭尽全力唤起这一印象。由于亚略巴古的狄奥尼修斯的独特身份，中世纪几乎像对待圣经一般崇拜他的著作。后世经过考证，确认这些著作产生自公元5世纪末或公元6世纪初，作者可能是生活在叙利亚的隐修士圈子里，但对其生平和名字却一无所知，故称之为“伪狄奥尼修斯”（pseudodionysius）。伪狄奥尼修斯的著作明显表现出受到新柏拉图主义的深刻影响，其中对哲学来说最为重要的是他的《论神的名称》和《论神秘神学》。

老师：我认为，自然可以通过四种种差区分为四个种(species)：它首先是这样，自然是创造，而不是被创造；其次是，它是被创造，又能创造；第三是这样一种形式，它是被创造的，而不能创造；第四种形式是，它既不能创造，又不能被创造。在这四个种之间，两两对立。第三个种和第一个种相对立，第四个种与第二个种相对立。不过第四种方式属于不可能的范围，因为它的特征(differentia)是不可能存在。你认为这样分类对不对呢？

学生：确实很对。不过我希望您把那种区分再讲一遍，这样您前面所说的形式(formae)的对立会更加清楚。

老师：你看，要是我没有弄错的话，第三种形式和第一种形式对立。第一种形式创造而又不被创造，跟被创造而又不创造是对立的。第二种形式处于第四种形式的对立面；因为第二种形式是被创造的，而又创造，相反，那个第四种形式是既不创造，又不被创造，跟它是完全矛盾的。

学生：我明白了；不过你谈到的第四种形式使我很费解。对于前面三种形式，我丝毫没有怀疑。因为可以明显看出，第一种是一切存在与不存在事物的原因；第二种形式是创始的原因；第三种则是产生于时间和空间之中的那些事物。所以，我觉得有必要对每一种形式作更为精确的讨论。

老师：你想得很对。我希望按照你的想法，来决定讨论的顺序，首先讨论哪一种自然的形式，请你决定吧。

学生：在其他之前先说一说第一种形式，无论赐予我们的心灵之光关于它会说些什么，我看是比较合适的。①

因此，爱留根纳在这里首先从逻辑意义上把包含一切存在和非存在的“自然”概念区分为“存在”与“非存在”，即“创造”与“非创造”两个方面。同时又依据主动性和被动性把它们各自分成两个方面，即“能创造”和“能被创造”，以及“不能创造”和“不能被创造”。这四种意义两两组合，复合构成了有关“自然”概念的全部四种可能意义。这四种意义分别是：①能创造而不能被创造的自然；②能创造而且被创造的自然；③能被创造而不能创造的自然；④不能被创造也不能创造的自然。此外，在《论自然的区分》一书中，爱留根纳在对“自然”概念的静态逻辑分析的基础上，又同时依据基督教上帝创世论的学说从“自然”的动态生成发展的角度做出了新的区分，并试图与此前的概念逻辑分析有机结合起来。在爱留根纳看来，自然就等同于上帝，上帝就是无所不包的普遍自然。因此，与上面对“自然”概念的第一种意义相对应的就是①——作为创造者的上帝。上帝无中生有地创造了整个世界，而其自身作为造物主是不被创造的自然世界的第一原因。与上述“自然”概念的第二种意义相对应的是②——上帝在创造世界过程中的原型理念。这些原型理念一方面根本上都是由上帝所创造的，另一方面它们又是生成和发展成为具体有形万物的中介和基础，也因此是被创造且能够创造的“自然”。它们被上帝所创造，同时又作为上帝创造的手段和工具，因而也能创造其他事

① 赵敦华、傅乐安主编：《中世纪哲学》(上卷)，北京：商务印书馆，2013年，第676-678页。

物。“自然”概念的第三种意义指的是③——由上帝所创造的万事万物，包括无生命的、有生命的自然事物，也包括人自身，它们都是被造物。这些自然事物无不处于生灭流变之中，是被创造而不能创造的自然。最后，与“自然”概念的第四种意义相对应的是④——作为自然和宇宙终极目的的上帝。它是一切被造物所朝向的终极归宿。

透过爱留根纳所做出的“自然的区分”，至少可以发现其思想具有以下几个方面的基本特征。第一，爱留根纳在《论自然的区分》中将“自然”概念的静态逻辑区分和动态生成过程有机融合起来，全面阐述了对他所说的“自然”的分析和考察。这一点在后来中世纪经院哲学的发展中具有深刻影响。第二，爱留根纳坚持把理性哲学和基督教信仰有机结合起来，特别是把使其深受影响的柏拉图主义哲学和新柏拉图主义哲学融入基督教信仰对上帝创世论的理解中。第三，在对自然生成发展的动态理解中，爱留根纳认为自然区分的起点恰恰就是自然分析考察的终点，上帝作为创造的第一原因恰恰也是创造的终极目的和最终归宿，从而构造出了一种自然循环运动的圆圈式发展的辩证法体系。这一点与后来黑格尔思辨哲学体系所讲的概念圆圈式的自我发展、自我运动和自我回复有异曲同工之妙。第四，当爱留根纳在其《论自然的区分》中讲自然就等同于上帝，上帝就是无所不包的普遍自然的时候，他实际上正走在一条通向泛神论的道路上。也正因为如此，爱留根纳的这本著作及其本人思想才会招致来自教会的严厉谴责甚至禁绝。而相较于近代的费希特、莱辛、歌德等人来说，我们甚至可以说爱留根纳是西方思想史上最早出现的一位泛神论者。第五，透过《论自然的区分》一书的基本写作风格可以看出，爱留根纳和他的前辈波埃修一样都还处于柏拉图主义哲学和教父哲学的深刻影响之下，而与后来经院哲学时代的阿伯拉尔乃至托马斯·阿奎那著作中所显露出的那种成熟经典的经院哲学写作风格还相去甚远。

二、经院哲学兴起的学术背景

西欧哲学真正迈入经院哲学的时代实际上还要从公元1000年以后开始算起。经过所谓“黑暗时代”的过渡和酝酿，整个西欧世界在政治、经济、社会和文化等各个领域中的大发展极大地推动了经院哲学的兴起及走向鼎盛。而从思想、精神和学术层面上看，推动中世纪经院哲学大踏步发展的核心推动力主要来自三个方面，即中世纪大学的诞生和兴起、修会的影响以及亚里士多德哲学的回归。

1. 大学的诞生

如果要追根溯源的话，中世纪大学的诞生恐怕要追溯到查理曼帝国时期查理大帝（公元742年—公元814年）所推行的重视知识、重视教育、重视人才的一系列有力措施。法兰克国王查理大帝统治时期（公元768年—公元814年在位）极力推行文化兴邦的强国战略。他自上而下从宫廷开始塑造重视人才的养士之风，延揽一大批社会各界的能人志士，以极其优厚的条件和待遇来供养这些所谓的“闲人”。一时之间，在整个帝国统治的区域内，上自国王大臣，下至达官显贵，纷纷效仿这一做法。当时的西欧社会，由于战争连年，生灵涂炭、民不聊生、文化凋敝，只有西北欧的爱尔兰幸免于难，残存了当时西欧世界仅有的文化教养。当时西欧世界最出色、最知名的学者以及大量的图书资料都汇聚于此。公元 782 年，应查理大帝的盛情邀请，当时爱尔兰最著名的学者之一约克的阿尔琴(Alcuin，公元 730 年—公元 804 年)[①]来到法国主持宫廷学校。后来另一名爱尔兰著名学者爱留根纳也于公元 843 年应查理大帝邀请来到宫廷，担任宫廷学校校长和语法教师。有学者评价说："查理帝国对境外学术人才的引进，极大地催生了中古法兰西比较理性、比较自由地思考、探讨和论辩哲学问题和神学问题的学术氛围。阿尔琴的《论辩证法》不仅运用逻辑推理探讨了'存在'、'潜在'和'意念'等哲学范畴，而且还初步显示了经院哲学'批判'和'论辩'的学术风格。据说查理大帝不仅提倡比较理性、比较自由的学术讨论，而且还曾提出一些哲学问题和神学问题要求学者自由讨论。"[②]可以毫不夸张地说，这些举措在整个黑暗时代保留了仅存的文明和教养的火种。

查理大帝统治时期不仅重视人才，而且极为重视知识和教育。查理大帝大力兴办学校，他于公元 789 年颁布法令明确规定："在每一主教管区和每一修道院内，都必须讲授赞美诗、乐谱、颂歌、年历计算和语法。所有使用的书籍都要经过认真审订。"[③]根据这一法令精神，公元 813 年召开的主教会议通过决议："根据我们的查理皇帝的命令，主教要建立学校，讲授文化与经文的学问。"[④]卡罗林王朝时期创办的学校一共分成三类。第一类是宫廷学校。第二类是主教座堂里的学校，主要是培养神父和教士。第三类是修道院办的学校，是面对一般大众的普及类学校。在这类大众普及的学校里，主要教授的基础课程就是当年波埃修所制定的"七艺"的基本科目，即文法(含拉丁语语法和文学)、修辞(含散文、诗歌和法律知识)、逻辑(含哲学问题和论辩推理)、几何(含地理、自然和历史知识)、算术(含历法知识)、音乐(含声韵学知识)和天文(含物理学和化学)。正是在重知识和重教育两条措施并举的支撑下，中世纪黑暗时代出现了短暂的文艺复兴的曙光，史称"卡罗林王朝的文艺复兴"。

公元 10 世纪开始，伴随着城市手工业和商业的发展，原先建立的主教座堂学校和修道院学校获得了很大发展。一方面是数量在逐渐增多，另一方面是规模也在逐步扩大。公元 12 世纪上半叶，从这些学校中逐渐发展出一些覆盖人文、法律、医学等学科的各种学院。到公元 12 世纪下半叶至 13 世纪初时，这些学院之间相互联合和互相吞并，从而组成了更大规模的联合体，即大学。"大学"一词的拉丁文是"universus"，由

---

① 阿尔琴是西欧中世纪英格兰神学家和教育家，公元 730 年出生于英格兰的约克郡，曾就读于英格兰学者和教士阿尔伯特主持的约克主教学校。公元 766 年，继阿尔伯特任约克主教学校校长。公元 782 年，应法兰克查理大帝之邀，率 3 名助手前往主持宫廷学校，并亲自讲授修辞学、辩证法、神学、算术、天文学等课程，查理大帝也亲聆其教。他还担任查理大帝的教育顾问，协助进行教育改革达 14 年。公元 796 年，阿尔琴被任命为法兰克帝国图尔的圣马丁修道院院长。任职期间他组织教士抄写书籍，使该修道院成为帝国最重要的抄写场所。他还创办学校教导青年研读《圣经》，学习七艺。阿尔琴著述颇丰，除文牍、诗歌、祷告书外，还有不少关于七艺的论述，其中文法、修辞学、辩证法、天文学等方面的著作成为中世纪修道院学校重要教材。而他有关音乐、算术、几何学的论述已佚失。

② 段德智：《中世纪哲学研究》，北京：人民出版社，2014 年，第 16 页。

③ 转引自赵敦华：《基督教哲学 1500 年》，北京：人民出版社，1994 年，第 206 页。

④ 转引自赵敦华：《基督教哲学 1500 年》，北京：人民出版社，1994 年，第 206 页。

两个词根“uni”和“versus”组合构成，前者的意思是“联合”或“结合”，后者的意思是“趋向”或“朝向”。因此，“大学”的本意就是“趋向一体”，而这种“趋向一体”实际上是以人为中心而趋向一体。根据《圣经·创世纪》中的基本描述，起初中世纪大学的学科分类是以有关人的科学来做出划分。包括研究人自己（包括肉体和灵魂）是什么的学问即人文科学（humanities），研究人与人之间的关系的学问即社会科学（socialities），以及研究人与自然之间的关系的学问即自然科学（science）。依照以上学科划分，最早的大学包括神学院、哲学院（人文学院）、法学院（社会学院）和医学院（自然科学院）四大学院。中世纪大学最初的创立并非有固定的校舍和教学活动场所，大学之为大学最核心的标志就在于，这个所谓的“大学校园”正是大师所聚集的地方，而这正是中世纪大学初创的核心本质与完美理想。公元 12 世纪、13 世纪以后，大学如雨后春笋般在西欧社会开始创立和发展，当时著名的大学有巴黎大学、牛津大学等。

秉承着这样一种完美理想，中世纪大学的诞生至少在以下三个方面扮演着重要的历史角色。第一，中世纪大学的诞生极大地推动了中世纪自然科学和人文科学各个领域的研究。当时的巴黎大学以神学院闻名，牛津大学长于自然科学研究，博洛尼亚大学因法学院而名噪一时。第二，经过大学系统而严格的学术训练，塑造出了一大批著名的经院哲学家，如托马斯·阿奎那、大阿尔伯特、波纳文图拉、约翰·邓斯·司各脱、奥卡姆的威廉、罗吉尔·培根等人。根据巴黎大学 1215 年颁布的相关规定，要获得教授神学的资格，必须具备以下条件：①通过至少 6 年的学习获得人文学院学士学位；②至少在神学院学习 8 年以上时间，并获得圣经学士、神学学士和完全学士三个学位；③获得神学硕士学位；④具有实际授课的实习经历。在如此严格甚至严苛的学术训练之下，中世纪大学成为培养经院哲学家的真正摇篮。第三，也是最重要的一点，中世纪大学培育出了一种理性思维和自由争辩的学术氛围。中世纪大学授课一般包括两个基本环节：授课和论辩。授课部分由学生阅读指定教材，教师具体讲授。而论辩部分则是由老师首先提出论点，然后由参与课堂的所有同学或从正面或从反面提出各自论点和论据，在课堂上老师和学生就某个具体问题充分论证、反驳和争辩，最后得出结论。这样一种实际授课的做法深刻影响了经院哲学的思想风格与写作风格。后来包括阿伯拉尔的《是与否》和托马斯·阿奎那著名的《神学大全》都是采用这种风格来撰写的。

2. 修会的影响

修道运动本来是一场基督教信仰的纯洁化运动。西方修道运动的创始者是公元 3 世纪至公元 4 世纪的圣安东尼。有感于耶稣让财主变卖财产分给穷人的劝勉，圣安东尼在 20 岁时离家来到埃及尼罗河畔的旷野隐修，后来有大批的追随者效仿他进行禁欲和苦修活动。修道运动后经教父哲学家阿塔纳修介绍到西方。公元 530 年，圣本尼狄克创建了著名的蒙特·卡西诺修道院，并起草了基本教规“本尼狄克教规”，其中最核心的规定就是修士三大愿：守贞、守贫和顺服。“本尼狄克教规”后来成为西方修道运动和修会信仰生活的基本规范。中世纪经院哲学兴起时形成了最具影响力的两大修会组织——多米尼克修会(Dominicans)和弗朗西斯修会(Franciscans)。由于这些修会组织掌握了大量的学术资源和教育资源，因此它们不仅是修士隐修的教会组织，同时也实际上成为当时开展高水平学术研究的学术机构。特别是经院哲学发展到中晚期，很多的经院哲学家都有修会修士的背景，例如托马斯·阿奎那就是出自多米尼克修会的修士，而罗吉尔·培根、约翰·邓斯·司各脱和奥卡姆的威廉都是出自弗朗西斯修会的修士。

3. 亚里士多德哲学的回归

作为古希腊哲学的集大成，亚里士多德的哲学最早在雅典兴起与发展，在亚历山大执政的马其顿帝国得到发扬，尤其在其所创立的吕克昂学院受到高度重视。亚历山大死后，学院停办，其思想也逐渐消失。亚里士多德的著作被其两代以后的弟子存放在一个地窖之中，长达100余年。后来一个偶然机会被人所搜集重新加以编纂，并最终被转移到了北非的亚历山大里亚。公元7世纪，伊斯兰教兴起，阿拉伯人西进并占领了北非，他们不仅全盘接收了藏在亚历山大里亚的亚里士多德著作，而且对其产生了浓厚的兴趣，在阿拉伯世界掀起了一股研究、注释亚里士多德的热潮，产生了一批阿拉伯世界的亚里士多德研究专家。经过历史性的辗转与漂泊，亚里士多德主义哲学在中世纪阿拉伯哲学与犹太哲学中获得再生。以阿维森纳①、阿威洛伊②、迈蒙尼德③等人为代表的一大批阿拉伯世界的哲学家们开始对亚里士多德著作进行全面的翻译和注释。他们也在这一过程中系统深入地研究了亚里士多德哲学中所包含的许多深层次哲学问题。这些阿拉伯世界的哲学家们所探讨的有关亚里士多德哲学的问题包括：①哲学与神学、理性与信仰之间的关系问题；②主动理智与被动理智之间的关系问题；③灵魂不朽的问题；④存在与本质的区分问题；⑤实体的形式与质料的关系问题。

随着伊斯兰势力向西南欧挺进，以及后来的十字军东征，开启了西方基督教世界和东方伊斯兰教世界之间的广泛交流，亚氏思想与著作开始源源不断地传回西欧世界。如此看来，亚里士多德哲学的“回归”颇有点“曲线救国”的味道。原本是古希腊的经典却由于种种原因流入了阿拉伯世界。“在6－12世纪的阿拉伯世界，亚里士多德哲学沿着美索不达米亚－波斯－叙利亚－巴格达－西班牙的路线广泛传播。”④公元12世纪以前，西班牙是亚里士多德哲学回归和欧洲重新接触亚里士多德哲学的“进出港口”。不断有亚里士多德哲学由阿拉伯文翻译为拉丁文而为欧洲人所把握，与此同

---

① 阿维森纳(Avicenna，公元980年—公元1037年)，亦称伊本·西纳(Ibn Sina)，塔吉克人，出生于布哈拉(Bukhara)附近的阿夫沙纳(Afshana)，卒于哈马丹(Hamadan)，中亚哲学家、自然科学家、医学家。阿维森纳在波斯萨曼王朝与突厥喀喇汗王朝、伽色尼王朝时代的花剌子模和波斯工作。他的著作多达200多种，较著名的有《哲学、科学大全》，在当时是高水平的百科全书。阿维森纳的另一部巨著是《医典》，直到公元17世纪在西方世界还被视为医学经典，至今仍有参考价值。

② 阿威洛伊(Abu-Al Wwalid Muhammad Ibn Ahmad Ibn Rushd，公元1126年—公元1198年)，阿拉伯哲学家，出生于西班牙科尔多瓦，卒于摩洛哥的马拉喀什。阿威洛伊的重要性并非由于他提出了什么新论点，而在于他对亚里士多德的著作写了一篇非常有见解的评论。在这方面，只有与他同时代的犹太哲学家迈蒙尼德能与之相比。阿威洛伊的哲学既是阿拉伯哲学的顶峰，也是它的终点。他的一些阿拉伯文原著已经佚失，保存下来的只是他的著作的拉丁文译本。

③ 迈蒙尼德(Mōsheh ben-Maimōn，公元1138年—公元1204年)，犹太哲学家，出生于西班牙，卒于埃及开罗。迈蒙尼德是中世纪首屈一指的犹太神学家、哲学家，是《迷途指津》一书的作者。

④ 赵敦华：《基督教哲学1500年》，北京：人民出版社，1994年，第305页。

时，各种评介和注释文本也不断涌现。公元 1203 年十字军攻陷君士坦丁堡也大大促进了亚里士多德哲学的回归，掠夺者带回了许许多多原汁原味的古希腊典籍，亚里士多德著作的翻译、校订和评注活动也随之大范围展开。当时，意大利的一位名叫莫尔伯克的威廉（Wihelm von Moerbeke，约公元 1215 年—公元 1286 年）的多米尼克修会僧侣，直接从希腊文原本把亚里士多德绝大部分著作都翻译成了拉丁文。大概在公元 1278 年前后，亚里士多德的哲学才基本上完成了回归西欧世界的历程，也正是亚里士多德哲学对经院哲学的发展和逐步走向繁荣产生了难以估量的巨大影响。

亚里士多德哲学之所以会在经院哲学时代受到高度重视，其根本原因还在于作为古老思想传统的亚里士多德哲学与经院哲学新时代的信仰诉求之间的完美契合。教父哲学时代为了维护和确立正统基督教信仰，所利用的是柏拉图主义和新柏拉图主义思想，为了引导人们信仰基督，强调的是一种自上而下的由“信”到“知”的思想进路。而在经院哲学开始兴起和逐步发展的过程中，由于正统基督教信仰已经得到确立，整个社会（既包括社会精英阶层，也包括普通大众）都已经有了同一的信仰，整个社会已将基督教信仰作为社会教育的基本素材，因此，一种自下而上、由浅入深的由“知”到“信”的教育模式和信仰进路就成为整个社会普遍的需求。从思想基本特征来看，相较于柏拉图主义和新柏拉图主义而言，亚里士多德哲学体系性较强，很容易循着其著述顺序找到一种由浅入深、循序渐进的信仰教育模式，因而更加贴近和符合新时代的信仰诉求。亚里士多德的哲学体系先考察逻辑，在考察人类知性认识能力和运作方式之后，进入对客观事物（包括对生物、人类、天文、气象、宇宙现象）的观察和研究，然后从中获得原理，进入形而上学领域，追问抽象的本质和本体，甚至走进神学领域，探讨彼岸的存在问题。除了理论部分由知识到本体的进路之外，在实践哲学中有从形而上学到伦理实践的进路。因此，亚里士多德哲学总是体现出一种循循善诱的理论特征，而这一点正是中世纪经院哲学所格外看重和欣赏的。从内在精神气质上讲，如果说柏拉图哲学反映的是一种精神的迷狂，具有浓厚的理想主义和超越性色彩的话；那么亚里士多德哲学恰好体现的是一种审慎的理性，具有强烈的现实性和调和性特征。二者刚好构成一种二元对立。因而，在经院哲学的逐步发展过程中，亚里士多德主义哲学逐渐取代柏拉图主义哲学成为基督教信仰的重要思想基础和精神支柱。从此，源于柏拉图主义和亚里士多德主义的这种对立以各种方式投射于中世纪经院哲学发展的角角落落，在每一个经院哲学家的思想背后都萦绕着柏拉图和亚里士多德不灭的思想阴魂。

三、早期经院哲学

当人类历史迈进公元 1000 年即第一个“千禧年”的时候，整个西欧精神世界也逐渐从黑暗时代走出，迈进了新的经院哲学时代。历史学家和思想史家们普遍认为，安瑟伦和阿伯拉尔是经院哲学的真正开创者，也是最早出现的经院哲学家。冈察雷斯甚至认为：“安瑟伦在他的时代，无疑是最伟大的神学家，领先群伦，为 13 世纪的伟大经院学者，开辟了一条康庄大道……所以，基督教思想史，随着安瑟伦，翻开了崭新的一页。”①

1. 安瑟伦

安瑟伦(Anselmus，公元1033年—公元1109年)是早期经院哲学的代表性人物，被誉为“经院哲学之父”和“最后一位教父和第一个经院哲学家”。安瑟伦于公元1033年出生于意大利北部阿尔卑斯山的小城奥斯塔(Aosta)的皮埃蒙特(Piedmont)，他在很小的时候就决心投身于信仰事业和为事奉上帝而献身。公元1056年，安瑟伦离开家庭来到法国诺曼底著名的贝克圣本尼迪克修道院学习。27岁时，他发誓愿成为一名修士，并于公元1063年成为贝克修道院副院长。15年以后即公元1078年，安瑟伦正式成为贝克修道院院长。在此期间，他分别于1076年和1077年至1078年间发表了两部最具代表性的著作《独白》(*Monologion*)和《宣讲》(*Proslogion*)。正是在这两本著作中，安瑟伦给出了他最为经典的上帝存在的本体论证明。公元1093年，安瑟伦再度升迁至坎特伯雷(Canterbury)大主教，成为英国主教长，也是当时整个英国职位最高的神职人员。安瑟伦原本想要拒绝这一职位，因为自从诺曼底公爵征服者威廉(William the Conqueror)公元1066年征服英格兰地区以来，英国国王屡屡想要通过控制坎特伯雷主教来达到实质控制教会的目的。因此，如果就任坎特伯雷主教职位，就意味着和当时英国国王之间的冲突在所难免。然而受制于早年成为一名修士所发的顺服誓愿，安瑟伦不得不领命接任坎特伯雷主教的神圣职位。果不其然，在其担任坎特伯雷主教的期间，他和国王发生激烈冲突，曾先后两次被迫放逐而不得不归隐山林，回到贝克修道院。后来，由于安瑟伦本人在教会中巨大的影响力，英国国王迫于各种压力不得不又把他延请回来重新担任坎特伯雷主教。在经历了最后一次放逐以后，安瑟伦于公元1107年重返坎特伯雷，此时距离他去世还剩不到两年的时间。后来有人曾这样描述安瑟伦在其生命最后岁月里的所思所想：“公元1109年，有人告诉安瑟伦说，他正步上死亡之路。安瑟伦表示，他愿顺服神的旨意，但又补充说，他希望，他的生命能够延长一点时间，直到能够解决灵魂起源的问题。这个人的特征就是，他最后念念不忘所思想的，并不是政治，甚至也不是英国教会的组织，而是在于神的真理、神的彰显，以及他对受造物的态度。”②公元1109年，安瑟伦在坎特伯雷大主教任上去世。

在理性与信仰的基本关系问题上，安瑟伦继承和发展了奥古斯丁“信仰，然后理解”的基本立场和态度，主张二者间的有机融合与相互协作。在其《宣讲》第一章结束的地方，安瑟伦这样说：“主，我不奢望达到你的高度，因为我凭我的理智不能和你企及；但是，我还是渴望理解你的真理，那是我心所相信和所爱的。因为我寻求的不是理

---

① 〔美〕奥尔森：《基督教神学思想史》，吴瑞诚、徐成德译，北京：北京大学出版社，2003年，第338页。

② Joseph M. Colleran, “Introduction: St. Anselm's Life”, 引自 Anselm, *Why God Became Man and The Virgin Conception and Original Sin*, trans. by Joseph M. Colleran, New York: Magi, 1969, p. 21.

解了再信，而是我信了再理解。我相信这一点：除非我信，否则我不能理解。”[①]因此，安瑟伦的这一立场通常被归纳为“信仰寻求理解”。在此，安瑟伦一方面基于基督教信仰的固有立场，的确强调了信仰本身的基础性地位和根本重要性，但另一方面信仰对于理性协作的一种诉求相比以往也变得更为主动和更加迫切。安瑟伦甚至认为：“不把信仰放在第一位是傲慢，有了信仰之后不再诉诸理性是疏忽，两种错误都要加以避免。”[②]

事实上，正是基于对“信仰寻求理解”的基本立场的坚决贯彻，才有了安瑟伦关于上帝存在证明的思想事实的实际发生。在安瑟伦做出上帝存在的证明之前，上帝存在本是毋庸置疑的信仰事实。只要基于信仰，《圣经》中已经充分展示了上帝存在的最好证明。“当时人们提出的问题不是‘上帝是否存在’，而是‘上帝是什么’。上帝的存在是由信仰所保证的，它是自明的，无须任何逻辑的论证。”[③]而安瑟伦并不这么认为，他不仅要坚持信仰至上，而且迫切地希望能通过理性证明和逻辑论证来加强信仰。“在我看来，当我们有了坚决的信仰时，对于我们所信仰的东西，不力求加以理解，乃是一种很大的懒惰。”[④]从个人思想动机上讲，安瑟伦的这种做法体现了他本人的一种良好愿望。即安瑟伦希望能充分运用理性为信仰服务，从而有力地支持信仰和加强信仰，使信仰本身获得更合理、更坚实的基础。在他看来，如果有关上帝存在的信仰能通过理性推演和逻辑论证的方式得到合乎理性的理解的话，那么这种信仰无疑会更具影响力、更能让人信服，也更易于为人们所接受。同时，从安瑟伦本人的角度来讲，他的这一做法也体现了他本人的一种自发的理性反思意识。在安瑟伦看来，信仰本身如果仅仅满足于一种超理性的神秘主义，而对理性采取一种简单甚至是武断的拒斥态度的话，那么这样一种信仰充其量只不过是一种迷狂和狂热。“他坚定地信仰天主教教义的真理性，但认为只要求人们信仰是不够的，还必须设法使人理解为什么那是真的。因而经院哲学家的任务就是在坚决信仰教义的前提下为教义提供‘可以理解的’证明。”[⑤]黑格尔也依此认为：“安瑟伦特别可以被认作经院神学的奠基人。因为用简单的推论去证明所信仰的东西——即上帝存在——这个念头使他日夜不得安宁。”[⑥]

安瑟伦在1076年发表的《独白》一书原名为《对信仰的理性之沉思的例证》(*Exemplum Meditandi de Ratione Fidei*)，后来更名为《关于信仰理性的独白》(*Monologion de Ratione Fidei*)，最后才定名为《独白》。关于安瑟伦《独白》一书的写作动机，有安瑟伦传记作家这样描述：“他又写了另一本小书，因为在书中他独自说话并和自己论辩，所以叫它‘独白’。在这里他不顾《圣经》的一切权威，只通过单一理性(sola ratinona)探求和发现上帝是什么，并通过不可战胜的理性证明，上帝的本质就是真正的信仰所在，而且只能如此。然后，他想到要试图通过一种单一而简洁的论证，证明关于上

① 赵敦华、傅乐安主编：《中世纪哲学》(上卷)，北京：商务印书馆，2013年，第764-765页。
② 转引自赵敦华：《基督教哲学1500年》，北京：人民出版社，1994年，第236页。
③ 赵林：《神旨的感召——西方文化的传统与演进》，武汉：武汉大学出版社，1993年，第190页。
④ 赵林：《神旨的感召——西方文化的传统与演进》，武汉：武汉大学出版社，1993年，第190页。
⑤ 陈修斋、杨祖陶：《欧洲哲学史稿》，武汉：湖北人民出版社，1983年，第110页。
⑥ 〔德〕黑格尔：《哲学史讲演录》(第三卷)，贺麟、王太庆译，北京：商务印书馆，1959年，第290页。

帝的被信仰所祈祷的一切——它是永恒的、不变的、全能的、全在的、不可把握的、正义的、正确的、仁慈的、真实的，同时也是真理、善、正义等；然后说明所有这一切性质是如何统一在他身上的。”[①]《独白》一书发表不久，安瑟伦很快又发表了另外一本名为《宣讲》的著作。这两本书前后相隔一年时间，二者之间关系相当紧密，甚至可以看成姊妹篇。最引人注意的地方是，两本书都出现有关于上帝存在证明的相关论述，但相互之间又存在明显区别。简单来说，较早发表的《独白》一书主要是从三个方面做出的“后天”证明，而安瑟伦为人所熟知的“先天”证明即本体论证明则主要是出现在《宣讲》一书中。

《独白》一书所做的关于上帝存在的证明主要出现在全书第1章至第8章的部分，也就是这本书一开始的论述。《独白》一书所做的关于上帝存在的证明主要包括三种，而这三种证明都是从后天经验出发所做的证明。这三种证明具体如下。

(1)一切善的具体事物之所以为善必定是由于其分有了同一个最完满的和最高的至善，而这个最高最完满的善通过其自身而为善，这个至善就是上帝。安瑟伦说：

> 谁会怀疑，万物通过它成为好的事物，本身是极大的好？那么，它是通过自身成为好的，因为万物都通过它成为好。于是就推论出，所有别的好都是通过自身之外的事物成为好的，只有它通过自己。凡是通过别的事物成为好的，都不会和通过自身成为好的事物相同地好或更好。因此，这唯一通过自身成为好的，就是唯一的至善。它是至善，超过了所有别的，没有和它相当的，也没有比它更高的。而至善，也是至大，即，所有存在中的至高者。
>
> 我们发现了某种至善的事物，所有的好都是通过这一种事物而成为好的，这种事物通过自身成为好的，同样，我们一定可以总结出，有一种至大，所有大的事物都通过这一种大的事物才成为大的，而它通过自己成为大的。但我不是说大的空间那样某种大的物体，而我说的大，是指它越大就越好或越尊贵，比如智慧。除非是至善，否则不会是至大，它一定是某种最大和最好的事物，就是所有存在者中至高的。[②]

(2)每一个存在着的具体事物要么是由于某物而存在，要么是由于无而存在。后者是不可能的，因为有不能产生于无。如果是前者，那么一个事物要么是由于其他别的事物产生，要么是由它自己所产生。后者是不可能的，因为一个事物在其存在之前是无。前者就会导致我们不断追溯到一切事物都是来自唯一一个来自自身并使万事万物得以存在的最高的存在，这就是上帝。安瑟伦说：

> 所有存在的事物，都是通过同一种事物存在的，那么，这种事物无疑通过自身存在。这样，别的存在的事物，都通过自身之外的事物存在，只有它通过自身存在。凡是通过自身之外的事物存在的，比起通过自身存在、使别的事物存在的，都要小。通过自身存在的，就是万物中最大的。那么，就有某一种

---

① 〔英〕萨瑟恩：《安瑟伦和他的传记作者》，译文转引自叶秀山、王树人总主编：《西方哲学史（学术版）》第三卷，南京：凤凰出版社，2015年，第268-269页。

② 赵敦华、傅乐安主编：《中世纪哲学》（上卷），北京：商务印书馆，2013年，第705页。

事物,是唯一的至大至善的事物。万物中最大的事物,使万物成为好或大,使万物存在的事物,一定是存在的万物中至善、至大、至高的。那么,就存在一个事物,无论把它说成本质、实体,还是自然,它都是存在的万物中最好、最大、最高的事物。[①]

(3)整个自然世界分成各种等级的存在,按照存在等级和层次由低到高不断往上追溯,最终必定会达到一种最高最完满的存在,在它之上没有比它更完满的存在。这个最高最完满的存在就是上帝。安瑟伦说:

此外,如果谁想留意事物的自然,不管他是否愿意,他都会感觉到,所有的自然并不包含一个相等的价值,而是因为不相等而区分出层级。谁若怀疑,马的比树木的自然更好,而人的比马的更高,这个人简直不能称为人。那么,人们不能否认,有些事物的自然比另外一些更好,理性还是告诉我们,有某一事物的自然很高,没有比它再高的了。因为,如果层级无限划分下去,没有一个高的层级找不到另一个比它更高的,那么,众多的自然就找不到一个终结。除非绝顶荒谬的人,没人认为这不荒谬。于是,必然会有某种自然,和别的任何自然比起来,它都更高,它和任何事物比起来,都不处在较低的等级。……而这样的自然,就是所有存在者中至大和至善的自然。那么,这个自然,就是所有存在者中的至高者。……至高者是通过自身成为善好或伟大的自然或实体,它通过自身存在,每个真实、善好、伟大的事物都通过它存在。它是至善、至大、至高的存在或实体,也就是所有存在者中的至高者。[②]

而在稍后的《宣讲》一书中,安瑟伦似乎并不满意于《独白》一书中所给出的这三种证明,试图提供一种更加简洁明晰的逻辑推演,也由此提出了他的著名的上帝存在的本体论证明。[③] 安瑟伦的上帝存在的本体论证明集中出现在《宣讲》一书的第 2 章至第 4 章中。安瑟伦的上帝存在的本体论证明是这样一个论证过程:我们心中有上帝的观念,这个上帝的观念的意义和内涵表明上帝是最完满的、最伟大的、最高的存在者(一个不可设想的无与伦比的伟大存在者)。既然是作为最完满的、最伟大的、最高的存在者(一个不可设想的无与伦比的伟大存在者),那么它就应该不仅是作为观念存在于我们的思想中,而且应该在我们的思想之外真实存在,否则就称不上是最完满的、最伟大的、最高的存在者(一个不可设想的无与伦比的伟大存在者)。因而我们可以得到结论说上帝是真实存在的。安瑟伦说:

圣主啊,你使信仰具有理解力,所以我请求你,能在你认为最有益的范围内,让我能够了解你是像我们所信仰的而存在着,你是我们所信仰的对象。我们相信你就是一个可设想的无与伦比的伟大存在者。愚人心里说没有上帝存在(《诗篇》第 13 章 1 节),难道那样性质的东西就不存在了么?真的,就

---

① 赵敦华、傅乐安主编:《中世纪哲学》(上卷),北京:商务印书馆,2013 年,第 706-707 页。

② 赵敦华、傅乐安主编:《中世纪哲学》(上卷),北京:商务印书馆,2013 年,第 707-708 页。

③ 也有部分学者认为《独白》一书中的"后天"证明与《宣讲》中的"先天"证明似乎也存在某种内在关联性。这种内在关联性体现在《独白》中"后天"证明的逻辑终点似乎恰恰构成《宣讲》中"先天"证明的逻辑起点。因此,二者之间似乎存在某种首位衔接的连贯性。

是这个愚人，如果他听到我说这个存在者——即“一个可设想的无与伦比的伟大存在者——的时候，即使他并不明白这对象是实际存在着，他也能理解所听到的对象，也能理解他所理解的对象是在他的心中”。

一个对象在心中存在，这是一回事；要理解一个对象实际存在着，这又是一回事。

所以，甚至愚人也不得不承认，有某一个可设想的无与伦比的伟大的东西，是在他的心中存在着。因为当他听说这东西的时候，他了解它。而且不管他了解的是什么，也都是在心中的，但是，真的，还有一种不可设想的无与伦比的伟大的东西，它就不能仅仅在心中存在，因为即使它仅仅在心中存在，但是它还可能被设想也在实际上存在，那就更伟大了。

所以，如果说那种不可设想的无与伦比的伟大的东西，只在心中存在，那么，凡不可设想的无与伦比的伟大的东西，和可设想的无与伦比的伟大的东西，就是相同了。但是，这明明是不可能的。所以，毫无疑问，某一个不可设想的无与伦比的伟大的东西，是既存在于心中，也存在于现实中。①

安瑟伦的这个本体论证明的论证过程实际上包含了两个层次间的转换、衔接和递进。它们分别是：①把作为最高存在者的上帝概念的内涵规定为作为一个绝对必然存在者的上帝概念。预设“上帝是最完满的、最伟大的、最高的存在者”，把存在作为事物的属性，认为缺少了存在这种属性，事物就不是最完满的、最伟大的、最高的存在物。因而作为最高存在者的上帝概念也就是意味着上帝概念是作为一个绝对必然存在者的概念。②从这个作为绝对必然存在者的上帝概念推论出上帝现实存在的必然性。在这里就把存在作为一个分析判断的谓词，通过对主词的逻辑分析从作为绝对必然存在者的上帝概念中直接得出上帝必然现实存在的结论。

安瑟伦的本体论证明的根本缺陷在于“上帝是最完满的、最伟大的、最高的存在者”这个大前提。因为如果坚持严格的理性证明和逻辑论证的话，这个大前提本身恰恰缺乏合理性的根据，恰恰是整个推论有待证明的前提和基础。从根本上讲，安瑟伦只不过是在用一个信仰通过形式化的三段论推理来说明另一个信仰的合理性、合逻辑性。“当安瑟伦根据上帝是最完善的东西这一信仰来论证上帝存在时，他并没有真正地从理性的角度来解决问题，而是把问题推到了另一个信仰层次上，于是对‘上帝存在’这一命题的论证就要进一步上升为对‘上帝是最完善的’这一命题的论证。而后一种论证又有待于另一个大前提，这个大前提当然也只能从信仰中寻找。从而这种以信仰为起点和终点的逻辑论证就陷于一种无限上溯的恶循环中。”②“上帝只是信仰的一种设定，对这种设定加以论证只能导致一种逻辑上的恶循环。与其说安瑟伦的上帝存在的本体论证明论证了上帝的存在，不如说它论证了这种恶循环本身。”③同时，在安

---

① 〔意〕安瑟伦：《宣讲》第2章，译文转引自叶秀山、王树人总主编：《西方哲学史（学术版）》第三卷，南京：凤凰出版社，2015年，第274-275页。

② 赵林：《神旨的感召——西方文化的传统与演进》，武汉：武汉大学出版社，1993年，第193页。

③ 赵林：《神旨的感召——西方文化的传统与演进》，武汉：武汉大学出版社，1993年，第190页。

瑟伦有关上帝存在的本体论证明中，安瑟伦把原本存在于概念中的存在偷换成概念之外的客观实在。

从根本上讲，安瑟伦的有关上帝存在的本体论证明是其“信仰寻求理解”的基本立场的根本性贯彻，同时这一证明也成为后来西方哲学史上哲学家们津津乐道的一个经典思想个案。如果我们细数这一历史性回应的思想家名单，串联起的有诸如笛卡儿、斯宾诺莎、莱布尼茨、康德、黑格尔等众多家喻户晓的哲学家。

2. 共相问题之争与阿伯拉尔的概念论

中世纪经院哲学最为关注的两大理论问题，一个是理性与信仰之间的关系问题，另一个则是共相问题。“共相”(universalis)一词源于拉丁文 unum versue alia，即“一对多”，很显然是要处理具体表象的多样性与根本实在的统一性之间的对立统一关系。“一”与“多”之间的关系问题应该说自古希腊哲学时代既已有之。面对大千世界的纷纭复杂和生灭变化，古希腊哲学不论是自然哲学还是形而上学都试图去追寻宇宙世界那个不变不动、不生不灭的根本统一性。古希腊人把对这种统一性的追寻最终归结为对本原和始基问题的哲学思考。因而，从根本上讲，“共相”问题无非就是在探寻具有无限丰富多样性的表象世界背后，是否存在一个具有独立实在性的一般普遍的本质世界。也就是说，在具体个别事物所构成的可感经验世界背后，是否还存在一个与经验世界具有根本性差异并且具有独立实存性的一般普遍的本质基础。中世纪经院哲学家们所热衷于讨论的共相问题起源于新柏拉图主义哲学家波菲利在注释亚里士多德的《范畴篇》时所提出的三个问题：①共相(即普遍种、属概念)究竟是独立存在的，还是仅存在于理智之中？②共相是有形的，还是无形的？③共相是与可感事物相分离的，还是寓于可感事物之中？波菲利个人十分谨慎地认为这三个问题是十分重大和棘手的理论问题，有待后来者更详尽和更精细的分析与考察。这些问题后经黑暗时代哲学家波埃修的思想接续，伴随着中世纪经院哲学的兴起和发展，共相问题持续发酵并逐渐引起人们的广泛关注和持续思考。到了公元 11 世纪末成为整个经院哲学和经院逻辑学领域普遍关注的一个重大理论热点问题。

共相问题之所以会引起如此强烈的理论关注，主要有三个方面的原因。第一，共相问题争论的背后实际是柏拉图主义与亚里士多德主义之争。以柏拉图哲学为基础的柏拉图主义和以亚里士多德哲学为基础的亚里士多德主义，各自在对具体个别事物和一般普遍共相基本关系的看法和处理上存在根本性差异和分歧。而过去教父哲学时代正是以柏拉图主义和新柏拉图主义为其思想基础，进入经院哲学时代以后，伴随着亚里士多德哲学及其著作的回归，逐渐转向以亚里士多德主义为其思想基础。因此，在这样一种新旧时代以及新旧思想基础的转换过程之中，有关共相问题的争论就变得日益紧迫。第二，共相之争也往往牵涉到对基督教信仰正统教义的理解。例如，“三位一体”教义中三个具体位格与一体的统一性之间的关系处理，还有圣餐仪式中个别具体事物与其背后显现的共同本质之间的关系问题。因此，共相之争不仅是纯粹理论争鸣，更重要的是关涉到如何有效维护正统教义和正统信仰的问题。第三，在经院哲学时代，共相问题并不只是一个单一性问题，而是围绕着存在论、本体论、形而上学、知识论、逻辑学、语言哲学等诸多方面、诸多线索共同交织在一起的复杂的系统性理论问题，往往呈现出牵一发而动其全身的理论样态。其核心部分正是“形而上学的共相问题”（the metaphysical problem of universals）。

围绕着这一核心问题，中世纪经院哲学形成了著名的唯名论和实在论之争。实在论（realismus）一般是站在柏拉图主义哲学的基本立场上，强调共相（即普遍种属概念）自身的独立实在性，认为共相是独立于具体个别事物的客观实在。主张共相不仅独立于，而且先于具体个别事物而存在，认为共相构成了具体个别事物存在的根据和基础。而与之形成鲜明对照的是，唯名论（nominalismus）则坚持亚里士多德实体哲学有关第一实体的强调，强调具体个别事物的独立实在性，认为只有具体个别事物才是真正具有独立实在性的实体。而共相作为从具体个别事物中抽象出来的普遍本质，只能作为观念和概念存在于我们的思想和头脑世界当中，而且它只能作为普遍本质和一般本性寓于具体可感事物之中存在。实在论者和唯名论者各自内部都有温和派和极端派之分。极端的实在论者，如陶奈的奥多（Odo of Taurnai）和威廉姆·香蒲（Guillaume de Champeaux，公元 1070 年—公元 1121 年），他们不仅认为共相具有独立实在性，而且主张共相比具体个别事物更实在、更根本，而具体个别事物只不过是虚幻表象而已。而极端唯名论的典型代表法国的洛色林（Roscelinus，约公元 1050 年—公元 1125 年）则认为，只有具体个别事物才是真实存在的，共相只不过是代表具体个别事物的空洞名词和符号。洛色林甚至认为，共相只是一阵风、一种声音或者空气的某种震动而已，因此不具有任何实在性可言。与这些极端实在论和极端唯名论相区别的是温和的实在论和温和的唯名论，前者的典型代表是著名的托马斯·阿奎那，而后者的典型代表则是阿伯拉尔。

彼得·阿伯拉尔（Petrus Abailardus，公元 1079 年—公元 1142 年）是公元 12 世纪最著名的经院哲学家，也是中世纪著名的辩证法大师和经院逻辑学家。阿伯拉尔公元 1079 年出生于法国南特附近布里塔尼（Britany）的勒巴莱（Le Pallet）的一个骑士家庭。然而他选择了放弃骑士名号的继承权，改为追随当时著名的经院逻辑学家洛色林学习经院逻辑。不久以后，他由于不满意于老师洛色林的极端唯名论主张而转投实在论者威廉姆·香蒲。公元 1115 年，阿伯拉尔开始自立门户，一边担任巴黎圣母院主教学校的神学教师，一边专心著书立说，并于公元 1116 年发表了第一部逻辑学著作《辩证法》（*Dialectica*），这本书几乎涵盖了当时经院逻辑学研究的所有领域。正是在这一时期，他在给贵族家庭做私人家庭教师期间认识了爱洛伊丝。两人彼此相爱并私订终身，爱洛伊丝甚至为他生下了一位私生子。由于极度的仇恨，爱洛伊丝家族对阿伯拉尔施以阉割的羞辱和惩罚。正因如此，两人相继进入修道院成为一名修士。后来，阿伯拉尔与爱洛伊丝通过书信的方式越过修道院的高墙互诉衷肠，这些书信今天被公认为是中世纪情书的杰作。

作为 12 世纪最著名的经院哲学家，阿伯拉尔的哲学贡献主要表现在三个方面。

第一，在处理理性与信仰的基本关系问题上，阿伯拉尔出人意料地提出了“理解导致信仰”的主张。与奥古斯丁和安瑟伦不同的是，阿伯拉尔主张在理解和理性的基础上建立起纯正的信仰。因而，在阿伯拉尔这里，理解和理性成为信仰的前提。他认为，我们必须通过对语词和概念的正确理解树立起正确的信仰，因为同样的语词和概念在不同情况和不同背景下会具有不同的意义和理解。而为了树立起正确的信仰，阿伯拉尔认为必须坚持自由的理性精神，贯彻怀疑的理性态度，运用逻辑论辩的理性手段对过往的一切权威著作（包括教父哲学著作）和权威观点进行批判性的考察，以便最终获得纯正的信仰。事实上，阿伯拉尔不仅这样主张，而且实际按照这样一种方式去做。在其发表的《是与否》（*Sic et Non*）一书中，阿伯拉尔详细列举了156个神学论题，就每个论题提出肯定与否定（正、反）两种意见，对有关这些论题的所谓权威性观点进行怀疑和展开批判性考察。《是与否》的写作风格确立了经院哲学时代的经典写作格式和基本写作文风，也一直影响了后来的托马斯・阿奎那。

第二，阿伯拉尔也是中世纪经院逻辑学的主要开创者和奠基者，他将辩证法（即亚里士多德的逻辑学）提高到仅次于圣经的重要地位。阿伯拉尔所有逻辑学的作品都与中世纪早期作为逻辑学课程经典教科书的7部作品有关。这7部作品分别是亚里士多德的《范畴篇》和《解释篇》、波菲利的《〈范畴篇〉导论》以及波埃修所写的4本逻辑学教科书。围绕着这7部作品，阿伯拉尔先后撰写和发表了《辩证法》和《逻辑进展》（*Logica Ingredientibus*）。在这些著作中，阿伯拉尔进一步强调了亚里士多德论辩推理即三段论推理的有效性和重要性，并对其进行了进一步的修正和阐明。他进一步阐发了命题对于逻辑推理的价值和意义，同时也对中世纪经院哲学最为关注的核心概念“是”（esse）作为判断系词与表示实存这两层含义进行了更精细的区分。此外，阿伯拉尔不仅关注由亚里士多德所确立的形式逻辑，而且进一步讨论了语义学和逻辑学之间的关系。

第三，在有关共相的问题上，阿伯拉尔主张一种温和的唯名论，通常被称作概念论。针对波菲利所提出的有关共相的三个问题，阿伯拉尔一一做出分析和解答。针对第一个问题——共相（即普遍种、属概念）究竟是独立存在的，还是仅存在于理智之中？阿伯拉尔认为，共相（种和属）作为普遍概念有其客观内容，并非完全主观任意的空洞名称，但它们本身不具备独立实在性，只能存在于理智之中。他说：“实际上它们是用命名来指出真实存在的事物，这和单数名词所指示的事物是相同的，这绝非是空洞的意见；可是，在某种意义上，它们又是单独地、赤裸裸地、纯粹地包含于理解之中的。”①针对第二个问题——共相是有形的，还是无形的？阿伯拉尔认为关键要看“有形体”是在什么意义上讲的。如果“有形体”是说一个东西有所指，有其所指称的对象，那么共相当然就是有形体的，因为共相作为普遍名词所指示的是个别事物的共同本性和共同本质；如果“有形体”是指一个东西要如同个别可感事物那样具有空间、广延、体积、形相等方面的个别实在性，共相当然就是无形体的。他说：“普遍名词本身既可以从有关事物的本性方面称作有形体的，又可以从它的意义方面称作无形体的，因为尽管它们

① 《西方哲学原著选读》上卷，北京：商务印书馆，1981年，第252-253页。

给那些各别的事物命名，然而它们都不是各别的和限定的命名。”[①]而针对第三个问题——共相是与可感事物相分离的，还是寓于可感事物之中？阿伯拉尔认为，共相作为一种普遍本性或一般本质是寓于个别可感事物当中的，但作为一般概念只能在感性事物之外被理解。他说：“一切‘种’或‘属’都是在感性事物中。但是，因为对它们的理解总是和感觉分离的，所以，显得它们似乎决不在可感觉的事物之中。”[②]阿伯拉尔从整体层面总结认为，共相既非空洞名词，也非个别事物，而是具有某种基础实在性的概念。显然，阿伯拉尔站在一种温和唯名论的立场上，既坚持具体个别事物相对于共相具有真实的独立实在性，同时也并不把共相看成毫无意义和不具有观念实在性甚至是完全空洞的名称和符号。这一点使得阿伯拉尔既根本区别于实在论者，也完全不同于像他老师洛色林那样的极端唯名论者。

四、鼎盛时期的经院哲学：托马斯·阿奎那的基督教哲学

公元13世纪的时候，整个中世纪经院哲学发展到了鼎盛时期。这一时期最典型的思想代表非托马斯·阿奎那莫属。

1. 托马斯·阿奎那的基本生平

托马斯·阿奎那（Thomas Aquinas，公元1224年—公元1274年）出生于意大利那不勒斯的名门望族，是阿奎那大封建领主朗杜尔夫公爵的第七个儿子。阿奎那5岁的时候就被送往著名的蒙特·卡西诺修道院做修童。1239年，阿奎那进入那不勒斯大学求学，开始初次接触亚里士多德哲学。1244年，阿奎那加入中世纪两大修会之一的多米尼克修会。不久以后，托马斯·阿奎那慕中世纪西欧学界第一个全面系统翻译介绍亚里士多德著作的拉丁学者大阿尔伯特（Albertus Magnus，公元1200年—公元1280年）之名进入巴黎大学神学院学习，并在大阿尔伯特的专门指导下深入研习亚里士多德哲学。1257年，阿奎那与波纳文图拉一起获得神学硕士学位，开始在巴黎大学任教。1259年至1268年间，阿奎那受教会委托赴罗马创办罗马大学馆。1268年，托马斯·阿奎那重返巴黎大学，一方面反对阿威洛伊追随者们所鼓吹的激进的亚里士多德主义，另一方面反对弗朗西斯修会学者所宣扬的保守的奥古斯丁主义。1273年12月，阿奎那中风。1274年2月，其健康状况急剧恶化。1274年3月，时任罗马教皇格里高利五世召他去里昂参加一个宗教会议，途中因病去世。托马斯·阿奎那身后获得教会极高赞誉。1323年，被教皇约翰二十二世追封为“圣徒”，由于其天赋才智和高深灵性的完美结合，博得了“天使博士”的称号。16世纪中期，特兰托公会议正式确定托马斯主义为天主教会官方正统学说，成为天主教神学的标准和典范。1879年，教皇利奥十三世发布通谕，号召重建托马斯主义，托马斯·阿奎那的哲学再次受到教会内外的广泛关注。

---

① 《西方哲学原著选读》上卷，北京：商务印书馆，1981年，第254页。

② 《西方哲学原著选读》上卷，北京：商务印书馆，1981年，第254-255页。

从整体上看,托马斯·阿奎那哲学最大的理论贡献主要体现在两个方面。第一,托马斯·阿奎那详尽、系统而全面地注释了亚里士多德几乎所有主要哲学著作。第二,在此基础上,托马斯·阿奎那创造性、系统性地把亚里士多德的哲学和基督教信仰有机结合起来,使之成为基督教哲学的思想基础,并使亚里士多德哲学"基督教化"。托马斯·阿奎那一生著述颇丰,一般分成四大类:注释文集;辩论文集;大全文集(以《神学大全》(*Summa Theologica*)和《反异教大全》(*De Veritate Fidei Catholicae Contra Gentiles*)为代表);小品文集。而在其所有论著中,又以早期的《论存在者与本质》(*De Ente et Essentia*)、《反异教大全》和中晚期的《神学大全》这三部著作最为重要。

其中,《论存在者与本质》大致写于 1256 年,是一部纯粹哲学和形而上学著作。阿奎那在这本书中充分运用亚里士多德形式与质料学说,系统考察和分析了三种不同的存在者:复合实体、单纯实体和上帝。《反异教大全》写于 1259 年至 1264 年间,是应时任多米尼克修会会长圣莱芒德之邀所写。《反异教大全》共分 4 卷:第 1 卷讲上帝论;第 2 卷讲创造论;第 3 卷讲天道论;第 4 卷讲救赎论。其中第 1 卷至第 3 卷讲的是理性真理,而第 4 卷讲的是信仰真理。在这部著作里,阿奎那集中处理了理性与信仰之间的关系问题,系统阐述了其双重真理观。除此之外,这部著作还论述了上帝论、创造论、"三位一体"、"道成肉身"等诸多方面的具体问题。从公元 1266 年至公元 1273 年,托马斯·阿奎那用了 8 年时间撰写了他的那部鸿篇巨制《神学大全》。然而,这部《神学大全》最终并未完成,托马斯·阿奎那在写到第 3 集第 90 个问题的时候由于自己身体的原因不得不暂时搁笔,直至其去世的时候也未能继续完成。其后来的忠实追随者们以"补编"的方式完成了作者没有写完的部分。从内容上看,《神学大全》共分 3 集。第 1 集讲上帝论,第 2 集讲伦理学,第 3 集讲教理神学。第 1 集和第 2 集讲的是理性真理,其中,第 1 集讲的是理论哲学,第 2 集讲的是实践哲学。第 1 集理论哲学部分又分成 7 卷,分别论述的主题是论上帝的本质、论"三位一体"、论创造、论天使、论上帝六天创世、论人、论上帝的管治。第 2 集实践哲学分成上下两部,上部讲一般伦理学,下部讲特殊伦理学。一般伦理学包含 5 卷:论终极目的,论人的行为,论习性,论律法,论恩典。特殊伦理学包含 4 卷:论信、望、爱,论智德和义德,论勇德与节德,论属于某些人的特殊行为。讲实践哲学的第 2 集篇幅最大、内容极广,广泛涉及人的伦理行为、政治行为、法律行为和经济行为等诸种实践行为。第 3 集教理神学部分包含两卷:论"道成肉身"和论圣事。其中第 2 卷原书作者未能写完。后来补编的部分包括 4 卷:(续)论圣事、论复活、终末论以及两个附录。托马斯·阿奎那思想著作之精深与浩瀚由此可见一斑。

2. "双重真理说"

托马斯·阿奎那秉承着自安瑟伦以来中世纪经院哲学有关理性和信仰关系的基本立场,倡导理性和信仰之间的相互分工与互相协作,主张"双重真理说"。在托马斯·阿奎那看来,哲学和理性代表着自然之光,而神学和信仰则代表着启示之光,二者从根本上来说都是上帝所赋予的。因此,从根本上讲,哲学与神学、理性与信仰之间的关系并不矛盾，二者都是要追求对真理的认识。阿奎那认为，我们通过理性和哲学所获得的是所谓“理性真理”，而我们通过信仰和启示所获得的是所谓“天启真理”。二者最主要的区别不在于其研究对象和研究目的（都是去寻求真理），而在于研究方式和获得途径，一个是依靠人的理性，一个则是依靠上帝的启示，通过自然之光所获得的是“理性真理”，透过信仰和启示所获得的则是“天启真理”。托马斯·阿奎那认为二者之间的关系在于，一方面从根本上讲天启真理要高于理性真理，神学要高于哲学。他明确地说：“神学可能凭借哲学来发挥，但不是非要它不可，而是借它来把自己的义理讲得更清楚些。因为神学的原理不是从其他科学来的，而是凭启示直接从上帝来的。所以，它不是把其他科学作为它的上级长官而依赖，而是把它们看成它的下级和奴仆来使用。”①然而，另一方面托马斯·阿奎那也强调说我们不能一味去为了追求天启真理而摒弃理性真理。托马斯·阿奎那认为，我们要尽可能运用我们的自然理性去获取那些能够通过我们的自然理性认识和把握到的真理，而对于那些超出理性范围之外的启示真理就只能诉诸信仰和启示。前者比如上帝存在的问题、灵魂不死的问题等，后者比如“三位一体”的问题、“道成肉身”的问题等等。反过来说，如果我们在能够通过我们的自然理性获取真理的情况下选择放弃运用我们的自然理性的话，那么在托马斯·阿奎那看来反而体现出一种理性的懈怠和懒惰。

3. “圣托马斯五路证明”

基于对人的自然理性和理性真理的重视与强调，托马斯·阿奎那系统阐述了论证上帝存在的五种证明，即著名的“圣托马斯五路证明”。与安瑟伦做出的上帝存在的本体论证明不同的是，托马斯·阿奎那的五路证明不是抽象地从思维中直接推导出存在，而是从有限的、相对的现实存在出发，通过不断追溯上升到无限的、绝对的存在者（上帝）。这五路证明如果从证明类型上来划分的话，我们通常称之为宇宙论证明和目的论证明。具体来讲，前三路证明被称作宇宙论证明，后两路证明则被称作目的论证明。托马斯·阿奎那的“圣托马斯五路证明”具体内容如下。

(1)世界上万事万物基于其自身所具有的惰性原初都是处于静止状态或趋于静止，因此如果一物要运动起来的话，必然是由于其他事物的推动，因而一切运动着的事物背后必定存在一个第一推动者或终极推动者，它本身不被任何事物所推动却推动着所有其他事物。而这个不动的推动者或第一推动者就是上帝。所以，上帝存在。阿奎那说：

> 第一，从事物的运动或变化方面论证。在世界上，有些事物是在运动着，这在我们的感觉上是明白的，也是确实的。凡事物运动，总是受其他事物推动；但是，一件事物如果没有被推向一处的潜能性，也是不可能动的。而一件事物，只要是现实的，它就在运动。因为运动不外是事物从潜能性转为现实性。一件事物，除了受某一个现实事物的影响，决不能从潜能性变为现实性。

① 《西方哲学原著选读》上卷，北京：商务印书馆，1981年，第261页。

例如用火烧柴，使柴发生变化，这就是以现实的热使潜在的热变为现实的热。但是，现实性和潜能性都不是一个东西，二者也不同时并存，虽然二者也可以在不同方面并存。因为既成为现实的热就不能同时是潜在的热；它只可以作为潜在的冷。因此，一件事物不可能在同一方面、同一方向上说是推动的，又是被推动的。

如果一件事物本身在动，而又必受其他事物推动，那末其他事物又必定受另一其他事物推动，但我们在此决不能一个一个地推到无限。因为，这样就会既没有第一推动者，因此也会没有第二、第三推动者。因为第一推动者是其后的推动者产生的原因，正如手杖动只是因为我们的手推动。所以，最后追到有一个不受其他事物推动的第一推动者，这是必然的。每个人都知道这个第一推动者就是上帝。[①]

(2)世界上每一事物其存在作为结果必有其原因，因而按照这样一种因果关系链条不断向上追溯，势必会找到一个第一原因或者终极原因，它是自因的存在者。而这个作为自然万物第一原因或终极原因的存在者就是上帝。所以，上帝存在。阿奎那说：

第二，从动力因的性质来讨论上帝的存在。在现象世界中，我们发现有一个动力因的秩序。这里，我们决找不到一件自身就是动力因的事物。如果有，那就应该先于动力因自身而存在，但这是不可能的。动力因，也不可能推溯到无限，因为一切动力因都遵循一定秩序。第一个动力因，是中间动力因的原因；而中间动力因，不管是多数还是单数，总都是最后的原因的原因。如果去掉原因，也就会去掉结果。因此，在动力因中，如果没有第一个动力因（如果将动力因作无限制的推溯，就会成为这样的情况），那就会没有中间的原因，也不会有最后的结果。这是显然不符合实际的。因此，有一个最初的动力因，乃是必然的。这个最初动力因，大家都称为上帝。[②]

(3)经验世界中每个个别事物的存在都是偶然的和可能的，都必须以其他事物作为其现实存在的原因和根据，否则这一事物就不可能现实存在。依此类推，最终会追溯到某个绝对必然的存在者作为一切现存事物的终极根据。而这个绝对必然的存在者就是上帝。所以，上帝存在。阿奎那说：

第三，从可能和必然性来论证上帝的存在。我们看到自然界事物，都是在产生和消灭的过程中，所以它们又存在，又不存在。它们要长久存在下去，是不可能的。这种不能长久存在的东西，终不免要消失。所以，如果一切事物都会不存在，那末迟早总都会失去其存在。但是，如果这是真实的，世界就始终不该有事物存在了。因为事物若不凭借某种存在的东西，就不会产生。所以，如果在一个时候一切事物都不存在，这就意谓着任何事物要获得存在，也不可能了。这样一来，就在现在也不能有事物存在了——这样的推想，是

---

① 《西方哲学原著选读》上卷，北京：商务印书馆，1981年，第261-262页。

② 《西方哲学原著选读》上卷，北京：商务印书馆，1981年，第262页。

荒谬的。因此，一切存在事物不仅是可能的，而且有些事物还必须作为必然的事物而存在。不过，每一必然的事物，其必然性有的是由于其他事物所引起，有的则不是。要把由其他事物引起必然性的事物推展到无限，这是不可能的。正如上述动力因的情形一样。因此我们不能不承认有某一东西：它自身就具有自己的必然性，而不是有赖于其他事物得到必然性，不但如此，它还使其他事物得到它们的必然性。这某一东西，一切人都说它是上帝。①

(4)世界上每个个别事物都具有不同程度的完满性和完善性，而它必须以更完善、更完满的事物作为其存在的根据和原因。依此类推，最终必然会追溯到一个最完善、最完满的存在者，而这个最完善、最完满的存在者就是上帝。所以，上帝存在。阿奎那说：

第四，从事物中发现的真实性的等级论证上帝的存在。一切事物，它们的良好、真实、尊贵等，有的具有得较多，有的具有较少。其多少的标准，是指不同的事物，按它以不同的方式和最高点近似的程度来决定。有如某一事物被称为比较热，是按它比较更接近最热的东西来决定的。所以，世界上一定有一种最真实的东西，一种最美好的东西，一种最高贵的东西，由此可以推论，一定有一种最完全的存在。这些在真理中最伟大的东西，在存在中也必定是伟大的，这正如亚里士多德在《形而上学》第二章(933b 30)上所述的。在任何物类中，这种最高点就是那个物类中一切物类的原因。有如火，那是热的最高体，也是一切热的事物的原因。亚里士多德在上述书中(933b 25)这样说过。因此，世界上必然有一种东西作为世界上一切事物得以存在和具有良好以及其他完美性的原因。我们称这种原因为上帝。②

(5)世界上每一事物都有它内在的目的，而整个自然世界最终必然有一个最高的智慧来制定世界整体的合目的性和终极目的，这个作为最高的智慧的存在者就是上帝。所以，上帝存在。阿奎那说：

第五，从世界的秩序(或目的因)来论证上帝的存在。我们看到：那些无知识的人，甚至那些生物，也为着一个目标而活动；他们活动起来，总是或常常是遵循同一途径，以求获得最好的结果。显然，他们谋求自己的目标并不是偶然的，而是有计划的。但是，一个无知者如果不受某一个有知识和智慧的存在者的指挥，如像箭受射者指挥一样，那他也不能移动到目的地。所以，必定有一个有智慧的存在者，一切自然的事物都靠它指向着他们的目的。这个存在者，我们称为上帝。③

客观上讲，托马斯·阿奎那的这五路证明并不是从他这里才开始提出的，早在古希腊哲学时代和教父哲学时代，甚至是安瑟伦的《独白》一书中都初现端倪。但毫无疑问的是，如同安瑟伦的上帝存在的本体论证明是所有同类型本体论证明中最经典、最

---

① 《西方哲学原著选读》上卷，北京：商务印书馆，1981年，第262-263页。

② 《西方哲学原著选读》上卷，北京：商务印书馆，1981年，第263页。

③ 《西方哲学原著选读》上卷，北京：商务印书馆，1981年，第263-264页。

典型的代表一样，“圣托马斯五路证明”也成为西方哲学史上有关上帝存在的宇宙论证明和目的论证明的思想典范。托马斯·阿奎那既在形式上同时也在内容上第一次系统性、完整性地构建了这两类证明。与安瑟伦所做出的那种从概念直接导向存在的“先天”证明不一样的是，“圣托马斯五路证明”从我们熟悉的感觉经验和有限事物出发，不断追溯上升到无限的、绝对必然的存在者即上帝，因而这种宇宙论证明和目的论证明本质上是一种“后天”证明。托马斯·阿奎那的五路证明最大的疑问点在于：①循着因果关系的链条由果溯因的不断追溯为什么必须有其最后的终结点而不是一种无限的追溯和上升；②即便是一定要有其终点，为什么那个叫作“第一推动者”、“第一原因”、“绝对必然的存在者”、“最完满的存在者”和“最高的智慧的存在者”就一定是上帝。而这两个恰恰有待加以证明的逻辑前提在托马斯·阿奎那的五路证明中似乎被当作一个具有自明性和确定性的事实加以无条件承认和接受。

4. 存在者及其本质

专研中世纪哲学的法国专家吉尔松曾经盛赞托马斯·阿奎那早期撰写的《论存在者与本质》一书掀起了西方“形而上学历史上的一场革命”①。正是在这本书中，托马斯·阿奎那站在亚里士多德哲学的基本立场上系统阐述了他的有关存在者及其本质的学说。阿奎那认为，存在有三种不同类型的存在者，即“受造的物质实体”(复合实体)、“受造的理智实体”(单纯实体)和上帝。与此相对应的也就存在三种类型的本质，即在“受造的物质实体”(复合实体)中的本质，在“受造的理智实体”(单纯实体)中的本质以及上帝的本质。托马斯·阿奎那分门别类地详细考察了这三类存在者以及它们各自所具有的本质。

“受造的物质实体”即复合实体是指那些由形式和质料组合而成的实体。例如人作为一种受造的物质实体就是由形式和质料两部分复合而成的，一方面人的身体构成人的质料，另一方面人的灵魂构成人的形式。由此可见，托马斯·阿奎那在这里运用的正是亚里士多德实体哲学中所讲的形式与质料学说。也正是由于受造的物质实体或复合实体是由形式和质料两方面复合而成的，所以当考察复合实体本质的时候就不能够只是考察形式或者只是考察质料。也就是说，受造的物质实体或复合实体的本质是由其形式和质料两方面共同决定的。托马斯·阿奎那在《论存在者与本质》中以味觉为例来说明。他说，尽管味觉是由动物溶解了含有水分的东西后，通过自身的运动发热所造就的，表面上看似乎是热气造成了甜的味觉。然而，实际上一个东西之所以会带来甜的味觉，不仅是由于其热的温度，同时也是由于它的味道。而这种味道恰恰就是整合了热气和水分所构成的。因此，在托马斯·阿奎那看来，受造的物质实体或复合实体具有复合性的本质。

与复合实体不同的是，“受造的理智实体”或单纯实体的本质仅仅在于其形式而不涉及质料。因此，托马斯·阿奎那在不同场合也把单纯实体称作“脱离质料的实体”、

① Etienne Gilson, *History of Christian Philosophy in the Middle Ages*, New York: Randorn House, 1995, p. 365.

“独立实体”、“理智实体”、“完全无形的实体”和“精神实体”。无论具体称作什么，单纯实体指的对象都是一样的，即那些只具有单纯形式从而既区别于上帝又区别于人的天使。因此，受造的理智实体或单纯实体与受造的物质实体或复合实体的本质差别在于，前者只具有纯粹形式的本质，后者则是质料和形式复合而形成的本质。阿奎那说：“在任何理智实体中，都应当是完全没有质料的，以至于这种实体既没有作为其组成部分的质料，甚至也不同于那种印在质料上的形式（forma impressa in matera）。”[①]也正因此，理智实体的本质及其形式在任何情况下都只能够用来描述这个理智实体本身，而不能用来意指任何其他别的东西。同时，因为理智实体的本质只在于其形式，而形式本身是一个统一整体，它没有一与多、整体与部分的分殊，因此理智实体的本质没有任何程度和数量上的增减变化。

单纯实体与复合实体讲的都是受造物，而上帝是造物主。因此，第三类实体上帝的本质既不是纯粹形式，也不是形式与质料的复合，因为这二者都是用来描述受造的（或复合或单纯）实体。托马斯·阿奎那认为，与一切受造物身上存在与本质相分离不同，在上帝那里存在与本质是合二为一的。也就是说，对于上帝来说，其存在就是其本质，反过来说其本质也就是其存在。与先前像阿维森纳这些人否认上帝具有本质的观点不同的是，阿奎那从来没有否认过上帝具有他自己的本质，他只是强调上帝的本质就是它自身的存在，就是其自身。在后来的《反异教大全》中，第1集21章和22章的标题分别就是“上帝既是他自己的本质（deus est sua essentia）”和“在上帝身上，存在与本质是一回事（in deo idem est esse et essentia）”。

除此之外，托马斯·阿奎那还特别考察了偶性的本质。从根本上讲，偶性与实体一样都是存在者。但二者又存在明显区别。实体是“绝对意义上的存在者”，通过自身而存在；而偶性是“某种意义上的存在者”，它依托于或依附于主体而存在。因此，偶性自身不能独立存在，它只能存在于某一事物之中，只能具体地依赖于或依附于实体而存在。甚至如果以某种一般抽象的方式去把握它的话，那么偶性似乎表现为一个非存在者。正因为偶性不具有完全的独立实在性，要依附于某个实体而存在，因此它同时也不具备完全的本质，它们甚至也不构成某个独立存在的实体本质的某一部分。阿奎那认为，如此一来的话，“一个偶性便既没有一个完全本质的形态，它也不构成本质的一个部分。毋宁说，正如偶性只是在一定意义上才是一个存在者一样，它也只是在一定意义上才具有本质的”[②]。换句话说，偶性只具有相对和从属意义上的本质。

5. 形式和质料学说与“存在之链”

在对亚里士多德哲学著作的注释中，托马斯·阿奎那继承和发展了亚里士多德的“四因说”。阿奎那从“内因”和“外因”两个方面对亚里士多德提出的“四因说”进行归

---

① 〔意〕托马斯·阿奎那：《论存在者与本质》第4章1节，译文转引自段德智：《中世纪哲学研究》，北京：人民出版社，2014年，第87-88页。

② 〔意〕托马斯·阿奎那：《论存在者与本质》第6章2节，译文转引自段德智：《中世纪哲学研究》，北京：人民出版社，2014年，第89页。

总。在托马斯·阿奎那看来，亚里士多德所说的形式因和质料因归属于“内因”，而动力因和目的因归属于“外因”。与此同时，托马斯·阿奎那又把亚里士多德提出的“四因”进一步做出精细化区分。在“内因”方面，阿奎那把形式进一步划分成“实体形式”与“偶性形式”，前者决定实体的本质，而后者决定着事物所具有的各种偶然属性；同时，阿奎那把质料区分为“原初质料”和“第二性的质料”，原初质料是不具有任何形式的纯质料，而第二性的质料则是指那些已经获得了某种程度的形式规定，并且具有一定现实性的事物。在“外因”方面，一方面，阿奎那把“动力因”划分为作为“第一原因”的上帝和作为“第二性原因”的某一事物现实的、具体的因果关系；另一方面，他把动力因也划分为作为“终极目的”的上帝和作为“非终极性目的”的某一事物现实的、具体的合目的性关系。相较于亚里士多德的“四因说”，托马斯·阿奎那关于形式和质料的学说毫无疑问是一次更精细的思想打磨。

根据亚里士多德哲学基于形式与质料相互之间的相对性关系所构建的形式和质料交替上升的等级序列，托马斯·阿奎那把它推进到现实的自然世界和人类社会，构建了一个层级分明的存在的等级序列。在这个存在的等级序列中，处于最底端的是构成自然万物的四种基本元素水、火、土、气，依次往上升分别是无生命的事物、矿物和有生命的植物、动物和人。从自然世界进展到人类社会之后，从低到高分别是农民、骑士、贵族、世俗君王构成的封建等级序列，屹立在人类社会等级序列最高端的是把握神权的以罗马教皇为首的神职人员和教会组织。人再往上就是作为单纯精神实体的天使，它们是纯形式的受造的理智实体。处于整个序列最顶端的是作为宇宙第一原因和终极目的的上帝。实际上，从基督教信仰的角度来观察的话，托马斯·阿奎那所构建的整个存在的等级序列是一个从造物主上帝创造世界开始的自上而下的“存在之链”。托马斯·阿奎那的这一体系为整个中世纪的自然观、社会理论特别是教会理论奠定了有力的思想基础。

6. 身体与灵魂

身体与灵魂之间的关系问题可谓源远流长，自古希腊哲学以来也一直是哲学家们所热衷讨论的焦点问题。关于身体和灵魂之间的关系问题，托马斯·阿奎那主要从以下两个方面进行了分析和阐述。

第一，从存在性上来讲，阿奎那认为，人的身体和人的灵魂都是由上帝直接创造出来的，同时人的灵魂也并不先于和独立于人的身体而被上帝所创造，它是与身体同时并在身体之中被创造出来的。此外，阿奎那还特别强调人的身体与人的灵魂之间的适配性。在托马斯·阿奎那看来，人的身体不但不是灵魂及其运作的阻碍，反而是其各项功能与活动得以运转的必要条件和基本手段。按照他的说法就是，人的身体被上帝创造成最适宜于灵魂及其运作的载体。

第二，从人的本质来看，托马斯·阿奎那认为，人的本质既不同于上帝的本质，也不同于天使的本质，前者是以其自身存在为其本质，而后者则是以其单纯形式作为其本质。而人的本质则在于作为其形式的灵魂与作为其质料的身体之间的有机合成。

也就是说，人的合成性是人的本质。关于人的身体和灵魂的这种合一性，一方面，托马斯·阿奎那批评了以柏拉图为代表的古希腊哲学家把人的灵魂区分为好几个不同部分的做法，他认为人的身体和人的灵魂的合成具有某种统一性。这种合成的统一性最根本的在于它是人的一个灵魂与一个身体的合成。在托马斯·阿奎那看来，不仅人的身体只有一个，人的灵魂也只有一个，即理智灵魂。人除了具有理智灵魂之外，并不存在其他任何别的灵魂。另一方面，托马斯·阿奎那主张人的灵魂和人的身体是直接结合在一起的，它们之间的这种结合无需任何中介和中间环节。他明确地说："灵魂是直接地同身体结合在一起的，无需任何中介将灵魂与身体结合到一起，无论是阿维洛伊所主张的心像，还是一些人所主张的身体的能力，或另外一些人所主张的有形精神，都是如此。"①除此之外，阿奎那还特别强调了人的身体和人的灵魂相互结合的全面性。他指出："整个灵魂存在于整个身体之中，并且存在于身体的各个部分之中。"②"如果灵魂仅仅是作为身体的推动者而同身体结合在一起的，那我们就可以说，它并非存在于身体的每个部分之中，而仅仅存在于一个它借以推动其他部分的部分之中。但是，既然灵魂是作为身体的形式而同身体结合在一起的，它就必定存在于整个身体之中，并且也存在于它的每一个部分之中。"③

7. 温和实在论

针对中世纪经院哲学普遍关注的共相问题，托马斯·阿奎那站在亚里士多德主义的基本立场上，吸收了阿拉伯世界的亚里士多德主义者阿维森纳的主张，对共相问题做出了辩证的回答。他把共相与个别事物之间的关系分成三种不同情况来处理，即共相先于、寓于和后于个别事物的不同状况。①共相先于具体个别事物，即"在事物之先的共相"(universale ante rem)。在这种情况下，共相是存在于上帝理智之中的理念与形式，是上帝据以创造世界的原型，因此它要先于具体个别的事物而存在。②共相寓于具体个别事物之中，即"在事物之中的共相"(universale in re)。在这种情况下，共相作为具体个别事物的形式或本质，不能脱离个别事物而单独存在，因此只能寓于具体个别事物之中而存在。③共相后于具体个别事物，即"在事物之后的共相"(universale post rem)。在这种情况下，共相作为从具体个别事物中抽象出来的一般本质和普遍共性，它是理智思维抽象出来的普遍概念，是从具体个别事物当中抽象出来的结果，因而一定是后于具体个别事物而存在于我们的理智世界之中。从整体上看，"托马斯的共相学说一方面坚持实在论者关于共相比个别事物更加真实、更加实在的观点，另一方面也承认唯名论关于共相在现实世界中只能寓于可感事物而存在的观点，因而具有极强的理论解释力。由于他从根本上仍然把共相或一般概念看作独立的客观实体，因

---

① 〔意〕托马斯·阿奎那：《反异教大全》第2集71章1节，译文转引自段德智：《中世纪哲学研究》，北京：人民出版社，2014年，第113页。

② 〔意〕托马斯·阿奎那：《反异教大全》第2集72章1节，译文转引自段德智：《中世纪哲学研究》，北京：人民出版社，2014年，第114页。

③ 〔意〕托马斯·阿奎那：《神学大全》第1集76题8条，译文转引自段德智：《中世纪哲学研究》，北京：人民出版社，2014年，第114页。

此他的共相学说被称为温和实在论”[①]。

8. 知识论

和亚里士多德一样，托马斯·阿奎那也坚持认为我们的感觉与理智相结合才能形成知识。在阿奎那看来，人的所有认识活动都开始于感觉经验，经历了由感觉经验到理智把握的发展过程。在此过程中，我们运用外部感觉去感知具体事物的形体，又通过内在感觉去把握事物的可感形式，最后通过理智活动去把握事物的抽象形式和一般本质。

外部感觉是我们主体运用眼、耳、鼻、舌、身等诸种感官去感知外部对象的活动。只有充分运用这些感觉器官，我们才有可能通过我们的视觉、触觉、听觉、嗅觉等各种感知能力去认识和把握外部对象的形体和形状，而这是一切认识活动的开端。与以往哲学家们特别强调视觉感官的重要性不同的是，托马斯·阿奎那尤其强调触觉感官在外感官中的中心地位。因为在他看来，与其他感官活动不一样的地方在于，触觉感官所涉及的是我们的整个身体而非某一局部，而且相较于视觉感官来说，通过触觉我们可以直接与可感事物发生接触。因此，在托马斯·阿奎那那里，触觉感官是最根本的。

经过外部感觉对事物具体形体的把握之后，我们的认识活动就进入了第二个阶段，即内在感觉的阶段。托马斯·阿奎那认为，内在感觉包括四种：通感（sensus communis）、辨识（aestimatio）、想象（imaginatio）和记忆（memoria）。通感是把先前在外在感觉阶段通过五种不同感官所获得的有关事物的不同印象综合成为一个统一的整体。辨识是辨别感知对象与感知主体之间的各种好坏利弊关系。想象是对先前所形成的诸种感官印象进行组合、重构和初步抽象。记忆则是把先前所形成的所有印象储存在主体心灵之中而不至于遗忘或消失。

托马斯·阿奎那认为，虽然我们的认识活动以感觉经验为开端，但是要想获得对事物的一般本质和共同本性的把握，仅仅停留在感觉经验的阶段是远远不够的，因而必须上升到理智的阶段。在托马斯·阿奎那那里，理智分为两种，即被动理智和主动理智。这二者之间的区分其实早在亚里士多德哲学中就已经出现。阿奎那认为，被动理智所代表的是现在在内在感觉的状态中的一种出自灵魂的初级抽象。当这种被动理智伴随着我们的内在感觉而发生时，这种初级的抽象实际上就已经开始了。阿奎那说：“有两种抽象，首先是组合与分解，这使一个观念与另一个不可分与可分；其次是单纯化，这使我们思考一个实在而不注意其他。当事情在实际上不可分离时，我们采取第一种抽象方法。……这出现在感觉之中。比如想象和关心不在有色物体之中，或与之相分离的颜色。”[②]被动理智参与其中的这种想象抽象所能达到的仅仅是把握事物的可感形式。如果想要把握事物的纯粹形式和抽象本质，则需要从被动理智进展到主动理智，通过最高级的理智抽象去除掉可感形式中的一切质料因素，达到对纯粹形式

---

① 邓晓芒、赵林：《西方哲学史》，北京：高等教育出版社，2014 年，第 108 页。

② 〔意〕托马斯·阿奎那：《神学大全》第 1 集 85 题 1 条，译文转引自赵敦华：《基督教哲学 1500 年》，北京：人民出版社，1994 年，第 396 页。

和一般本质的最终把握。主动理智所代表的恰恰就是我们的理性形成抽象概念，做出判断以及形成推理的能力。由此我们才能最终把握事物的抽象形式和一般本质。

9. 自然法学说

基于对人的自然欲望和自然本性的强调，托马斯·阿奎那提出了他的自然法学说。托马斯·阿奎那所说的自然指的是人与生俱来的自然本性，而他所说的自然法指的是有关人的这种与生俱来的自然本性的法则。在探讨自然法的问题上，托马斯·阿奎那明确区分了四种法。①永恒法(eternal law)：上帝的神圣理性，永恒支配和统治着世间一切事物。永恒法的内容最根本的只有一条，即上帝神圣创造和管治着这个世界。②神圣法(divine law)：上帝赐予人的礼物，通过天启而非良知和理性而为我们所理解和接受。它指引我们走向超自然的目标，即永恒的幸福。具体来说，它指的就是上帝的神圣诫命。③自然法(natural law)：上帝应用于世俗人类的永恒法；它是道德的根本原则，通过良知和实践理性为我们所理解和接受。它指引我们朝向自然的目标，即现世的幸福。④人类法(human law)：人类社会的法律制度，源于人对自然法的理解。

因此，自然法就具有四个方面的基本特征。首先，自然法由于从根本上分有了永恒法和神圣法，因而它自身具有某种永恒性。其次，自然法是基于人的实践理性所确立的人类行为的第一原则，是人的行为习性和自然美德得以最终形成的根本原则，因此它是本源性的法则。再次，自然法作为实践理性的第一原则和道德的根本原则，普遍适用于所有具有理性的个体，因此它具有一种普遍适用性。最后，自然法是基于人的自然本性和自然欲望的根本原则，所以它对人的自然本性和自然倾向有格外的强调和重视。基于此，自然法最首要也是最根本性的原则就是自我保存。

10. 德性伦理学

同样是奠基于人的自然欲望和自然本性，托马斯·阿奎那对人的实践行为的探讨也导向另一个方面的内容，即一种基于理智主义基础的德性伦理学。与亚里士多德相一致的是，托马斯·阿奎那也同样认为人类道德实践行为的终极目的就是追求幸福。然而，这种幸福必须通过人类实践理智的现实活动才能最终实现。在托马斯·阿奎那看来，如果说人的身体及其完满性是实现幸福的必要条件的话，那么人的德性及其现实行为则是实现幸福的一项基本条件。阿奎那认为，人的德性不仅仅与人的能力密切相关，同时就其现实行为而言是由人的行为习性所决定的。他把作为人的好习性的德性划分为三类，即理智德性、道德德性和神学德性。理智德性代表的是理智的好习性，主要关涉的是人的理智能力和理智活动，包括智慧、科学、理解和技艺。而道德德性主要关涉的是人的欲望能力和欲望活动。托马斯·阿奎那把道德德性区分为明智、正义、节制和刚毅四种。它们相互之间的区别在于："任何在理性的思考行为中产生善的德性即可以称作明智(prudentia)；每一种在行为中产生正当的和应得的善的德性即被称作正义；每一种抑制或压制情感的德性即被称作节制；每一种增强心灵反对任何情感的力量的德性即被称作刚毅。”[①]导向一种超自然幸福的德性就是神学德性。神学德性包括三种，即信（信仰）、望（希望）和爱（仁爱）。其中，信德的核心内容讲的是对上帝和耶稣基督的信靠，望德的核心内容讲的是对救赎恩典和天国福音的期盼，而爱德则既包含爱上帝，也包含爱邻人。托马斯·阿奎那把爱上帝和爱邻人看作爱德基本内涵不可或缺的两个方面，爱邻人正是爱上帝的扩展。他说：“我们爱邻人的行为是经由上帝扩展来的；因为我们对邻人应当爱的，恰恰在于邻人即在上帝之中这一点。因此，很清楚，我们爱邻人的行为与我们爱上帝的行为是属于同一种类的。所以，爱德的习性不仅应当扩展到爱上帝，而且还应当进而扩展到爱邻人。”[②]此外，在这三种德性中，理智德性和道德德性都必须遵守中庸之道，即追求其自身的规则与尺度并与其保持一致性。神学德性的善不在于其遵守中庸之道，因为其规则和尺度在于上帝自身。“我们的信仰是根据神的真理规定的，我们的爱是根据神的善规定的，我们的希望则是根据上帝的无限全能和充满爱的善意规定的。”[③]而这些尺度远远超出了我们有限性的能力所及的范围。

继奥古斯丁之后，托马斯·阿奎那建立起了基督教思想史上又一个完备的理论形态和理论体系。托马斯·阿奎那将天主教会的传统教义纳入一个宏大、几乎囊括寰宇的思想体系和理论框架中，代表了整个经院哲学时期的最高思想成就。通过一系列的理论建构，托马斯·阿奎那开创了基督教思想的另一大传统——托马斯主义传统。其具体理论特征表现为：以亚里士多德哲学为思想基础，强调理性与信仰、哲学与神学的相互协作，强调教会的权威地位与核心作用。托马斯主义在基督教思想史上不止一次地发挥了统一天主教学术思想和捍卫天主教会正统信仰的历史作用。从根本上讲，托马斯主义与奥古斯丁主义之间的根本区别集中体现了基督教思想领域内亚里士多德主义传统与柏拉图主义传统的差异和对立。而这一差异和对立恰恰孕育了西方教会改革与分裂的萌芽。总体来看，托马斯·阿奎那的思想既成就了中世纪经院哲学的辉煌，也预示着经院哲学由盛转衰的必然趋势。

五、晚期经院哲学

托马斯·阿奎那的哲学代表着以亚里士多德主义为基础的经院哲学发展的顶峰，亚里士多德主义也在公元13世纪获得了压倒性的思想地位。然而，当这种亚里士多德主义思潮甚嚣尘上的时候，以柏拉图主义哲学为基础的奥古斯丁主义传统也在暗流涌动。当这两种思想趋向之间发生此消彼长的力量变化的时候，其实也预示着中世纪经院哲学自身所发生的某种内在的深层次裂变。公元13世纪出现的奥古斯丁主义的

---

① 〔意〕托马斯·阿奎那：《神学大全》第1集61题3条，译文转引自段德智：《中世纪哲学研究》，北京：人民出版社，2014年，第136页。

② 〔意〕托马斯·阿奎那：《神学大全》第2集23题4条，译文转引自段德智：《中世纪哲学研究》，北京：人民出版社，2014年，第136-137页。

③ 〔意〕托马斯·阿奎那：《神学大全》第1集64题4条，译文转引自段德智：《中世纪哲学研究》，北京：人民出版社，2014年，第138页。

代表人物基本上都是出自弗朗西斯修会的修士。其中，最核心的思想代表就是波纳文图拉，此外还有罗吉尔·培根，以及稍后的约翰·邓斯·司各脱和奥卡姆的威廉。这些反托马斯主义的弗朗西斯修会经院哲学家往往体现出某种共同的思想特征。比如，他们一般都反对用理性来论证信仰，主张把哲学和神学严格区分开来，在共相问题上往往持唯名论立场，在哲学上是经验主义者，在神学上是神秘主义者。

1. 波纳文图拉

波纳文图拉(Bonaventura，公元 1221 年—公元 1274 年)出生于意大利维泰博(Viterbe)附近的巴尼奥里(Bagnorea)的一个医生家庭。波纳文图拉原名菲丹扎的约翰(Jean de Fidanza)，童年时期生了一场大病，医治无效，后来圣弗朗西斯奇迹般地挽救了他的生命，他恢复了健康，还被称为 Bona ventura(意为"未来之宝")，故得名"波纳文图拉"。波纳文图拉 1236 年至 1242 年在巴黎大学学习，跟随黑尔斯的亚历山大学习神学。1243 年加入弗朗西斯修会，1248 年获得学士学位。1248 年至 1258 年，波纳文图拉在巴黎大学任教，1257 年和托马斯·阿奎那一起获得神学硕士学位，并于同年被推选为弗朗西斯修会总会长。1274 年 7 月，波纳文图拉去世。波纳文图拉 1482 年被追封为圣徒，1587 年获得"六翼天使博士"的称号。波纳文图拉发表的著作包括《〈箴言书〉注》(1252 年)、《论学艺回归神学》(1252 年)、《论辩问题集》(1254 年至 1256 年)、《短论文》(1257 年)、《心向上帝的旅程》(1259 年)、《十诫宣讲篇》(1267 年)、《七礼宣讲篇》(1268 年)和《创世六天宣讲篇》(1273 年)。这些发表的著作都被编辑在由弗朗西斯修会于 1882 年至 1902 年所编辑出版的《圣波纳文图拉全集》中，共计 10 卷。

在理性与信仰、哲学与神学之间的关系问题上，波纳文图拉认为，理性与信仰、哲学与神学二者相辅相成，都在共同指引我们通向上帝。整个自然世界包括其中存在的一切事物都是在以其自身特有的方式向我们展现上帝的存在。因而，理性与信仰就像两条不同的道路，共同朝向上帝的神圣存在。而在通向上帝的路途中，基督教哲学的任务和使命就在于，通过增加理性推理把信仰的东西变成可理解的对象。因此，波纳文图拉整个哲学的基本主题就是描述"通向上帝的灵魂之路"，都是在试图教导人们怎样通过其他事物通向上帝这一终极目标。在他看来，根本路径无非有两条。一条是借由可感的经验世界通过我们的理性认识和把握真理，这是一条理性哲学之路。另一条则是通过自上而下的来自上帝的启示光照，这是一条信仰启示之路。而在通往上帝的历程中，波纳文图拉描述了不断上升的三个阶段：第一个阶段是在感性世界和自然世界中去寻找上帝所遗留的痕迹和影像，这是最初级的阶段；第二个阶段是从外部自然世界中返回到我们内在的心灵世界，返回到我们内在的灵魂之中去寻找上帝的形象；第三个阶段也是最高级的阶段是完全超越于我们自身，全身心地投入信靠上帝、崇拜上帝的神秘快乐和迷狂状态中。也恰恰是在这最高的也是最后的阶段，波纳文图拉的哲学导向了一种神秘主义。

2. 反托马斯主义的弗朗西斯修会"三杰"

罗吉尔·培根(Roger Bacon，公元 1214 年—公元 1292 年)出生于英国莫斯特郡一个乡村贵族家庭,早年在牛津大学学习,毕业以后先后在巴黎大学和牛津大学任教。1257 年加入弗朗西斯修会,后遭到时任弗朗西斯修会总会长波纳文图拉长期监禁,1292 年才被释放,并于同年去世。因此,罗吉尔·培根所写的《大著作》、《小著作》和《第三著作》等作品实际上都是他被监禁期间所写成的作品。罗吉尔·培根是中世纪经院哲学家中最早提倡进行科学研究的人,他主张用全新的实验科学来取代经院哲学中空洞烦琐的形而上学和逻辑学。也因此他的研究计划被他所在的弗朗西斯修会视为危险,也给自身招致了一系列的麻烦。罗吉尔·培根提出了四种影响人们获得真理的"障碍"。它们分别是"屈从于谬误甚多、毫无价值的权威"、"习惯的影响"、"流行的偏见"和"由于我们认识的骄妄虚夸而来的我们自己的潜在的无知"[①]。因此,我们要想获得真理性的知识,就必须彻底消除这些障碍。此外,罗吉尔·培根还把我们的经验划分成两种。一种是通过我们的感官所获得的有关外部事物的外在经验,另一种是通过我们的信仰所获得的内在的神圣启示。他认为,在获得真理的道路上,这两种经验并行不悖、相辅相成、互相协作。而在共相问题上,罗吉尔·培根坚决反对把共相实体化的实在论,坚决主张只有具体个别的事物才是真正具有独立实在性的存在。

约翰·邓斯·司各脱(Johannes Duns Scotus,公元 1265 年—公元 1308 年)出生于苏格兰,15 岁的时候就加入了弗朗西斯修会成为一名修士,后来在牛津大学、巴黎大学学习和任教。1308 年去世,死后被教会追封为"精细博士"。与托马斯·阿奎那强调理性与信仰的协作不同的是,约翰·邓斯·司各脱坚决反对用理性来论证信仰,主张把哲学和神学严格区分开来。因此,他明确主张上帝的本性是意志,上帝的意志要高于理性,并且凌驾于理性之上。因此我们只能诉诸神秘的信仰,而不能对其进行理性证明,不可能有所谓基于理性推理的自然神学。在约翰·邓斯·司各脱看来,无论是安瑟伦的本体论证明,还是托马斯·阿奎那的宇宙论证明和目的论证明都是完全经不起推敲的,因为上帝本身只能是信仰的对象,而绝非任何理性证明的对象。而在共相问题上,约翰·邓斯·司各脱主张唯名论,反对实在论。他认为,具体个别的事物才是最真实的独立实存者,而且是独立于我们的理智世界最根本的实在。而共相作为事物的一般本质和共同本性只能寓居于具体个别事物之中,同时也作为抽象出来的普遍概念存在于我们的头脑理智之中。

奥卡姆的威廉(William of Occam,公元 1285 年—公元 1349 年)是晚期经院哲学的重要代表。他出生于英国苏莱郡的奥卡姆小镇,早年曾在牛津大学学习神学并加入弗朗西斯修会,毕业以后在牛津大学教授哲学和神学。奥卡姆在哲学上最著名的思想恐怕就是他所提出的"奥卡姆剃刀"的原则,即"思维经济原则"。面对中世纪晚期经院哲学无可挽回地陷入空洞、烦琐、无聊的理论探讨的泥沼之中而不能自拔的局面,奥卡姆大声疾呼:"如无必要,切勿增加实体","在可以使用少数几个原则时,应用许多原理(以解释现象),就是浪费时间"。这一原则不啻是对晚期经院哲学发展陷入迷途的一种有力警醒。

---

① 《西方哲学原著选读》上卷,北京:商务印书馆,1981 年,第 285 页。

对于中世纪晚期经院哲学发展的整体趋向，冈察雷斯在其《基督教思想史》中这样评价道：

> 中世纪后期，唯名论(nominalism)盛行一时，这或许最有力地表明，中世纪的统一思想体系正在走向解体。处于全盛时期的中世纪壮观的统一局面，只有在万物一体论(an ultimate unity of all things)的前提下，以及在这种统一或多或少可以从人的角度看出的前提下，才成为可能。名相是实在的；它们确实存在着，所具有的既定状况甚至比一个人的自我存在还要真实。它们是可以万无一失地和自始至终地认识到的，这比对个人存在的任何认识都远为确切和持久。从它们那里出发，整个宇宙是一个合乎逻辑的等级体系，而教会的和世俗的等级制则是这个等级体系的反映。中世纪初期正是在这个前提下进行运转和发展的，而这个前提的渊源与其说来自于基督教，不如说源于新柏拉图主义。但是到了13世纪末，日益明显的是，这种对实际存在的事物的理解越来越站不住脚了。这个过程的开始可以追溯到亚里士多德学说被重新介绍到西方的时候；而且人们可以因此而说，成为中世纪统一思想体系的顶点的托马斯主义，也给这个统一思想体系注入了灭亡的种子。之所以如此是因为，随着亚里士多德学说而被重新引进的对个体的强调，终于推翻了上述新柏拉图主义的概念。总之，统一思想体系的解体，从约翰·邓司·司各脱(John Duns Scotus)的言论中比较容易看清楚，到了奥卡姆(Ockham)的那个时候就十分明显了。[①]

在此，整个经院哲学的解体和裂变已然清晰可见。

① 〔美〕胡斯都·L.冈察雷斯：《基督教思想史》(第三卷)，陈泽民等译，南京：译林出版社，2008年，第12-13页。

第四章

转折：从文艺复兴到宗教改革

中世纪晚期，伴随着经院哲学内部所发生的思想裂变，同时也伴随着中古西欧社会各种内在力量和结构的分崩离析，整个西欧世界在各个方面开始经历一系列的深刻变革。在这一时期所发生的重大变革中，有两场运动格外引人关注，而且它们各自都造就了极为深远的历史影响。一场是在南欧以意大利为中心所兴起的轰轰烈烈的文艺复兴，以及由此所导致的人文主义运动。另一场则是在北欧以德国和瑞士为中心所发展出来的宗教改革运动。14 世纪、15 世纪的文艺复兴运动和 16 世纪的宗教改革运动为整个西欧社会带来了划时代的变革。一方面它们严重动摇了中古西欧社会延续长达 1000 多年的超稳定的社会结构，另一方面也为整个西方社会在逐步由中古迈向近代的历史进程中所产生的各种新思想、新文化、新信仰、新制度、新生活提供某种新的精神氛围并奠定有力基础。

一、14 世纪至 15 世纪的文艺复兴和人文主义运动

虽然“文艺复兴”(renaissance)一词今天已经普遍被用来描述 14 世纪、15 世纪由意大利文学和艺术的复兴所引发，并迅速扩展至整个西欧拉丁语世界的一场古典文学、艺术和文化的复兴运动。然而这个词最早出现是在意大利人文主义者瓦萨里(G. Vasari，公元 1511 年—公元 1574 年)在其 1550 年发表的著作《从奇马布埃到当代最优秀的意大利建筑家、画家和雕塑家传》中。在他的这本书中，瓦萨里首次用“复兴”或“再生”(rinascita)一词特指在他这本书中所描述的那个时代艺术的复兴。最早明确使用“文艺复兴”来指代一个特定历史时期的是 19 世纪的法国历史学家米诗莱(J. Michelet，公元 1798 年—公元 1874 年)。他在其撰写的《法国史》第 7 卷中首次运用“文艺复兴”一词来描述 15 世纪以来西欧世界文学和艺术的再生，米诗莱认为其核心标志就是“对人和世界的重新发现”。直到后来著名历史学家雅各布·布克哈特(Jacob Burckhardt，公元 1818 年—公元 1897 年)[①]在其名著《意大利文艺复兴时期的文化》中才明确指出，“文艺复兴”一词反映了 1350 年至 1600 年间西欧世界出现的一些有影响力的思想家和作家公开否定中世纪并崇尚古代的文化倾向。丹尼斯·哈伊把布克哈特在《意大利文艺复兴时期的文化》中对文艺复兴的本质归纳概括为：“文艺复

---

① 雅各布·布克哈特是 19 世纪最伟大的文化史家和艺术史家之一。布克哈特出生于瑞士，一生著述甚丰。其中，《意大利文艺复兴时期的文化》、《君士坦丁大帝时代》、《希腊文化史》是其代表性著作。

兴揭开了现代世界的序幕，它使意大利人成为'现代欧洲的长子'。个人主义，对名誉的崇拜，古物的复苏，'充分和完全的人性'得到发现和阐述，一个新社会的建立，在这个社会中任何人可以凭借知识或政治才能升到最上层的阶级中去。"①

1. 文艺复兴与人文主义运动的兴起

事实上，14世纪、15世纪的文艺复兴运动从来都不是单方面显现的，而是多维度展现的历史事件和文化现象。从直接的历史成因上讲，文艺复兴运动缘于公元1453年东罗马帝国为奥斯曼土耳其帝国所灭，大量古典文化成就回归西欧社会，引起了西欧人（主要是南欧的意大利）对阔别已久的古典文化的全面模仿和复兴。对于为什么当时南欧的意大利尤其是佛罗伦萨会成为文艺复兴运动的精神摇篮和思想重镇的问题，有人将其原因归结为以下几个方面的因素：

> ①意大利浸淫于古代伟大事物鲜明可见的回忆中。古罗马建筑和遗迹的残垣断壁，散布在这片土地上的每一角落。……这些残垣断壁代表了与伟大古代的充满活力的联系。它们显然在文艺复兴时期点燃起对古罗马文明的兴趣，极重要地刺激其思想家在一个他们认为是文化枯竭和贫瘠的时代中，重新发现古典罗马文化的生命力。
>
> ②经院神学——中世纪最重要的思想力量——从来没有在意大利产生特别的影响力。……故此，在14世纪的意大利就产生了思想上的真空。这真空亟待填补——而文艺复兴的人文主义填补了这独特的空隙。
>
> ③佛罗伦萨是依赖其共和政体（republican government），才得享政治上的安宁。故此，它十分自然地转向以罗马共和政体作为其研究对象，包括它的文学与文化，以此作为佛罗伦萨的榜样。
>
> ④佛罗伦萨的经济繁荣创造了闲暇的时间，因而产生了对文学与艺术的诉求。对于文化与艺术的赞助，也被视为对盈余财富的适当运用。
>
> ⑤随着拜占庭王朝（Byzantium）开始瓦解——君士坦丁堡（Constantinople）在1453年终于陷落——操希腊语的知识分子便大量向西迁移。意大利刚好十分接近君士坦丁堡，结果就有许多流亡者定居于意大利的城市中。这样，无可避免地导致了希腊语言的复兴，以及随之而来对希腊古典文学的兴趣复现。②

从其表现形式上看，14世纪、15世纪的文艺复兴运动表现为古典文化的复兴。布克哈特认为："没有古典文化的复兴，虽然现象的本质可能没有什么不同，可是它们都是伴随和通过这种复兴才向我们实际表现出来的。"③从其基本精神特征上看，文艺复兴运动表现出一种强烈的以人为中心的人文主义倾向。和中世纪经院主义文化完全不同的是，文艺复兴运动强调人性尤其是人的感性的解放，强调以感性意义上的人性

---

① 〔英〕丹尼斯·哈伊：《意大利文艺复兴的历史背景》，李玉成译，北京：生活·读书·新知三联书店，1988年，第256页。
② 〔英〕阿利斯特·麦格拉思：《宗教改革运动思潮》，蔡锦图、陈佐人译，北京：中国社会科学出版社，2009年，第38-39页。
③ 〔瑞士〕雅各布·布克哈特：《意大利文艺复兴时期的文化》，何新译，北京：商务印书馆，2002年，第166页。

来反对抽象的神性，以现世世俗生活反对天国理想，以人的感官享乐和正常情欲来反对中世纪的禁欲主义。从其实际结果来看，文艺复兴运动产生了一大批文学和艺术领域的天才，其代表人物有但丁、彼特拉克、薄伽丘、乔托、波提切利、达·芬奇、拉斐尔、米开朗琪罗等一大批大文学家和艺术家。正如恩格斯所说："这是人类以往从来没有经历过的一次最伟大的、进步的变革，是一个需要巨人而且产生了巨人——在思维能力、激情和性格方面，在多才多艺和学识渊博方面的巨人的时代。"①

古典学识的兴起是意大利文艺复兴运动的一个显著特征，这也进一步推动了对古典语言、文风、修辞、文法、历史、诗歌的普遍重视和广泛研究，由此导致了文艺复兴和宗教改革时期人文主义运动的兴起。文艺复兴和宗教改革时期的人文主义运动实际上是由欧洲社会的文化精英发起和主导的一场改革运动，是指在古希腊和古罗马以及基督教古代经典文献被重新发现、重视并加以研究的基础上发展出的一种特殊的学习方法，因此它更接近于我们今天所说的人文科学(humanities)。文艺复兴时期支撑人文主义的普遍原则，可以总结为一个口号，就是"回本溯源"(ad fontes)。在这些人文主义者看来，通过回归源头，可以绕过中世纪思想的枯燥和贫乏，直接与具有生命力和新鲜感的辉煌灿烂的古希腊罗马文化相交。而这一时期最杰出的基督教人文主义者就是鹿特丹的伊拉斯谟。

2. 基督教人文主义者：鹿特丹的伊拉斯谟

鹿特丹的伊拉斯谟(Erasmus von Rotterdam，公元 1466 年—公元 1536 年)，是中世纪尼德兰(今荷兰和比利时)著名的基督教人文主义者。伊拉斯谟公元 1466 年 10 月出生于荷兰鹿特丹一个神职人员家庭，他是一名天主教神父的私生子。伊拉斯谟幼年丧母，青年时代入修道院，在大座堂学校受教育。他自小聪颖过人，12 岁时就精通古典文学。1486 年，伊拉斯谟进入鹿特丹附近的修道院进行系统学习。1492 年，伊拉斯谟按立受任教职，担任主教秘书。1495 年，伊拉斯谟进入巴黎大学进修神学。1499 年，伊拉斯谟访问英国，结识了当时的政教要人，包括黎泰谟(William Latimer)、托马斯·莫尔(Thomas More)和圣保罗大座堂的首牧寇勒(John Colet)，并经引介给英王亨利七世(Henry Ⅶ)和王子即后来的亨利八世(Henry Ⅷ)。后来伊拉斯谟在牛津大学修读希腊文。1506 年至 1509 年，伊拉斯谟来到意大利都灵大学(University of Turin)求学，后来获都灵大学神学博士学位，并在此期间深受文艺复兴运动的深刻影响。1509 年，他再次来到英国，住在莫尔家中撰写《愚人颂》(*Encomium Moriae*；英译本为 *The Praise of Folly*)。此书在他有生之年再版多达 27 次。该书以讽刺文体写成，通俗诙谐，深受教皇利奥十世(Leo X)的喜爱。1511 年至 1514 年，伊拉斯谟在剑桥大学任教，教授希腊文。1514 年至 1521 年，伊拉斯谟来到比利时鲁汶(Louvain)的一所专门研究圣经文学的新学院。后来，他自己收集参阅圣经不同抄本，参考古代教父的著作，修订他自己的批判本希腊文新约圣经。该圣经文本以希腊文为主，并参照希伯来

① 《马克思恩格斯选集》第 4 卷，北京：人民出版社，1995 年，第 261-262 页。

文，加上他自己的拉丁文翻译和注解。批判本希腊文新约圣经于 1514 年在瑞士巴塞尔出版。在比利时鲁汶期间，伊拉斯谟目睹了宗教改革运动的兴起。伊拉斯谟虽然痛恨中世纪晚期教会内部的腐败和堕落，但他并不赞成路德引领的宗教改革运动，他只是期望天主教会内部的改革和改良。当教皇利奥十世于 1520 年开除路德教籍时，伊拉斯谟写信给教皇，仍然为路德求情，也为他自己的立场辩护。1524 年 9 月，伊拉斯谟出版了《论自由意志》一书，该书后来引发他和马丁·路德之间的激烈论战。伊拉斯谟对宗教改革领袖马丁·路德的思想有巨大的影响，路德钦佩并渴望结交伊拉斯谟。但后来马丁·路德与伊拉斯谟交恶，马丁·路德发表了《论意志的捆绑》来反驳他，此后伊拉斯谟公开指责马丁·路德的书为野蛮之书。随着宗教改革运动如火如荼的发展，伊拉斯谟与宗教改革运动家们也渐行渐远，并最终与之分道扬镳。晚年的伊拉斯谟继续编订古代教父的著作，撰写教义问答和主祷文等作品。1536 年 7 月，伊拉斯谟死于瑞士巴塞尔，葬在巴塞尔大教堂内，终年 70 岁。在其身后，宗教改革的熊熊烈火已燃遍整个西欧世界。

作为一个基督教人文主义者，伊拉斯谟是一位用纯正拉丁文写作的古典学者。在其发表的《基督精兵手册》一书中，伊拉斯谟大声疾呼，号召基督徒应该远离世俗世界的各种诱惑、肉体的欲望和激情，追求一种宁静和高尚的信仰生活。1509 年发表的《愚人颂》是西方文学史上最为精彩的讽刺体篇章之一，作者伊拉斯谟也因此被誉为"16 世纪的伏尔泰"。据说，《愚人颂》是他在去英国拜访莫逆之交托马斯·莫尔爵士的短短 7 天时间内完成的。在《愚人颂》中，伊拉斯谟强烈谴责教会和贵族的腐败，嘲笑经验哲学家和僧侣们愚昧无知的空谈。他尖锐地批评了当时骄奢过度的罗马天主教会，对整个中世纪罗马天主教所强调的外在灵修模式，包括朝圣、遗迹、苦行、修行、补赎和教会的教阶组织发出挑战。在《愚人颂》里，伊拉斯谟首先认为，推动世界运动的是非理性的、愚蠢的欲望。接着，他假想了这样一个拟人化的场景："愚人"身着学者的长袍，头顶愚人的帽子，在自恋、遗忘、懒惰、享乐、肉欲、酣睡、骄纵和疯狂等侍从的簇拥下登上讲台，面对一批假想的各个阶层、各种身份的听众侃侃而谈。在接下来横扫一切的讽刺中，伊拉斯谟借愚人之口嘲讽了他那个时代所有的制度、风俗、信念，矛头直指所谓的律师、科学家、学者、经院神学家、国王和教皇。《愚人颂》有较大篇幅是愚人对教会和基督教教义的论述。那些神圣的名字和经典、教皇和主教们的显赫地位和世俗观念都未能逃过伊拉斯谟的辛辣讽刺。从根本上来说，《愚人颂》的伟大之处在于它拉开了基督教人文主义的序幕，从思想和精神层面实质而有力地推动了宗教改革运动的深入发展。伊拉斯谟的《愚人颂》对时代的针砭微妙而间接，却又不失其强大的效力。正如 20 世纪伟大作家斯蒂芬·茨威格所指出的那样："《愚人颂》除去其狂欢节的面具，便是当时最危险的书之一。在我们看来，它仿佛是诙谐的烟花，其实却是一颗轰开通向德国宗教改革之路的炸弹。"①

此外，伊拉斯谟在 1514 年出版的批判本希腊文新约圣经，不仅为后来路德的德文

---

① 〔奥〕斯蒂芬·茨威格：《鹿特丹的伊拉斯谟：辉煌与悲情》，舒昌善译，北京：生活·读书·新知三联书店，2018 年，第 312 页。

圣经译本提供了基础，也直接向世人证明了罗马天主教一直所采用的武加大译本[①]其实是很糟糕的圣经文本。伊拉斯谟的这一工作在沉重打击武加大译本长期以来所占有的权威性地位的同时，也推动了把圣经翻译成各民族母语的运动。伊拉斯谟的批判本希腊文新约圣经后来被马丁·路德译为德文，成为基督新教世界的第一本母语版圣经，也奠定了德意志语言文化和德语语法规则的最初典范。

从某种意义上讲，文艺复兴和宗教改革时期的人文主义运动也是为了反对当时占支配地位的经院主义而发生的一场运动。在这些人文主义者看来，经院主义所存在的问题不在于强调学习，而在于枯燥乏味的推理，这将学习带入了一个知识的迷宫，而不能产生教会和社会的改革。伊拉斯谟曾对经院哲学家们一味追求空洞烦琐的无聊知识的举动大加批判。他说：

> 有些神学家，相当目中无人又神经过敏……他们解释深藏的秘密以满足自己：世界是怎样创造和设计的；罪通过什么渠道流传给了后代；基督在童贞女的子宫中以什么方式形成、他的形成通过了什么途径以及经过了多长时间；基督在圣餐里没有住所，怎么生存。这些问题都是老生常谈了。还有另一些伟大又开明的神学家(他们这样称呼自己)，他们一旦开始就会采取行动。神诞生的确切时间是什么时候？基督有好几个起源吗？圣父上帝恨他的儿子这个命题可能成立吗？上帝会降生为一个女人、魔鬼、驴子、葫芦或者打火石吗？如果这样，一个葫芦要怎样布道、行神迹，又被钉在十字架上呢？当基督的尸体还挂在十字架上的时候，如果彼得已经献祭了，他又该拿什么来献祭呢？而且，在那个时刻，基督还可以被称为人吗？复活之后我们能够吃饭喝水吗？在永恒到来之前，我们还要预防饥渴的侵袭。经院主义的各种各样的辩解使得本来就区分甚小的差别更加错综复杂，所以你走出一个迷宫也比弄清楚折磨人的费解的实在论、唯名论、托马斯派、阿尔伯特派、奥卡姆派和司各脱派要快一些——我说到的只是主要问题，还不是全部。[②]

因此，这些人文主义者倡导通过人文主义的教育进行改革，而这种人文主义的教育应视修辞的价值高于辩论、古典的价值高于经院知识、世俗的实践价值高于与世隔绝的禁欲和苦修。从整体上看，回本溯源、重拾经典在某种程度上也就意味着对中世纪整个思想、信仰和文化模式的一种批判、背离和反叛。在此种意义上，文艺复兴和人文主义运动对整个西欧中世纪超稳定的社会文化结构和思想信仰模式造成了巨大的冲击，也在整个西欧世界为宗教改革运动营造了一种崭新的精神氛围。

二、16 世纪宗教改革运动的历史背景

稍晚于 14 世纪、15 世纪在南欧意大利所兴起的文艺复兴运动和人文主义运动，

---

① 武加大译本(Biblia Vulgata，又译拉丁通俗译本)是一个公元 5 世纪的圣经拉丁文译本，由圣哲罗姆自希腊文版本进行翻译，公元 8 世纪以后该译本得到普遍承认，成为天主教会一直沿用至今的官方权威版本。

② 〔美〕蒂莫西·乔治：《改教家的神学思想》，王丽、孙岱君译，北京：中国社会科学出版社，2009 年，第 31 页。

16世纪初一场轰轰烈烈的宗教改革运动如星火燎原之势如火如荼地在以德意志和瑞士为代表的北欧世界拉开帷幕。16世纪宗教改革运动肇始于1517年万圣节前夕(10月31日),为了严厉谴责和批驳罗马教皇代表约翰·台彻尔在德意志境内大肆兜售赎罪券的卑劣行径,一位奥古斯丁修会的年轻小修士马丁·路德在维滕堡(Wittenberg)教堂门口贴出著名的《九十五条论纲》,公开驳斥罗马教会的卑劣行径。罗素在《西方哲学史》中认为:

> 从十六世纪以后,欧洲思想史便以宗教改革占主导地位。宗教改革是一场复杂的多方面的运动,它的成功也要归功于多种多样的原因。大体上,它是北方民族对于罗马东山再起的统治的一种反抗。宗教曾经是征服了欧洲北部的力量,但是宗教在意大利已经衰颓了;教廷作为一种体制还存在着,并且从德国和英国吸取大量的贡赋,但是这些仍然虔诚的民族却对于波尔嘉家族和梅狄奇家族不能怀有什么敬意,这些家族借口要从炼狱里拯救人类的灵魂,而收敛钱财大肆挥霍在奢侈和不道德上。民族的动机、经济的动机和道德的动机都结合在一起,就格外加强了对罗马的反叛。此外,君王们不久就看出来,如果他们自己领土上的教会变成为本民族的,他们便可以控制教会;这样,他们在本土上就要比以往和教皇分享统治权的时候更加强而有力。由于这一切的原因,所以路德的神学改革在北欧的大部分地区,既受统治者欢迎,也受人民欢迎。①

实际上,罗素仅仅只是分析了16世纪宗教改革运动兴起的部分政治原因。如果从整体层面上看,可以从时代背景、政治背景、技术背景和思想背景四个方面来分析和考察16世纪宗教改革运动的历史背景。

1. 信仰松懈与普遍焦虑

从时代背景来看,中世纪晚期西欧世界呈现出两极严重分化和对立的社会面貌。一方面是以罗马教廷为首的天主教会内部由于信仰的松懈所导致的普遍的腐败和堕落,而与之形成鲜明对照的是普通信众在面对死亡、苦难和信仰、得救问题上普遍的无助和焦虑。中世纪晚期,随着罗马教会对信仰权力的绝对把持,整个教会内部呈现出一种普遍的信仰松懈,由此导致教会内部产生了一系列严重的腐败和堕落。中世纪晚期的天主教会逐渐以各种教会默认或公开许可的外在赎罪方式来替代过往信徒内心的真诚悔罪。通过推行购买圣徒遗物、向教会捐献、参加十字军圣战以及购买赎罪券等多种方式,中世纪晚期的天主教会构建了一整套救恩补赎的系统。教皇约翰二十二世在位期间率先制定了详细的罪行赎买的价目表,每一种所犯罪过所对应之具体金额一目了然。该价目表明确规定如下:

> 谁若杀害了父母、兄弟、姊妹、妻子或其他任何一个亲属,只要缴纳5—7枚土耳其金币,便可洗净罪恶。

---

① 〔英〕罗素:《西方哲学史》上卷,何兆武、李约瑟译,北京:商务印书馆,1963年,第19页。

如果一人同时同案参与谋杀数人，只要缴纳131枚利维尔（法国旧时银币）、14个苏（法国旧时辅币）和6个杰尼叶（法国旧时辅币），就可免予任何惩罚。

谁若杀害了妻子，并想另娶，要是缴纳8枚土耳其银币、两枚杜卡特（古代威尼斯金币），便可获准。

鸡奸罪和兽奸罪赎价定位131枚和219枚利维尔。

凡血亲相奸者，缴纳4枚土耳其银币即予以赦宥。[①]

赎罪券的广泛推行使得人们可以一方面肆无忌惮、心安理得地犯罪堕落，而另一方面通过外在的金钱赎买来求得罪得赦免和信仰良心所谓的安稳，从而导致了基督教信仰普遍的虚伪。霍尔巴赫曾经严厉谴责教会兜售赎罪券的行为，他说："这是教皇和主教为了某种奖赏而发的作恶许可证。由于赦免，不许可的和犯罪的行为就成了合法的，甚至是值得表彰的，因为赦罪费充实了天父和他的钱柜。"[②]海涅在《论德国宗教和哲学的历史》一书中也曾尖锐讽刺这一行为：

这是教会对肉欲作出一些让步的聪明制度，虽然永远采取下列形式，即对任何肉欲行为都要盖上谴责的烙印，同时给精神保留了嘲讽的特权。你尽可倾听内心缠绵悱恻的爱情，拥抱一个漂亮的姑娘，但你必须承认那是一种可耻的罪恶，而且你还必须为这种罪恶赎罪。这种通过金钱来实现的赎罪，对人类是一次善举，对教会是一笔收入。这就是说，教会让人支付一笔罚款来换取各种肉体的享乐，所有的罪都有一个赎价，从此便出现了一批神职商贩，这些人以罗马教会的名义到各地兜售不同金额的赎罪券。[③]

更有甚者，1476年，教皇西克塔斯四世发表通谕宣称亲属可以为已经亡故的死者购买赎罪券来赎罪。到了16世纪初，教皇代表约翰·台彻尔在德意志境内大肆兜售赎罪券，并厚颜无耻地宣称："银币叮当一声入钱箱，灵魂便从炼狱升天堂。"这一卑劣行径直接构成了整个宗教改革运动的导火索。

中世纪晚期的教会不仅大肆兜售赎罪券，而且变本加厉公开买卖圣职。从教皇到那些位高权重的枢机主教，再到较低的教区主教，自上而下的买卖关系层层相递。教会已然成为一个公开买卖圣职的自由市场，各种实缺和候补的圣职均可明码标价随意出售。最低级的神职人员不得不利用自己手中所握有的信仰权力搜刮和盘剥平信徒和普通老百姓。当时的一位主教这样厚颜无耻地为自己辩护："我付出了黄金，而当了主教；只要我按照自己分内的权限行事，我也不怕捞不回这笔款项。我任命一个祭司，于是我收到黄金；我安插一个执事，于是我收到一堆白银，看吧，我付出的黄金，现在又重新返回了我的钱囊。"[④]公开买卖圣职的一个严重恶果就是进一步加剧了教会内部的腐败和堕落。

---

① 〔俄〕约·阿·克雷维列夫：《宗教史》上卷，王先睿、冯加方译，北京：中国社会科学出版社，1984年，第225-226页。

② 〔法〕保尔·霍尔巴赫：《袖珍神学》，单志澄、周以宁译，北京：商务印书馆，1972年，第77页。

③ 〔德〕亨利希·海涅：《论德国宗教和哲学的历史》，海安译，北京：商务印书馆，1974年，第30-31页。

④ 〔美〕威尔·杜兰：《世界文明史·信仰的时代》（中册），幼狮文化公司译，北京：东方出版社，1999年，第759页。

教会内部信仰的松懈和权力的腐败也直接导致了教会内部神职人员普遍的道德虚伪。修道院本是基督教信仰纯洁化运动的结晶，然而在中世纪晚期却无可挽回地堕落了。许多修士公然违背成为一名修士所发的三大誓愿——守贞、守贫和顺服，使得修道院成为藏污纳垢、寻欢作乐之所。“这样一来，‘贞洁’、‘安贫’和‘服从’这三种信誓，结果却都变到和它们本意恰相反对的东西，它们使一切道德流于堕落。‘教会’不再是一个精神的权力，而是一个教会的权力；世俗的世界对于教会的关系是没有精神、没有意志、没有识见的关系。结果是，我们到处看到罪恶、无良心、无耻和一种纷乱的局面，这时期的全部历史便是这种局面的明白写照。”①1512年，弗朗西斯修会修士在讲道中公开揭露女修道院成为半公开的妓院，各种伤风败俗之事层出不穷。当时曾有人披露修道院里修士和修女狼狈为奸、秘密私通的普遍状况。

> 我不是一次而是好几次在场，一切都是我亲眼所见。那些修女们以后生出了漂亮的小修士，或者用其他方法防止产生这种结果。如果任何人斥责我说谎，那就请他好好地去搜索一下修女院，他将在那里找到和在希律王时代的伯利恒一样多的小尸体。②

而在社会的另一端，中世纪晚期整个西欧社会弥漫着对现实苦难和死亡深深的恐惧和忧虑。中世纪晚期整个西欧世界频繁遭受饥饿和瘟疫的侵袭。14世纪早期欧洲的饥荒现象就非常严重，甚至出现了人吃人的现象。据相关资料记载，1319年，波兰和西里西亚的穷人争相食用从绞刑架上取下的罪犯的尸体。14世纪中叶，黑死病曾经肆虐整个西欧世界，致使欧洲三分之一的人口丧命。16世纪时，哥伦布的水手们又从他们所发现的新世界带来了梅毒。普通平信徒们除了要面对现实层面的严重疾病和死亡所带来的恐惧和焦虑之外，更严重的恐怕还在于精神层面上信仰个体在灵魂得救问题上陷入普遍的无助和焦虑，以及对地狱和炼狱中可怕景象的深深恐惧。托马斯·莫尔曾在1529年发表的《灵魂的乞求》(*Supplication of Souls*)一书中让那些在炼狱中受尽折磨的死者栩栩如生地描述了炼狱中的可怕景象。

> 如果你们同情盲人，那没有人比我们更瞎了，在黑暗之中除了不幸与悲惨，什么安慰也没有。如果你们同情瘸子，没有人比我们更瘸了，我们的脚不能从火堆中移出，我们的手无法挡脸以避开火焰。最后，如果你们同情遭受痛苦之人，你们所能知道的痛苦根本无法与我们正在遭受的相比；那灼烧着我们的火焰的热度超过了地球上所有火焰的热度，也超过了墙上描绘的最热的火焰的热度。如果你们生病了，想象着夜晚漫长而希望疼痛发生在白天，那时的一个小时感觉比五个小时还要长，那么你再想一想我们那愚蠢的灵魂所经历的夜晚该是多么漫长，我们无法入睡，无法安息，漫漫长夜都在火上炙烤，这夜晚长得如同许多天、许多星期、许多年……你身边还有医生，有时能治好你的病；然而没有任何药物能减轻我们的疼痛，没有任何退烧药能降低我们的温度。你们的看护者能减轻你们的痛苦，给你们带来舒适；看护我们

① 〔德〕黑格尔：《历史哲学》，王造时译，上海：上海书店出版社，2001年，第427页。
② 〔瑞士〕雅各布·布克哈特：《意大利文艺复兴时期的文化》，何新译，北京：商务印书馆，2002年，第451页。

的却正是那些上帝要从你们身边除掉之物——残暴而可怕的魔鬼，可憎的、嫉妒的、可恨的、可恶的敌人，以及令人生厌的酷吏，他们合起伙来比疼痛本身更可怕、更让人难以忍受：他们折磨我们，撕扯我们，从头到脚无所不至。[①]

整体来看，宗教改革的前夜既是一个普遍堕落的时代，同时也是一个普遍焦虑的时代。而在这一鲜明对照和强烈对比之中，也预示着一场大变革的风暴即将到来。

2. 政治博弈、技术革新与改革先锋

从政治背景上看，宗教改革的时代逐渐形成了皇帝、诸侯与教皇三足鼎立、相互博弈的基本政治格局，为整个宗教改革运动提供了生存和发展的有利空间。随着1453年东罗马帝国为奥斯曼土耳其帝国所灭，原先大一统的罗马帝国彻底消亡。随之出现的是诸侯林立、群雄并起的时代，当时所谓神圣罗马帝国名存实亡，其皇帝基本是由西班牙皇帝兼任。伴随着传统政治格局的改变，新的政治博弈活跃起来。一方面，徒有虚名的神圣罗马帝国皇帝希望能够联手罗马教皇，联合打压那些实际掌控其所控制区域政治、经济、军事、宗教信仰等各方面权力的各路诸侯。另一方面，罗马教皇也想借此机会能够实际插手和干预诸侯所控制区域的宗教信仰事务，从而达到扩张自身信仰权力的目的。而对于如下萨克森选帝侯腓特烈的各位诸侯来说，他们希望能够联合一切可以联合的政治力量，一方面对抗神圣罗马帝国，另一方面抵制罗马教皇对其实际控制区域宗教事务的插手和干预。因此，在宗教改革的时代，整个西欧社会形成了三方鼎立、互相博弈的政治格局。而透过后来马丁·路德在德意志境内引领的宗教改革运动的实际发展走向来看，这样一种三方博弈的政治格局恰好为宗教改革运动提供了生存和发展的有利政治空间，使得马丁·路德能够避免重蹈像威克里夫与胡斯这些宗教改革先驱从一开始就被扼杀在萌芽状态的历史命运。

而从技术革新的背景上看，公元1454年古腾堡(Johann Gutenberg)[②]印刷术的实际运用和广泛推广为宗教改革运动思想的迅速传播提供了有力的技术支持。活字印刷术最早是由中国人所发明的，然而基于种种原因并没有得到实际的广泛应用。直到公元1454年古腾堡在美因茨(Mainz)的印刷厂才印刷出第一批通过活字印刷技术印刷的文献。1456年，美因茨的印刷厂运用古腾堡印刷术印刷了第一本的拉丁文圣经。1457年印刷出版了《美因茨诗篇》(*Mainz Psalter*)。此后，这项技术由德国传到意大利，分别于1464年在苏比亚科(Subiaco)和1469年在威尼斯设立了印刷厂，并很快在整个西欧世界广泛应用。这项印刷和传播技术的革新恰好发生在16世纪宗教改革运动的前夜，极大地推进了宗教改革运动的传播和发展。具体来说，印刷技术的革新意味着宗教改革运动及其思想的传播能够以更加经济、更加迅捷和更加有效的方式传播。过往由人代笔手抄的方式被印刷机器的排版印刷所取代，不仅可以大大提高信息

---

① A. G. Dickens, *The English Reformation*, New York: Schocken Books, 1964, pp. 5-6. 译文转引自〔美〕蒂莫西·乔治:《改教家的神学思想》，王丽、孙岱君译，北京：中国社会科学出版社，2009年，第15页。

② 约翰·古腾堡(Johannes Gensfleisch zur Laden zum Gutenberg，公元1398年—公元1468年)，德国发明家，是西方活字印刷术的发明人，他的发明导致了一次媒体革命，迅速地推动了西方科学和社会的发展。

传播的速度，而且可以最大可能地避免过往人为手抄错误的发生，从而使得新信息、新思想、新文本能够以更快捷、更准确、更便利的方式在整个西欧社会广泛传播。有人曾这样评价新技术所带来的根本变革及其造成的深刻影响：

> 新的工具，新的文本，尽管它们是那么的粗糙，没加鉴别和不修边幅，或许正如它们的编辑一样，却使专注圣经成为可能，结果是令人吃惊和十分有效的。维滕堡、苏黎世、巴塞尔、斯特拉斯堡(Strasbourg)和圣盖尔的改教家知道他们是在做什么……在相距甚远的剑桥和牛津，清楚显示年轻学者因着它们而极尽努力，热切地冒险寻找这些学习圣经的新工具。它们构成了宗教的、神学的改革基础。把火种点起，燃亮里德利(Nicholas Ridley)的烛光的，不是政治家克伦威尔(Thomas Cromwell)，而是书商加勒德(Thomas Garrard)。[①]

而在思想背景上，在马丁·路德和约翰·加尔文之前出现了一大批宗教改革的先锋，这些改革先锋的出现为宗教改革运动的到来做了必要的前期准备。首先发出宗教改革先声的是14世纪牛津大学的神学家威克里夫与其思想继承者约翰·胡斯。他们对中世纪晚期天主教会的宗教观点、组织原则和腐败行为等诸多方面进行了严厉的抨击，并提出了一系列改革的主张和建议。这些改革建议包括：①批评天主教会有关圣餐所主张的“变质说”(化质说)[②]；②倡议对天主教会体制进行改革，由人民选举神职人员，根本废除任何可见的教宗制；③倡导圣经对于所有信仰和生活都具有至高无上的权威性；④拒绝天主教会的救恩补赎系统。1415年，在康斯坦茨公会议上天主教会判处威克里夫与胡斯的学说为异端。威克里夫著作被公开烧毁，掘墓焚尸，而胡斯则遭受罗马教会审判并最终被施以火刑烧死。然而，他们发出的宗教改革先声却点燃了16世纪宗教改革运动的火种。

三、16世纪宗教改革运动的实质内容

学界普遍认为，16世纪的宗教改革运动发端于马丁·路德1517年万圣节前夕在维滕堡教堂订立“欢迎辩论”的《九十五条论纲》。而在这场轰轰烈烈的宗教改革运动中最具影响力的主要有三场。首先是马丁·路德在德意志境内引领的宗教改革运动，它创立了基督新教路德宗(即信义宗)的传统。其次则是由约翰·加尔文在瑞士日内瓦引领的宗教改革运动，其直接后果是创立了基督新教加尔文宗(即改革宗)的信仰模式。最后则是发生在大不列颠地区的英国安立甘宗的宗教改革运动，其最终结果使得英国圣公会脱离罗马天主教会而成为独立教会。

---

① 〔英〕阿利斯特·麦格拉思：《宗教改革运动思潮》，蔡锦图、陈佐人译，北京：中国社会科学出版社，2009年，第13页。

② “变质说”(transubstantiation，也作“化质说”)，是天主教有关圣餐(eucharist)的教义，认为经过神父在圣餐仪式祝圣后的饼和酒其“偶性”(accidents)虽然保持未变，但其“实质”(substances)已经变成真正的耶稣基督的身体和宝血。

1. 马丁·路德的宗教改革

马丁·路德(Martin Luther,公元1483年—公元1546年)出生于德国艾斯勒本(Eisleben)的一个农民家庭,父母都是虔敬的基督徒。路德出生不久后,全家迁往曼斯菲尔德(Mansfeld)。1488年,路德进入曼斯菲尔德中学念书,学习拉丁文。1501年在当时德国最著名的大学爱尔福特(Erfurt)大学求学,早年一心想当律师。1505年在回乡路途中遭遇一次意外的雷击事件后,马丁·路德对生命有了全新的认识,决心放弃法学研究,成为爱尔福特奥古斯丁修道院的一名修士。进入修道院后,马丁·路德深深受困于"上帝究竟如何怜悯和宽恕自己的罪恶"的问题,时常感到焦虑,通过各种苦修、禁欲、绝食、自我鞭挞等方式都未能消除自己精神上的深沉罪孽感。1507年5月,路德被按立为神父,并举行了首次弥撒。1508年,路德被派往维滕堡大学担任教师。1509年3月,路德在维滕堡大学获得圣经学学士学位。1510年11月,路德被奥古斯丁修会派往罗马处理一些事务,路德原本对罗马有美好憧憬,然而此行使他目睹了罗马教会的腐败和堕落,由此对罗马心生厌恶。1512年10月,路德获得维滕堡大学神学博士学位。1515年在默想《罗马书》第1章17节"义人必因信得生"时方获得一种灵性上的确信,从此仿佛获得重生一般。经此思想领域的重大转变,路德实现了神学突破,也进一步点燃了其变革思想。1517年10月31日,路德在维滕堡教堂门口订立《九十五条论纲》,开启了宗教改革运动的大幕。1519年,路德在莱比锡与支持罗马教会的著名神学家埃克辩论,表达了自己的宗教改革立场。1520年,路德在沃尔姆斯国会受审,会中明确表明自己观点,舌战群儒,坚决捍卫自己的改革主张,发表名言:"这是我的立场,我不得不如此。"1521年1月,路德被罗马教会革除教籍。1521年底,路德处境越来越危险,在下萨克森选帝侯腓特烈的暗中帮助下,他化装为骑士隐匿于瓦特堡(Wartburg)。在此期间,路德着手将《新约》圣经从希腊文翻译成德语,使得德国普通老百姓能够直接阅读《圣经》。1524年,德国农民起义爆发。路德最初持同情态度,后来转向德意志贵族支持诸侯积极镇压。也因此,路德被斥为"叛徒",声誉遭受极大损害。1524年至1525年间,路德与基督教人文主义者伊拉斯谟就人类自由意志问题展开激烈争论,并由此导致与人文主义者彻底决裂。1525年6月,路德与修女凯瑟琳·冯·波拉(Katherine Von Bora)结婚。1529年,路德与茨温利在马尔堡会谈失败,基督新教阵营分裂。1530年,路德忠实追随者梅兰希顿起草《奥格斯堡信经》,但未被接受,基督新教与天主教之间的关系完全破裂。1546年2月,路德应邀前往艾斯勒本调解贵族纠纷,路上不幸感染风寒。1546年2月17日,马丁·路德病逝于故乡艾斯勒本,后来葬于维滕堡。

路德在1520年前后陆续发表了宗教改革运动的三大论著,即《致德意志基督徒贵族公开信》、《教会被囚巴比伦》和《基督徒的自由》,这三本小册子与《论善功》一书合称为"宗教改革运动的四大文献",也由此确立了基督新教路德宗和宗教改革的基本原则。在《致德意志基督徒贵族公开信》中,路德详细阐明了他的一系列改革主张和建议。具体包括以下三个方面的内容。

(1)路德提出要拆除罗马天主教的"三道围墙":①针对罗马教会主张宗教权力大

于世俗权力，属灵阶级高于属世阶级，路德针锋相对地提出“万民皆祭司”的主张；②针对罗马教会主张教皇拥有解释圣经的权力，教会传统高过圣经，路德坚决主张唯独圣经是基督教信仰的最高权威；③针对罗马教会主张教皇拥有至高无上的权力，路德提出属世和属灵两个国度的区分。

(2)路德明确提出要改革教会弊端：①反对教皇奢侈浪费；②反对教皇控制社会经济；③反对教廷内的贪污腐化。

(3)路德还提出了具体改革建议：①主张破除罗马教会自上而下的教阶体制，提倡教会独立自主；②倡导教会恢复奴仆形象；③反对独身，主张神职人员可以结婚；④改革陋习；⑤重视学校教育；⑥限制教会发展经济，崇尚节俭朴素。

而在《教会被囚巴比伦》中，路德阐述了有关圣礼的基本主张。他认为任何一种圣礼必须具备三个基本要素，即象征(sign)、上帝的应许(promise)和人的信心(faith)。因此，罗马天主教会一直坚持的七种圣礼(坚信礼、忏悔礼、圣餐、洗礼、婚礼、按立礼、临终抹油礼)被路德简化为两种圣礼(洗礼和圣餐)。关于圣餐仪式，路德反对平信徒不能领杯，只能领饼；反对化质说，主张耶稣基督的身体和宝血真实而普遍地临在于圣餐所使用的饼和杯中(合质说)；反对将圣餐视为带有功德的献祭。

在《基督徒的自由》这本小册子中，一方面，路德主张基督徒在“基督之下，万人之上”，也就是说基督徒是全然自由的众人之主，基督徒唯独在基督主权之下，不受任何其他权柄辖制而在万人之上。另一方面，他主张基督徒也能够“为了基督，万人之下”，也就是说基督徒是全然顺服的众人之仆，基督徒为了基督的缘故可以服事众人而屈居万人之下。在这本论述基督徒自由的小册子中，路德明确提出，上帝不是在荣耀和光环中，而是在隐匿处(屈尊“道成肉身”)和苦难中(耶稣基督蒙难受辱的十字架上)向我们启示和显现自身。在路德看来，有限性的人是完全软弱无助的罪人，必须完全信靠上帝，追随耶稣基督，效法耶稣基督背负十字架。路德认为，在所有罪中，不信是最大而且最根源性的罪。

《论善功》一书主要针对的是罗马天主教会主张通过外在的善功来获得上帝恩典的一整套救恩补赎系统。在这本小册子中，路德明确提出有关善功的以下几点主张：①信守上帝的诫命就是善功；②所有善功以信仰基督为最高、最大和最根本的善功；③评判善功的根据和标准在于信仰；④若出于信仰，所做的一切皆为善功；若不是出于信仰，所做的一切都是不好的。

从本质层面上讲，马丁·路德宗教改革的基本精神和基本原则正是“唯独因信称义”(sola fides justificate)，即义人单凭信仰通过上帝神圣恩典的管道而被上帝拣选为(宣称为)义人。早在1515年路德取得自己精神层面的重大突破的时候，他就已经确立起了宗教改革运动的这面精神旗帜。多年以后，路德回忆说：

> 我确实被一种异乎寻常的热情所驱使，想要理解《罗马书》中的保罗。但是在这之前，并不是说我的心是冷血的，而是我被《罗马书》第一章里的一句话所难，那就是：“因为上帝的义正在这福音上显明出来。”我恨“上帝的义”这个词，因为按照所有老师们的习惯用法，我学会把这个词从哲学上理解为他

们所谓的形式的或主动的公义，有了这一点上帝是公义的，并且惩罚不义的罪人。

我虽然过着修道士的生活并问心无愧，但是我感到，我在上帝面前是良心极度不安的罪人。我不能相信上帝由于我的苦行赎罪就会对我息怒。我不曾爱过，说真的，我恨过那个惩罚罪人的、公义的上帝，而且我在暗中，如果不是亵渎地，但确实是满腹牢骚地，对上帝发怒……

最后，靠上帝的怜恤，我夜以继日地默想，我注意到这句话的上下文，即“因为上帝的义，正在这福音上显明出来，如经上所记，‘义人必因信得生’”。从这里我开始明白，上帝的义就是，义人靠上帝的恩赐而得生，也就是因信而得生。其含义是：上帝的义在福音上显明出来，即慈悲的上帝借着这个被动的公义使我们得以因信称义……至此，我感到我好像完全得到重生一般，并且通过敞开的大门已经进入乐园。整本《圣经》以一个完全崭新的面目呈现在我的面前。①

路德的“因信称义”的思想本质上就是要重拾虔敬信仰，使信仰的权威地位得到重新树立。作为路德宗教改革思想核心的“因信称义”实际上是要把人的信仰作为人蒙上帝恩典而获得救赎和在上帝面前称为“义人”的基础和前提。围绕“因信称义”的核心要义，路德提出了“唯独信仰”(sola fide)的基本内涵。通过信仰，上帝赐予神圣救恩，并通过耶稣基督蒙难被钉十字架而赎清了人的原罪。与此同时，人也在信仰的基础上由“罪人”转变成“义人”。因而，通过“因信称义”的提出，路德就把人如何获得救赎，人如何能确定自己蒙恩得救的问题与塑造虔敬信仰三者紧密联系在一起，信仰也成为由“罪人”转变成“义人”的内在转变的根基，信仰的基础性与根本性地位从而得到完全确立。如果说马丁·路德引领了整个16世纪的宗教改革运动，那么“因信称义”的思想无疑成为整个宗教改革运动的精神基石。

路德的“因信称义”的思想从直接层面上讲有两个根本立足点。第一，路德本人牢牢地抓住《圣经》文本作为自己思想的根源，而新约《罗马书》正是他提出“因信称义”思想的文本基石。新约《罗马书》中多次直接论述了“信”和“义”的问题。《罗马书》第1章17节说道：“因为神的义正在这福音上显明出来；这义是本于信，以致于信。如经上所记：‘义人必因信得生。’”第3章23节到26节讲道：“因为世人都犯了罪，亏缺了神的荣耀，如今却蒙神的恩典，因基督耶稣的救赎，就白白地称义。神设立耶稣作挽回祭，是凭着耶稣的血，借着人的信，要显明神的义。因为他用忍耐的心，宽容人先时所犯的罪，好在今时显明他的义，使人知道他自己为义，也称信仰耶稣的人为义。”依托于圣经文本，路德“因信称义”的思想不仅获得了牢不可破的坚实根基，其自身的权威性也得到了有力保证。

第二，路德“因信称义”的思想与作为早期教父哲学思想经典的奥古斯丁预定论的“原罪说”有根本性的思想关联。从某种程度上讲，路德的“因信称义”实际上是要重新

① 转引自〔美〕胡斯都·L.冈察雷斯：《基督教思想史》(第三卷)，陈泽民等译，南京：译林出版社，2008年，第26-27页。

回归到奥古斯丁强调上帝至高无上的绝对主权，以及人类对于上帝恩典的绝对依赖的精神实质，即"唯独恩典"(sola gratia)。奥古斯丁把人的罪划分为"本罪"和"原罪"。人的"本罪"可以通过人的善功得到救赎，而人的原罪却不能通过人自身的努力来获得自救，要想得到救赎就只能完完全全依靠上帝的神圣救恩。信仰个体可以通过信靠基督和信靠上帝而获得某种主观确信，但这并不能代表他一定处于蒙恩得救的状态。实际上，上帝在创世之初已经依据某种超理性的神秘原则决定了哪些人会被拣选。拣选和救恩的神圣主权完完全全地把握在上帝的手中。

马丁·路德对信仰权威的重新树立根本上是通过对信仰方式的转换最终得以实现的。透过"因信称义"的思想，马丁·路德明确提出"唯独圣经"(sola scriptura)的信仰个体性原则。路德认为，每个信仰者都有自己去阅读和理解圣经的权利；每个个体都可以通过对圣经文本的理解，通过个体的内心体验和内在情感而与上帝进行直接的灵性沟通和交往；每个个体都可以以自己的方式来理解和解释圣经，以个体内在的信仰和忏悔来获得上帝的宽恕与怜悯。尽管每个个体都有他自己对圣经的独特理解，有他独特的情感和体验，但这些都无关紧要，因为每个个体都是最终朝向对上帝、对耶稣基督的信靠和信仰。整体化的教义与教条被取消了，但每个个体把最内在和最真挚的生命经历和生命体验纳入了对上帝的信仰之中，从而使信仰本身充满了鲜活的生命力。"按照路德的观点，人的信仰本身是被决定的，但是人却在被决定的信仰中获得了自由。"[①]"'他之能打动人心是靠出自心底的宗教信仰的力量，这种信仰导致对上帝不可动摇的信赖，与上帝建立直接的、个人的关系，对得救深信不疑。这就使中世纪那一套复杂的教阶体系和圣事制度没有存在的余地。'不仅如此，这种出自真实心情的神秘主义信仰也使一切关于上帝的逻辑证明和理性知识没有存在的余地。"[②]路德的这一思想使得信仰由整体性转变成个体性，从外在化转换成内在化。因此，正是马丁·路德的"因信称义"开启了由信仰的整体性原则向信仰的个体性原则的转换。这种信仰的个体性原则实际上给予信仰本身无限广阔的空间，为信仰奠定了更加深厚的基础。因此，马丁·路德引领的宗教改革运动本质上是力图引导人们回归基督教传统和虔敬信仰，重新建构上帝与人之间的正当关系，从而实现对罗马天主教信仰体制和信仰模式的一次根本性扭转。

2. 约翰·加尔文的宗教改革

约翰·加尔文(John Calvin，公元1509年—公元1564年)，日内瓦宗教改革的领袖和引领者，基督新教加尔文宗(改革宗)的开创者。1509年6月10日，加尔文出生在法国巴黎东北70英里(1英里≈1.6千米)的努瓦永小城。1523年，加尔文前往巴黎求学，在接受了严格的文科教育之后，1528年，迁往奥尔良学习民法，1529年因慕意大利法学家阿尔恰蒂之名而移居布尔日求学。1531年，加尔文返回巴黎大学继续学习，但在1533年11月2日被迫从巴黎出逃，据说是因为加尔文参与撰写了时任巴黎

① 赵林：《神旨的感召——西方文化的传统与演进》，武汉：武汉大学出版社，1993年，第347页。

② 赵林：《黑格尔的宗教哲学》，武汉：武汉大学出版社，2005年，第50页。

大学校长科普的一篇公开支持路德“因信称义”教义的公众演说稿。1534 年，加尔文定居于瑞士的巴塞尔，逐渐成为宗教改革的热心支持者，并于 1536 年 5 月发表了初版的《基督教要义》，系统而清晰地说明了基督教信仰的基本要点。此书是加尔文一生所发表的最为重要的思想巨著，后经过长达 23 年的不断修订，直至其生命垂危之际完成第五版的定稿。全书也从最初 6 章扩展成四大卷 80 章的鸿篇巨制。1536 年，加尔文决定到斯特拉斯堡定居，由于战争缘故必须绕道日内瓦。于日内瓦短暂停留期间，在日内瓦宗教改革领袖法雷尔的极力挽留下，加尔文应允做法雷尔的助手，协助其推行宗教改革。加尔文试图在日内瓦推行的一系列宗教改革遭遇强大阻力，1538 年复活节，加尔文被驱逐出日内瓦这座城市，逃亡至斯特拉斯堡。在斯特拉斯堡的岁月里，加尔文系统地进行神学思考和著述活动，反思早年日内瓦宗教改革失败的经验教训。1541 年 9 月，日内瓦重邀加尔文返回，再三犹豫之后加尔文决定重返日内瓦，在日内瓦强力推行宗教改革，最终成功地把日内瓦改造成一座加尔文主义和基督教精兵大本营。1564 年 5 月 27 日，加尔文与世长辞，根据其遗愿安葬在一座公墓中，无碑无名。

加尔文的《基督教要义》既是他本人最重要的著作，也是整个基督新教教义神学的理论巨著，是宗教改革时代乃至整个基督新教神学最伟大的作品之一。在《基督教要义》一书中，加尔文依据使徒信经的顺序撰写，涉及内容极其丰富，涵盖了基督教信仰的所有基本要点。全书有四卷内容，包含了上帝论、基督论、圣灵论、教会论四大部分。第 1 卷讨论对上帝的认识，特别是有关上帝的创造和摄理(providence)。第 2 卷讨论救赎，包括人的罪、耶稣基督的位格与本性等诸多问题。第 3 卷讨论救赎在信仰个体身上的作用，包括对信心、重生、称义、预定等诸多教义的分析和阐释。第 4 卷讨论与作为信仰团契的教会有关的各种问题。除了《基督教要义》一书，加尔文还发表了许多其他著作。其作品大致分成以下五类：①圣经注释。依靠一流的希腊语、希伯来语知识和人文主义的全面训练，加尔文注释了除《约翰二书》、《约翰三书》和《启示录》外的所有新约书卷，以及摩西五经、《约书亚记》、《诗篇》和《以赛亚书》。加尔文的注释和旧约著述卷帙浩瀚，仅英译本就多达 45 卷。②讲章。③小册子和论文。④书信。⑤礼仪和教理问答作品。

从总体上来讲，加尔文基督教思想最核心的主题就是强调上帝的神圣主权和彰显上帝的神圣荣耀，具体包含以下六个方面的思想主张。①加尔文相信并主张上帝的摄理和预定。在他看来，上帝的摄理是从上帝创造的角度来看上帝的主权，而上帝的预定则是从上帝拯救的视角来看上帝的主权，这二者是平行的。摄理是在讨论上帝在创造当中的主权，预定则是讨论上帝在拯救上的主权。因此，这二者一致性地彰显了上帝的主权。②加尔文强调圣经是信仰与生活的最高准则，所有的教会传统和信仰生活都要经过圣经的检验，圣经的地位要高过教会传统，教会应当建立在圣经的基础之上，圣经就是让人看清上帝启示的“眼镜”。③加尔文主张不论新约还是旧约，本质上只有一个约，就是上帝永恒的应许，也因此福音和律法绝非根本对立，二者都是上帝的旨意。加尔文认为，律法本身具有三种正面的价值和功能：律法使人认识上帝的本性；律法具有警诫作用；律法具有训练和教导作用。④加尔文强调一种积极入世的信仰精神，主张世俗生活和世俗生命的唯一主题就是一心一意地彰显上帝的神圣荣耀。加尔文非常强调信仰在生活上的实践，任何工作都是荣耀上帝之处。⑤加尔文主张只有一个国度，那就是上帝之国。上帝不只对教会里的事有主权，也对世界上的一切事务拥有主权。因此神学信仰和现世关怀不可分离，每个信仰者应当出于信仰而对现世生活加以检讨批判。⑥加尔文试图调和路德与茨温利有关圣餐的观点。他主张圣餐时，人在圣灵里领受耶稣基督的身体和宝血，亦即耶稣基督的身体和宝血在圣灵里真实临在。加尔文认为，人若在圣灵的感动里，所领受到的是耶稣基督的身体和宝血；人若不在圣灵的感动里，则只是吃饼饮杯。加尔文试图把对圣餐的关注和理解的重点放在圣灵在"人"身上的工作，而不是在"饼和杯"上。

加尔文这一系列思想主张也为其在日内瓦进行的宗教改革实践奠定了理论基础。加尔文在日内瓦推行了一系列强有力的改革措施：①废除天主教会的主教制，建立改革宗的长老制，建立牧师、教师、长老、执事各司其职、相互监督、互相制衡的教会运行体制。②简化宗教仪式，在罗马天主教会主张的七项圣礼中只保留洗礼和圣餐两种圣礼。③改组日内瓦市议会，建立政教合一的神权政府。④提倡节俭，反对奢侈，严禁赌博、跳舞、酗酒、卖淫、演戏等行为。⑤鼓励经商致富和正当的经济活动。

从历史影响上看，加尔文通过一系列教义理论的建构和日内瓦教会改革的实践活动，开创了有别于路德宗(信义宗)的基督教新教信仰新形态——加尔文宗(改革宗)，历史影响深远。与路德相比，加尔文试图走出良心宗教的限制，走入宗教的实践行动和实践生活，体现出一种一心要彰显上帝主权和荣耀的积极入世的信仰精神，深刻影响了西方近代政治、经济、文化等各个方面的发展。此外，加尔文基督教思想带有"重知"的特色，注重知识的训练，带有较多知性色彩。而在加尔文影响下的改革宗教会，由于重知的特色而常常吸引知识分子，同时改革宗教会也更注重对每个信仰者的知识教育与纪律训练。

3. 英国的宗教改革

与马丁·路德在德意志境内引领的宗教改革运动和约翰·加尔文在瑞士日内瓦领导的宗教改革不同的是，英国的宗教改革是由一系列看似偶然的历史事件所引发的，更多是基于现实政治和国家利益的具体考量由世俗君王运用行政手段自上而下所推行的。其最终结果导致了英国安立甘宗教会从罗马天主教会脱离出来而成为独立的英国圣公会(即英国国教会)。

事件起源于当时的英国国王亨利八世(公元 1509 年至公元 1547 年在位)与其原配妻子凯瑟琳先后生了 6 个孩子，但只有女儿玛丽长大成人，没有男性王位继承人。受到王位继承问题的困扰，亨利八世想休掉原配妻子凯瑟琳而与一位美貌宫女安妮·布琳结婚。由于王室婚姻是在罗马教皇的主持下神圣缔结的，因此要想解除此段婚姻就必须征得罗马教皇同意。亨利八世的这一请求遭到时任罗马教皇克莱门特七世的严厉拒绝，一意孤行的亨利八世一怒之下与罗马教皇反目成仇。双方的矛盾迅速激化。1532 年，亨利八世授权国会通过法令规定，未经国王许可，英国境内的任何神职人员不得向罗马教廷交纳首年圣俸。同年，亨利八世通过法令禁止本国国民向罗马教廷上诉一切案件。1533年，亨利八世亲自任命克兰默为坎特伯雷大主教，并在他的主持下成功解除婚约。亨利八世的这一系列举动彻底激怒了罗马教皇，克莱门特七世宣布亨利的离婚判决无效，并要挟要开除其教籍。亨利八世也随即做出回应，禁止向教皇缴贡纳税，废止一切效忠教皇的宣誓和有利于确立教皇权威的条款。1534年11月，英国国会通过著名的“至尊法案”，宣布建立英国国教会(安立甘教会，圣公会)，彻底与罗马教会决裂。该法案明确宣告：“国王陛下、他的后嗣和继承者，这个王国的诸国王，应取得、接受和被称为那叫做安立甘教会(Anglicana Ecclesia)的英格兰教会在尘世的唯一的最高首脑。”①虽然在随后几个世纪里，英国国教会时常在脱离罗马教会和回归罗马天主教之间摇摆不定，但也始终能够坚守安立甘宗教会自身的独立性。

4. 罗马天主教会的反宗教改革运动

面对如火如荼的宗教改革运动，公元1544年11月11日，教皇保罗三世颁布谕令，决定在翌年三月于意大利特兰托召开第十九次基督教全体会议，这就是历史上著名的特兰托公会议。特兰托公会议召开的本意是想要促使基督新教和罗马天主教能够言归于好，使得整个基督教世界再度团结统一起来。因此，大会起初试图邀请基督新教路德宗的代表出席。然而，教皇保罗三世却从一开始就把会议的基调定为强调基督新教和罗马教会之间的差异，以证明基督新教是异端，而罗马教会才是真正的正统教会。这一做法使得特兰托公会议最终演变成了一次罗马天主教的反宗教改革运动的会议。

特兰托公会议的规模可谓空间盛大。天主教会数百位主教、修道院院长和特殊宗教团体领袖，浩浩荡荡汇聚于此，整个会议断断续续历时长达20年之久。参加会议的一位枢机主教描述说：“在教会历史上，没有任何大会决定过这么多问题，确立过这么多教义，或者制定过这么多法规。”②据详细资料记载，当1563年12月4日特兰托公会议闭幕的时候，一共有四位教宗使节、三位宗主教、二十五位大主教、一百二十九位主教、七位修道院院长、七位天主教特别团体的领袖、十位检察官以及欧洲所有天主教国家的大使联合起来，郑重地在这次大会所通过的一系列教义、法规、决议和谕令上签字。有人归纳说：“这个大会对于在天主教传统与异端教义之间的所有差异，都发表过言论，并且果断地决定，天主教徒应该相信的是什么。这个大会的成就极其重要，使教会确认她的稳固根基，杜绝对于启示真理的争论，确定从此以后，除非错得太离谱，否则无人可以否认的规章。”③

1563年特兰托公会议通过的最终决议包括：①针对宗教改革者主张唯独《圣经》是基督教信仰的最高权威，罗马天主教再次强调和重申教会传统与《圣经》具有相同的权威。②再次强调和重申只有一种《圣经》译本(即武加大译本)具有最终的权威性。

---

① 蒋孟引主编：《英国史》，北京：中国社会科学出版社，1988年，第302页。

② Henri Daniel Rops, *The Catholic Reformation*, trans. by John Warrington, New York: E. P. Dutton, 1962, p. 94.

③ Henri Daniel Rops, *The Catholic Reformation*, trans. by John Warrington, New York: E. P. Dutton, 1962, p. 99.

③再次强调和重申罪是人的本性的败坏。④再次强调和重申罪的赦免既需要神恩，也需要人的善功。⑤针对宗教改革者简化圣礼的主张，罗马天主教再次强调和重申圣礼必须有七种。⑥主张教皇无谬误。除此之外，这次大公会议还批准建立了由瘸子罗耀拉所创立的战斗的耶稣会[①]。对于特兰托公会议的这一做法，保罗·蒂利希在其《基督教思想史——从其犹太和希腊发端到存在主义》一书中这样评价道："反宗教改革运动不只是一种简单的反对行动，而是实际的改革。就在特伦托会议之后罗马教廷已不是它以前的样子而论，它是一次改革。这是教廷从自我肯定出发，决定去反击宗教改革运动的伟大进攻。当某件事被攻击时，它后来对这一方面重新做出肯定，那就已不是原来的样子了。具有特征意义的结果之一是，教廷变得狭窄了。……在反宗教改革运动中，罗马教廷所包含的许多可能性被停止了。罗马教廷企图成为'反对者'，即宗教改革运动的'反对者'——恰如新教教会将其先知的原则变成抗议罗马的原则一样。"[②]

与此同时，为了回应罗马天主教的特兰托公会议所通过的一系列决议，几乎所有欧洲基督新教团体都在此期间发表了自己的信仰告白。先是长老教会分别于 1647 年和 1648 年公布了威斯敏斯特信经和威斯敏斯特信仰告白（*Westminster Confession and Catechism*）；当特兰托公会议接近尾声的时候，荷兰的改革宗新教徒于 1561 年发布了比利时信经（*Belgic Confession*）；瑞士的宗教改革者于 1562 年发表了海德堡教义问答（*Heidelberg Catechism*）；而在特兰托公会议闭幕不久，路德宗教会领袖就于 1577 年出版了作为其信仰指南的协同书（*Formula of Concord*）。

1518 年，基督教人文主义者鹿特丹的伊拉斯谟 51 岁时，他自感时日无多，充满希望地预言了"一个黄金时代不久就要来临了"。然而随后不久他却"不幸"目睹了宗教改革运动导致的基督教世界的第二次大分裂。18 年后的 1536 年，在他去世之前，伊拉斯谟由衷地哀叹这个时代是"自耶稣基督被钉十字架以来最糟糕的一个世纪"。而与此正好相反，苏格兰长老教会的著名神学家威廉·坎宁安（William Cunningham）坦率宣称 16 世纪的宗教改革运动是"自圣经正典完成以后所发生的最伟大的事件"[③]。实际上，自 16 世纪宗教改革运动发生以来，关于这场宗教改革运动的意义和影响始终都伴随着正面的赞美和负面的批评。然而，从客观意义上讲，16 世纪的宗教改革运动至少造就了以下三个方面的客观历史效果。首先，它导致了基督教世界的大分裂，特别是基督教新教（路德宗、加尔文宗、安立甘宗等）和天主教之间的对立。其次，它有力地打破了神圣与世俗之间壁垒森严的对立状态，使二者有机融为一体。马克思曾这样评价路德的宗教改革，他说："他破除了对权威的信仰，是因为他恢复了信仰的权威，他

---

① 耶稣会作为天主教修会之一，于公元 1534 年由圣罗耀拉在巴黎大学创立，1540 年经教皇保罗三世批准建立。该会不再奉行中世纪宗教生活的许多规矩，如必须苦修和斋戒、穿统一制服等，而主张军队式的机动灵活。其组织特色是中央集权，在发最后的誓愿之前需经过多年的考验，并对教皇保持绝对忠诚。耶稣会会士主要从事传教、教育活动，并组成传教团，积极宣传反宗教改革。1556 年圣罗耀拉去世后，其会士已遍布全世界。

② 〔美〕保罗·蒂利希：《基督教思想史——从其犹太和希腊发端到存在主义》，尹大贻译，北京：东方出版社，2008 年，第 192-193 页。

③ William Cunningham, *The Reformers and the Theology of the Reformation*, Edinburgh: T. and T. Clark, 1866, p. 1.

把僧侣变成了世俗人，是因为他把世俗人变成了僧侣。他把人从外在的宗教笃诚解放出来，是因为他把宗教笃诚变成了人的内在世界。他把肉体从锁链中解放出来，是因为他给人的心灵套上了锁链。”①而在《新教伦理与资本主义精神》一书中，马克斯·韦伯正是借由分析、考察“天职”(beruf;calling)概念，向人们展示入世禁欲的基督新教伦理对于近代资本主义精神形成和近代资本主义经济发展的内在影响。最后，16世纪的宗教改革运动间接导致了近代民族意识和民族国家的兴起，极大地塑造了近现代西欧社会的基本面貌。

时至今日，世界历史学界普遍认为，肇始于16世纪欧洲的宗教改革运动同后来的自然科学革命和资产阶级“政治革命”一起开启了西方世界近现代化的历史进程。实际上，西方世界的现代化进程的确与宗教改革运动有着密切联系，宗教改革运动堪称欧洲历史上最大的一次思想解放运动。概括而言，不论是现代资本主义市场经济制度的确立，还是造就现代世界政治格局的英、法资产阶级革命和美国独立战争，以及人类思想文化的现代化发展，全都与400多年前所发生的那一场席卷欧洲各国的宗教改革运动及其后果有着密切联系。如果不了解那场改革运动及其后果，就不可能真正了解现代世界及其种种问题。而那场改革运动的直接后果，就是基督教新教及其各个派别的产生。在很大程度上，造成上述历史巨变的，正是那场改革运动中涌现的重要历史人物以及后继新教各派创立者们和中兴者们的思想活动。

---

① 《马克思恩格斯选集》第1卷，北京：人民出版社，1995年，第10页。

第五章

尾声：近代文明的曙光
——西方从中古(medieval)向近代(modern)的过渡

关于西方中世纪(medieval)与近代(modern)之间的历史划分问题，西方历史学界至今还未达成统一意见。有人认为应该从公元1453年东罗马帝国灭亡开始，因为它标志着罗马帝国的历史彻底终结，并开启了14世纪、15世纪文艺复兴运动的序幕。也有人认为应该从1517年马丁·路德在维滕堡教堂订立《九十五条论纲》算起，因为它标志着16世纪宗教改革运动的开启。有历史学家认为公元1566年尼德兰的圣像破坏运动引发了最早的尼德兰资产阶级革命，标志着近代意义上的西方世界开始形成。当然，也有思想家甚至推迟到17世纪、18世纪启蒙运动和理性精神的觉醒，把它作为近代意义上的西方开始的标志。布林顿在《西洋文化史》中这样写道：

> 对于"中古"(medieval)与"近代"(modern)的界标究竟应该放在哪一年，历史家因为受到其国家传统利益，以及其他许多因素的影响，议论纷纭，莫衷一是。虽然如此，但大体上都是放在十五世纪的后半期。例如，对美国人，不言可知，自然主张一四九二年；而新教徒(protestants)当然主张发表"九十五点异议"(Ninety-Fire Theses)的一五一七年。西欧各国的历史家，则主张强大而雄心万丈的君主出现的那一年作为"中古"与"近代"的界标。如法国选择一四六一年，该年路易十一世(Louis Ⅺ)登基为法王；西班牙选择一四六九年，该年亚拉冈的菲迪南(Ferdinand of Aragon)与卡斯提尔的伊莎白拉(Isabella of Castile)缔姻；英国选择一四八五年，该年亨利七世(Henry Ⅶ)成为第一位都铎王。如果从国际关系着眼，历史家则倾向于主张一四九四年……在是年内，法王查理八世率军跨越阿尔卑斯山，远征意大利。这一场意大利之战，有些史家认为是"第一次近代战争"。①

无论怎样富有争议，伴随着14世纪、15世纪文艺复兴运动和16世纪宗教改革运动的发展，整个西方世界在后宗教改革时代都已经逐步走在从中古(medieval)迈向近代(modern)的历史进程中。

一、宗教改革的后续——基督教世界的多元化发展

马丁·路德的宗教改革使得基督新教路德宗成为德意志境内基督教信仰和基督

---

① 〔美〕布林顿、克里斯多夫、吴尔夫：《西洋文化史》(第五卷)，刘景辉译，台北：台湾学生书局，1983年，第21-22页。

教教会的主导力量。在德意志境内，许多人都改信新教路德宗。但是，在马丁·路德去世一两个世代之后，新教路德宗却无可挽回地堕落了，变得面目全非。路德宗的主要神学家纷纷致力于把路德宗的教义、教规和教条系统化和体系化。路德宗越来越失去了在当初马丁·路德宗教改革时期所具有的灵性生机与活力，反而变得越来越程式化和保守僵化。正如冈察雷斯在其《基督教思想史》第三卷中所描述的那样，信仰"变得越来越陈腐和客观，神学的重要性似乎主要是在于陈述一系列可以用命题正经八百地叙述出来，由一代传给另一代的真理"①。换句话说，路德宗已经越来越呈现出经院主义和理性主义的趋向，这与路德宗教改革的初衷是背道而驰的。

近代基督教思想史家经常用"路德宗正统教义"(lutheran orthodoxy)来描述后路德时代新教路德宗的这种普遍僵化和保守化的思想趋向。概括来讲，路德宗正统派，或者说新教正统派神学的基本特征主要体现在以下三个方面。①教条化。宗教改革者的神学原本极具开放性与活力，而新教正统派却渐趋教条化，希望制定出完善的教条、教义和教规以供信徒去严格遵守。②理性化。新教正统派在构建规范的教义、教条的过程之中，融入了自然神论和亚里士多德的逻辑学的因素，在神学思想系统化的过程中忽视了信仰生活中人与上帝间的联系，以及宗教体验的情感层面，导致了在建构神学系统过程中渐趋理性化。③程式化。新教正统派追求一种放之四海而皆准的普遍教理和教义公式，摒弃了神学思考和信仰生活本身所具有的活泼性、创造性和开放性，因而渐趋僵化、保守和程式化。总而言之，在后路德时代，新教路德宗在灵性、道德和神学方面普遍陷入了疲态。

1. 虔敬主义运动的兴起

从这个意义上说，17 世纪、18 世纪德国虔敬主义运动，或者说虔敬派，恰恰是针对路德宗正统派和新教正统派的一次反动。从本质上讲，虔敬派是从基督新教分支出来的一个经过改造的新派别，它旨在以一种新的信仰形式来反对和取代日益教条化的和日趋堕落的路德新教。虔敬派的主要特点是要求人们对上帝的信仰从外在化的教导、教义返回到自己的内心世界，通过对自己内在生活和内心信仰的关注，与上帝保持一种活泼的灵性交往。这样，虔敬派实际上就是继承和恢复了德国神秘主义、唯灵主义和虔敬主义的传统。更为重要的一点是，由于十分强调对人的内在生活和内在信仰的关注，虔敬派把人们对自己内在道德的要求提升到了一个更高的层次，即把道德是否高尚和纯洁与对上帝的信仰是否真诚和虔敬紧密地联系在一起。德国虔敬派的思想通过对每个信仰个体的信仰方式的关注而具有持久和深入的影响。"敬虔主义者认为，他们的任务就是借着把焦点投注于神更新信徒的内在生命……那么个人对神的经历，就成了虔敬主义的焦点和重点。对所有虔敬主义者而言，基督徒生命存在的真正起点，或许是浸礼，但只有浸礼还不够，甚至加上信心也同样不行。有一种生命的改变称为归正，在他良心复苏时或复苏之后发生，并且必须同时要有更新变化的心，也就是

---

① Justo L. Gonzālez. *A history of Christian Thought*. Nashville:Abingdon Press,c1987. Rev. ed.,[2nd English ed.]. vol. 3, p. 300. 译文转引自〔美〕奥尔森:《基督教神学思想史》,吴瑞诚、徐成德译,北京:北京大学出版社,2003 年,第 513-514 页。

对神的事情产生全新的爱好，否则这变化就不是真的，而且这个人就是没有真正融入基督教的信仰里。”①

可见，虔敬主义所追求的是一种活泼而富有生命力的虔敬状态和信仰生活。但从另一个层面来看，虔敬主义也是一种复兴路德宗教改革基本精神的运动，并且旨在继续推进或者说完成路德所开创的宗教改革运动。虔敬派尊奉路德本人，处处引述路德本人的言论。他们遵循路德所提出的“唯独信仰、唯独恩典、唯独圣经”的宗教改革基本主张。并且虔敬派的主要思想家和领袖本身也都是路德宗的神职人员。从这个角度来说，虔敬派既是对路德宗教改革传统的一次复兴，同时也是对路德所开创的宗教改革运动的推进和继续发展。

17 世纪、18 世纪德国虔敬主义运动造就了四位主要思想家和领袖，他们的思想和实践活动极大影响和推进了 17 世纪至 18 世纪德国虔敬主义运动的发展。第一位是作为虔敬主义运动先驱的亚仁特(Johann Arndt)，亚仁特的基本生平鲜为人知，但他本人是一位颇受敬重的路德宗牧师，同时他本人也具有一种神秘主义的精神气质。之所以被看作虔敬主义运动的先驱，是因为他于 1610 年发表过一部在虔敬主义运动内部具有很大影响力的著作，名叫《真正的基督教》(*Four Books on True Christianity*)，这本书被许多后来的教会史家和基督教思想史家视为虔敬主义的“圣经”。这本书在当时德意志境内非常畅销。

作为虔敬主义运动的先驱，亚仁特一开始就非常强调每个信徒个人的悔改、信心，以及信仰上的更新和重生。对于信仰个体的信仰生活，亚仁特做了很多二元划分。他区分了每个基督徒信仰生活中的“旧”与“新”，认为这二者构成了每个基督徒信仰生活的对立和矛盾，二者相互间进行殊死斗争，而真正的基督徒就当效法基督达到真正的更新；他把悔改区分为外在的悔改和内在的悔改，前者是虚假的，而后者才是真正的悔改；他把信心区分为虚假的信心和真实的信心。在亚仁特看来，真正的悔改和真正的信心才是虔敬信仰所追求的目标。更为重要的是，亚仁特如同那些虔敬主义运动的后继者一样，坚决主张真正的基督教不可能是纯客观的、外在的对教条和教义的简单遵循，如同对外在律法的遵循那样，而是要透过基督徒的思想态度、个人喜好和生活方式等等能够真正反映内在信仰状态变化的东西来表现自身。神的知识首先在于内在的情感，而不是人的理智。一些教会史家和基督教思想史家把亚仁特看作虔敬主义运动之父，给予了他极高的评价。“亚仁特与路德宗虔敬主义的关系在于，他发起这个运动。因为受他的影响，敬虔运动很快就欣欣向荣起来，然后在施本尔和弗兰克的浇灌之下而开花结果。”②可见其对虔敬主义运动影响之深远。

德国虔敬主义运动第二位重要代表人物是斯彭内尔(Ph. J. Spener，公元 1635—公元 1705 年，又译为施本尔)，他是虔敬主义运动的理论奠基者。在宗教实践方面，他创立了“敬虔聚会”(Collegia Pietatis)，这是一种以个人灵性生活的深造为目的的“教

---

① 〔美〕奥尔森：《基督教神学思想史》，吴瑞诚、徐成德译，北京：北京大学出版社，2003 年，第 513 页。

② Ernest Stoeffler. *The Rise of Evangelical Pietism*，*Leiden*：Bill，1971，p. 211. 译文转引自〔美〕奥尔森：《基督教神学思想史》，吴瑞诚、徐成德译，北京：北京大学出版社，2003 年，第 517 页。

会中的小教会”。与大教会严格的礼拜仪式不同的是，在这些团契聚会中，一小群基督徒聚在家庭或小教堂里祷告、查经，以及讨论神学讲章和信仰生活。斯彭内尔把这样的小团契聚会看成增进个人灵性修养和宗教虔敬的最为有效的方式。斯彭内尔对于虔敬主义运动最重要的贡献还是在思想理论上，他于1675年发表的《敬虔愿望》(*Pia Desideria*)的小册子被视为虔敬主义的经典作品。在这本小册子中，斯彭内尔提出了“心灵基督教”的敬虔目标。他这样写道，“让我们记住，在末日审判的时候，神不会质问我们有多少学问，以及我们是否向世界展现过我们的知识；我们受人垂青的程度如何，并且是否知道如何保守我们的美名；我们被捧到什么高位上，身后在世上留下什么，可以名垂青史；或者我们为后代囤积了多少属地财富，因此自招咒诅。相反的，神会问我们，如何用纯洁和虔诚的心谆谆教导，以及如何调教我们的听众，在世界的冷嘲热讽下，配作效法我们的主舍己、背十字架的榜样；我们有多少热诚，不仅反对错谬，也包括生命的邪恶；或者我们如何不屈不挠和欢欢喜喜地忍受，由显然不虔诚的世界或假兄弟所加给我们的逼迫或敌意，并且在这种受苦的境遇中，仍然赞美神”[①]。斯彭内尔在这里所表述的不仅是一种虔敬主义运动的美好愿景，而且是有关虔敬主义运动基本精神的一次宣言。

此外，斯彭内尔还在这本小册子中提出了“内在的人”(inner man)的概念。他重新定义了何谓真正的基督教，它不是以教条和教义来界定和区分，而是要以信仰个体有关内在信仰更新和重生的宗教体验为根本依据。“我们的整个基督教都由内在的人或新人所组成，这个宗教的灵魂就是信心，所表现的则是生命所结的果子，而且所有的证道都要以此为目标”，“我们只用外面的耳朵聆听神的道还不够，还要让它渗入我们的心灵，使我们能在心里听到圣灵的话，也就是用充满着活泼的感情和欣慰，感受圣灵的印记和神之道的大能。而且只有受浸也不够，而是在我们受浸时，里面已经穿上基督的新人，应该继续持守基督，并在我们外面的生活上作为他的见证”。[②] 在斯彭内尔那里，虔敬主义运动的基本精神、基本理想、基本目标以及基本的精神气质已经以理论化的方式被完整地表述出来了。

如果说斯彭内尔是虔敬主义运动的理论家和理论奠基者的话，那么弗兰克(August Hermann Francke，公元1663年—公元1727年)当之无愧地就是虔敬主义运动的实践家和组织者。弗兰克不仅有一种极强的自我奉献精神，而且极具组织才能。他不仅有个人极富戏剧性的悔改经验和内心信仰的重生，而且他把自己满腔的宗教热忱投身于发展虔敬主义运动及其组织方面。在其有生之年，他做了许多慈善和宣教事业，并于1690年资助创建了哈勒大学。一直到后来拿破仑攻占哈勒时，哈勒大学始终是德国最好的大学，并且在整个18世纪上半叶都是德国虔敬主义运动的中心。弗兰克担当德国虔敬主义运动领袖的时期也是整个虔敬主义运动在德国发展的最高潮时期。

---

① Philipp Jacob Spener，*Pia Desideria*，trans. Theodore，G. Tappert. Philadelphia：Fortress，1964，pp. 36-37. 译文转引自〔美〕奥尔森：《基督教神学思想史》，吴瑞诚、徐成德译，北京：北京大学出版社，2003年，第518-519页。

② 〔美〕奥尔森：《基督教神学思想史》，吴瑞诚、徐成德译，北京：北京大学出版社，2003年，第519-520页。

而德国虔敬主义运动的进一步发展则要归功于亲岑道夫(Nicholaus Ludwig Zinzendorf，公元1700年—公元1760年)。亲岑道夫本人是德裔贵族，有自己的田庄、产业和土地。受虔敬派思想的深刻影响，他在自己的领地内接纳了一批从捷克逃出的受捷克宗教改革先驱胡斯(John Huss，公元1372年—公元1415年)影响的虔敬信徒。在他本人的领导下，这些胡斯的追随者成立了一些"爱的团契聚会"，名为"弟兄会"，过着一种虔敬的信仰生活。后来也正是在亲岑道夫本人的这块领地上，这些弟兄会的信徒建立了自己的一个"庇护所"，即"赫仁护特"(herrnhut，原意为"主保护之所"，也意为"主的守望台")。由于这些信徒大都来自捷克，并且有很深的捷克胡斯派渊源，在亲岑道夫领导下的这个信仰团体被称作"莫拉维亚弟兄会"(moravian brethren)。莫拉维亚弟兄会逐渐成为虔敬主义运动发展过程中所形成的一个基督精兵团契。他们有严格的团契组织和章程，有严肃的信仰生活和道德标准，有严苛的灵性培育和内在修养。因而，他们所体现的道德修为和灵性觉悟在当时德国乃至整个欧洲的信仰团契中都属极高层次。循道宗的创始人约翰·卫斯理后来在他的日记中，也曾提到自己在信仰实践方面曾经受到莫拉维亚弟兄会的极大感染。

亲岑道夫和莫拉维亚弟兄会把他们的敬拜与灵修集中在耶稣受难上。他们认为，真正达到个人的悔改、更新和重生的最有效方法就是，关注透过耶稣基督背负十字架所受的苦难而体现出来的耶稣基督之爱，这比单纯、枯燥的教条、教义和论理讲道都要来得更为真实、更为有效。正是这样一个高度组织化、基础稳固的莫拉维亚弟兄会培养出了一批批基督精兵，他们游走于世界各地进行宣教活动，不仅扩大了莫拉维亚弟兄会这个组织本身，而且极大地推进了虔敬主义运动自身的发展。

通过虔敬主义运动的发展以及这些主要代表人物的思想，大致可以总结出17世纪、18世纪德国虔敬主义运动自身的基本特征。

首先，虔敬主义最主要的思想特征在于他们普遍地强调一种"心灵的宗教"，强调内在的宗教经验和信仰体验，强调信仰生活中属灵的内在经验，而反对把信仰生活归结于(或者说是仅仅归结为)人们头脑中的知识。虔敬主义所主要反对的正是新教正统派过分强调运用我们的理性和知识，过分注重对系统化的教条和教义的严格遵循的基本做法。在虔敬派看来，亲身亲历的宗教经验和信仰体验要远比那些有关上帝、耶稣基督或者圣灵的神学知识更为重要，宗教信仰根本上是属于灵性层面的，而非人们头脑中的那些东西。因此，虔敬派坚持主张在信仰生活中信仰个体要多用自己的心灵去体验、去感受、去体悟。在灵修实践中，他们特别强调人的内在的悔改、归信、更新和重生的体验，要求人们更多地去关注耶稣基督为我们所受的苦难，以及他所背负的十字架。这是虔敬主义最根本的思想特质。

其次，虔敬主义重视人的道德生活、灵性修养和信仰生活。在虔敬派看来，信仰的实践远比信仰的知识重要，信仰本身不是通过知识教导和传授给人的，而是要真真切切、亲身亲历地去"活"出来。而在信仰生活中，一个基督徒的灵性修为和道德素养其实是紧密相连的，它们是共同进步的。一个信徒的灵性修为所达到的境界越高，那么他的道德素养一定也具有非常高的水准，反之亦然。对于虔敬派在灵性修为和道德素养上所达到的境界，康德就曾这样描述道："人们对虔诚派可以说东道西，但是虔诚派的信徒却是一些严肃而又超群出众的人。他们具有高尚的人类情操——稳重、乐天和任何欲念都破坏不了的内心宁静。他们既不怕困境也不怕压迫。任何纠纷都不能使他们产生仇恨和敌对的情感。"[①]正是因为这样，虔敬派的信徒有一种积极进取的宗教生活态度。他们积极投身于去组建小型的信仰团契和聚会，相互促进各自的灵性修养；他们义不容辞地投身于海外宣教活动，乐于把自己的宗教经验和信仰体悟与别人分享，并在这样一种过程中体验到喜乐；在世俗生活中，他们始终保持一种平静和安宁的内心状态，保持了一种高尚的生活情操。

最后，尽管虔敬派有着这样那样的优点，但不得不承认的是，在虔敬主义运动中包含一种神秘主义和宗教狂热的因素。在反对新教正统派所主张的理性主义宗教的过程中，虔敬派或多或少有矫枉过正之嫌。把信仰重新定位在内在的宗教体验，其初衷无疑是非常可取的，但如何把握这其中的度是一个非常棘手的问题。事实上，在虔敬主义后来的发展中就带有越来越浓烈的宗教个人主义、情绪主义和反智主义的倾向。1740 年，当腓特烈二世继承普鲁士王位后，他重新召回沃尔夫并让他主持哈勒大学的哲学讲座，"莱布尼茨-沃尔夫体系"的理性主义哲学成功击退虔敬主义，成为 18 世纪下半叶德国主流思想。早先作为虔敬主义大本营的哈勒大学，现在反而成为"莱布尼茨-沃尔夫体系"的理性主义哲学的重镇。

2. 清教徒运动及其他发展

除了虔敬派之外，后宗教改革时代基督新教发展还包括清教徒（puritan）运动、卫斯理大复兴与循道宗、再洗礼派（anabaptist）与浸信会（baptist）。清教徒运动是接续加尔文之后，在英国所进行的宗教改革运动，发源于英格兰地区，前后延续了 16 世纪至 17 世纪两个世纪。1560 年以来，有一群拒绝英国国教制度而想要纯洁教会的加尔文主义的追随者，他们要求清除英国国教中的天主教残余，由于提倡一种"勤俭、朴素、纯洁"的信仰生活，因此被称为"清教徒"。清教徒信奉加尔文主义（Calvinism），属基督新教的一个派别。他们要求按照加尔文主义的基本原则"纯洁"国教会，清除国教中的天主教旧制和烦琐仪式，如废除主教制和圣像崇拜，精简宗教节日和礼仪等。清教徒只承认《圣经》才是信仰的唯一最高权威，任何教会或个人都不能成为传统权威的解释者和维护者，强调所有信徒在上帝面前一律平等，主张摆脱王权对教会的控制。16 世纪七八十年代，清教徒人数激增，并逐渐脱离英国国教会，建立独立的宗教组织。后来在 17 世纪英国资产阶级革命的过程中，清教徒受到迫害，转入低潮。16 世纪末 17 世纪初，部分清教徒移居荷兰，后又有更多人迁往北美的新英格兰殖民地。1620 年一艘名叫"五月花号"的轮船抵达新英格兰地区（今美国马萨诸塞州），开启了北美新时代。这些在北美的清教徒深刻影响了美国的典章制度（政教分离的基本政治原则）以及美国的信仰精神（两次大觉醒运动）。

---

① 〔俄〕阿尔森·古留加：《康德传》，贾泽林、侯鸿勋、王炳文译，北京：商务印书馆，1981 年，第 13-14 页。

基督新教“卫理公会”(循道宗,Methodist Episcopal Church)创始人约翰·卫斯理(John Wesley,公元1703年—公元1791年),1703年出生于英格兰北部厄普卫司镇,原系英国安立甘教会(即圣公会)牧师,1738年5月24日受圣灵感动心灵变化而更新,当晚八点四十五分经历到得救重生的经验。他以“全世界都是我的牧区”为教会观,经常举行户外布道,开启了英国18世纪的宗教复兴运动。为使社会广大平民阶层得闻福音,1739年4月2日,约翰·卫斯理第一次举行露天布道,通过举行露天布道活动将福音带到荒野、矿场、贫民区、工厂、监狱等广大的中下阶层普通信众当中。此一做法激起了英国国教会普遍激烈的反对、诽谤和恐吓,甚至拒绝约翰·卫斯理进入国教会教堂讲道。于是,一个新的教会——卫理公会渐渐成形,并逐渐从英国国教会中脱颖而出。卫理公会重视信徒亲身经历并体验到的信仰经历,追求“成圣”,即人在得救后要盼望并追求成圣;强调信仰者必须在人群和社群中实现成圣,从内在的灵性操练通向外在的社会关怀;重视社会中下阶层,主张社会改良。

再洗礼派也叫重洗派,因其主张成人洗礼而形同主张二度洗礼,故此得名。其基本主张如下:①反对婴儿受洗;②反对国家教会;③主张做耶稣基督的门徒,严格遵守新约耶稣基督的教导。浸信会因其主张以“浸”的方式施行洗礼而得名。其基本主张如下:①主张浸礼,认为以“浸”的方式施行洗礼是圣经采用的方式,浸入水中再由水中出来,借以表明与基督同死同活;②主张会众制,会员大会掌握着教会的权柄;③注重重生体验;④主张政教分离;⑤重视基督徒教育和传福音。

在宗教改革运动接近尾声之际,整个基督教世界也变得四分五裂,信仰的分歧很快演变成了兵戎相见的生死战斗。16世纪与17世纪之交,西欧世界爆发了一系列的宗教战争。1552年,信奉天主教的神圣罗马帝国皇帝查理五世与德国新教诸侯发生战争,结果查理战败;从1562年开始,法国加尔文派教徒(胡格诺派)与天主教徒之间爆发了胡格诺派战争,大批胡格诺派教徒遭到屠杀;1618年至1648年以受到荷兰、英国、俄国支持的德国新教诸侯和丹麦、瑞典、法国为一方,以德国天主教诸侯、神圣罗马帝国皇帝与西班牙为一方,在德国境内展开了新教与天主教的一次大决战,史称三十年战争。伴随着残酷的宗教战争,交战各方不得不相互妥协和让步。1555年达成的《奥格斯堡和约》承认了路德宗的合法地位,并初步确立“教随国定”的基本原则。三十年战争结束之际,1648年达成的《威斯特伐利亚和约》承认了加尔文宗的合法地位,并重申了“教随国定”的基本原则。整个西欧社会在由中古逐渐迈进近代的缓慢历史进程中,一种基于理性精神的宗教宽容逐渐成为时代的主流。

二、大航海时代与16世纪至17世纪的自然科学革命

15世纪、16世纪的西欧世界除了在思想文化和宗教信仰领域所发生的变革之外,在实践领域和社会生活方面也发生了一些天翻地覆的新变化。其中,引人瞩目并造成深远历史影响的主要是新航线的开辟和新大陆的发现,以及伴随着科学理性的勃兴而带来的17世纪自然科学领域突飞猛进的大发展。

1. 新航线的开辟和新大陆的发现

首要的就是新航线的开辟和新大陆的发现。之所以在这个时代会出现大规模的航海活动,其原因主要有两个方面。从客观原因方面看,主要是由于奥斯曼土耳其帝国的崛起和强盛切断了原有的通往东方的陆路交通,海路成为西方通往东方的唯一通道。主观原因主要基于两点。一是传说中东方的富庶刺激了西欧人的冒险精神;二是罗马天主教会极大的传教热情。斯塔夫里阿诺斯在其《全球通史——1500 年以后的世界》一书中这样讲道:

> 促使欧洲人开始海外冒险事业的动机很多,为上帝服务和寻找黄金可能是其中最强烈的动机。达·伽马抵达卡利库达时,曾向当地惊讶不已的印度人解释说,他来这里是为了寻找基督教徒和香料。同样,征服者伯尔纳·迪亚斯在回忆录中写道,他和他的同伴去美洲大陆,"是为了像所有男子汉都欲做到的那样,为上帝和陛下服务,将光明带给那些尚处于黑暗中的人们和发财致富。"北欧的新教徒之所以从事海外冒险活动,也是出于宗教上的考虑,只是程度上比起伊利亚人稍微差一些。弗朗西斯·德雷克爵士在为美洲的殖民地进行宣传时这样写道:"他们将得到的是有关我们宗教信仰的知识,而我们将得到的是这一地区所拥有的那种财富。[①]

15 世纪、16 世纪西班牙人和葡萄牙人主要是沿着两条基本航线去往东方。第一条航线是沿非洲西海岸经好望角进入阿拉伯海和印度洋,向东穿越马六甲海峡直达南中国海(葡萄牙)。第二条航线则是根据 15 世纪下半叶意大利人所绘制地图,向正西或西南方向穿过大西洋到达印度和中国(西班牙)。前一条航线主要是以瓦斯科·达·伽马为代表的葡萄牙人所开辟的新航路。而后一条则是以哥伦布和麦哲伦为代表的西班牙人发现新大陆和新世界所走的航线。葡萄牙人和西班牙人大规模的航海活动带来了一系列重要的历史影响,不仅发现了北美新大陆,而且极大地开阔了西欧人的视野,更重要的是,他们在新大陆和新世界所掠夺的大笔财富为进一步的殖民扩张和近代资本主义发展做了充分准备。

2. 科学理性的勃兴

真正推动西方世界从中古迈向近代的核心推动力还是伴随着科学理性的勃兴而带来的 17 世纪自然科学领域突飞猛进的大发展。17 世纪整个西欧世界在自然科学的各个领域取得了丰硕的成果:哥白尼的"日心说";开普勒发现行星运行的三大定律;伽利略的自由落体理论和天文望远镜的发明;牛顿的万有引力定律和经典力学的三大运动定律;列文虎克制造显微镜;托里拆利发明水银气压计;帕斯卡的压强计算理论以及发现真空;惠更斯建立光的波动学说;吉尔伯特提出地球磁场理论;哈维在塞尔维特启发下发现人体血液循环;耐普尔制定对数;笛卡儿创立解析几何;牛顿和莱布尼茨各

---

① 〔美〕斯塔夫里阿诺斯:《全球通史——1500 年以后的世界》,吴象婴、梁赤民译,上海:上海社会科学院出版社,1992 年,第 13 页。

自独立发明了微积分；等等。而在所有这些自然科学成就中，最耀眼的人物无疑当属英国物理学家伊萨克·牛顿。牛顿提出了万有引力定律，创立了以牛顿三大运动定律——惯性定律、加速度定律和作用力与反作用力定律为基础的经典力学。牛顿几乎涉足了近代天文学和物理学的所有领域，不仅发现了掩藏在自然世界背后的科学规律，而且创立了近代最为先进也最为流行的机械论世界观。牛顿力学所奠定的这种机械论世界观几乎成为近代科学家和哲学家们的一种普遍信念和基本共识。

黑格尔在其《精神现象学》中曾把西方从中古迈向近代的这一新旧时代的更替比喻为一次壮丽的日出，他这样说道：

> 犹如在母亲长期怀胎之后，第一次呼吸才把过去仅仅是逐渐增长的那种渐进性打断——一个质的飞跃——从而生出一个小孩来那样，成长着的精神也是慢慢地静悄悄地向着它的新的形态发展，一块一块地拆除了它旧有的世界结构。只有通过个别的征象才预示着旧世界行将倒塌。现存世界里充满了的那种粗率和无聊，以及对某种未知的东西的那种模模糊糊若有所感，都在预示着有什么别的东西正在到来。可是这种逐渐的、并未改变整个面貌的颓毁败坏，突然为日出所中断，升起的太阳就如同闪电般一下子建立起了新世界的形相。[①]

伴随着这一轮“中世纪末期破晓后的光芒万丈的太阳”，整个西欧世界正昂首阔步地迈进近现代的门槛。

① 〔德〕黑格尔：《精神现象学》上卷，贺麟、王玖兴译，北京：商务印书馆，1979年，第7页。

参考文献

[1] 邓晓芒,赵林.西方哲学史[M].北京:高等教育出版社,2014.

[2] 叶秀山,王树人.西方哲学史(学术版):第三卷[M].南京:凤凰出版社,2015.

[3] 赵敦华.基督教哲学1500年[M].北京:人民出版社,1994.

[4] 段德智.中世纪哲学研究[M].北京:人民出版社,2014.

[5] 赵敦华,傅乐安.中世纪哲学[M].北京:商务印书馆,2013.

[6] 苗力田.古希腊哲学[M].北京:中国人民大学出版社,1989.

[7] 赵林.黑格尔的宗教哲学[M].武汉:武汉大学出版社,2005.

[8] 赵林.神旨的感召——西方文化的传统与演进[M].武汉:武汉大学出版社,1993.

[9] 赵林.西方文化概论[M].北京:高等教育出版社,2004.

[10] 董尚文.托马斯哲学专题研究[M].武汉:华中科技大学出版社,2018.

[11] 古希腊罗马哲学[M].北京:商务印书馆,1961.

[12] 西方哲学原著选读:上卷[M].北京:商务印书馆,1981.

[13] 〔英〕阿利斯特·E.麦格拉思.基督教概论(第二版)[M].孙毅,马树林,李洪昌,译.上海:上海人民出版社,2013.

[14] 〔英〕阿利斯特·麦格拉思.宗教改革运动思潮[M].蔡锦图,陈佐人,译.北京:中国社会科学出版社,2009.

[15] 〔美〕奥尔森.基督教神学思想史[M].吴瑞诚,徐成德,译.北京:北京大学出版社,2003.

[16] 〔古罗马〕奥古斯丁.忏悔录[M].周士良,译.北京:商务印书馆,1963.

[17] 〔英〕罗素.西方哲学史[M].何兆武,李约瑟,译.北京:商务印书馆,1963.

[18] 〔美〕塞缪尔·伊洛克·斯通普夫,詹姆斯·菲泽.西方哲学史——从苏格拉底到萨特及其后(第八版)[M].匡宏,邓晓芒,等译.北京:世界图书出版公司,2009.

[19] 〔德〕黑格尔.哲学史讲演录:第三卷[M].贺麟,王太庆,译.北京:商务印书馆,1983.

[20] 〔法〕吉尔松.中世纪哲学精神[M].沈清松,译.上海:上海人民出版社,2008.

[21] 〔英〕约翰·马仁邦.中世纪哲学[M].孙毅,冯俊,等译.北京:中国人民大学出

版社,2009.

[22] 〔英〕约翰·马仁邦.中世纪哲学:历史与哲学导论[M].吴天岳,译.北京:北京大学出版社,2015.

[23] 〔美〕胡斯都·L.冈察雷斯.基督教思想史(三卷本)[M].陈泽民,等译.南京:译林出版社,2008.

[24] 〔美〕保罗·蒂利希.基督教思想史——从其犹太和希腊发端到存在主义[M].尹大贻,译.北京:东方出版社,2008.

[25] 〔美〕蒂莫西·乔治.改教家的神学思想[M].王丽,孙岱君,译.北京:中国社会科学出版社,2009.

[26] 〔美〕威尔·杜兰.世界文明史[M].幼狮文化公司,译.北京:东方出版社,1999.

[27] 〔美〕布林顿,克里斯多夫,吴尔夫.西洋文化史[M].刘景辉,译.台北:台湾学生书局,1984.

[28] 〔美〕威利斯顿·沃尔克.基督教会史[M].孙善玲,段琦,朱代强,译.北京:中国社会科学出版社,1991.

[29] 〔美〕斯塔夫里阿诺斯.全球通史——1500年以后的世界[M].吴象婴,梁赤民,译.上海:上海社会科学院出版社,1992.

[30] 〔德〕黑格尔.精神现象学:上卷[M].贺麟,王玖兴,译,北京:商务印书馆,1979.

[31] 〔德〕黑格尔.历史哲学[M].王造时,译.上海:上海书店出版社,2001.

[32] 〔瑞士〕雅各布·布克哈特.意大利文艺复兴时期的文化[M].何新,译.北京:商务印书馆,2002.

[33] 〔古罗马〕优西比乌.教会史[M].瞿旭彤,译.北京:生活·读书·新知三联书店,2009.

[34] 〔德〕汉斯·昆.基督教大思想家[M].包利民,译.北京:社会科学文献出版社,2001.

[35] 〔美〕詹姆斯·C.利文斯顿.现代基督教思想——从启蒙运动到第二届梵蒂冈公会议[M].何光沪,译.成都:四川人民出版社,1999.

[36] 〔奥〕弗里德里希·希尔.欧洲思想史[M].赵复三,译.桂林:广西师范大学出版社,2007.

[37] 〔德〕亨利希·海涅.论德国宗教和哲学的历史[M].海安,译.北京:商务印书馆,1974.

[38] Frederick Copleston. A History of Philosophy[M]. Bantam Doubleday Dell Publishing Group,Inc. ,1985.

[39] Paul Tillich. A History of Christian Thought:From Its Judaic and Hellenistic Origins to Existentialism[M]. edited by Carl E. Braaten. New York:Simon and Schuster,1968.

[40] Etienne Gilson. History of Christian Philosophy in the Middle Ages[M]. New York:Randorn House,1995.

后　记

西方哲学史的研究虽然在国内已经有几十年的历史，各种各样引进翻译过来的以及由国内学者所撰写的西方哲学史教材近些年来层出不穷。然而，国内学界对于作为西方哲学发展有机组成部分的中世纪哲学的基本看法还是没有发生根本性改变。按照目前国内学界对于西方哲学史的普遍看法，以及通行的西方哲学史课程的讲授方法，古希腊哲学、近代西方哲学以及德国古典哲学是最为重要的三个部分，而中世纪哲学这一部分虽然历史时间跨度最长，却是最不受人们重视的一部分。说起中世纪哲学，人们一般都认为它是一种缺少理性主义光芒的黑暗时代的哲学，它无非讲的就是基督教神学和基督教信仰，根本没有纯粹意义上的哲学，即便有也只是很少的一部分。当年黑格尔在其四大卷的《哲学史讲演录》中，仅仅用了100多页的简短篇幅对跨越1500多年的中世纪哲学做了极简单化的处理。用黑格尔的原话来说就是"我们打算穿七里靴尽速跨过这个时期"①。这样的做法在国内高校哲学专业的西方哲学史教材编写和西方哲学史课程实际教学中仍屡见不鲜。

实际上，中世纪哲学不仅仅只是整个西方哲学史不可或缺的重要组成部分，而且还是我们真正去了解西方文明、西方文化和西方哲学的必经之路。我们常常说西方文明是两希文明有机融合汇聚而成的。而所谓两希文明不仅有为我们所熟悉并且津津乐道的希腊文化和希腊哲学，还有一个不可或缺的重要组成部分，即由希伯来文化和犹太教信仰中脱胎而出的基督教文化、基督教文明和基督教哲学。因此，在整个西方文明和西方哲学发展的历史进程中，中世纪基督教哲学和基督教思想的这一部分不仅是不可或缺的，而且是极为重要的。因为，从根本上讲，中世纪基督教哲学和基督教思想恰恰构建起了整个西方文明和西方哲学的根基和支柱。在全球化、信息化和多元化的今天，东西方文化与文明之间的交流和碰撞愈来愈频繁，而以基督教信仰和基督教哲学为核心的西方基督教文明是我们了解西方、认识西方，与西方世界交流，乃至超越西

① 〔德〕黑格尔：《哲学史讲演录》第三卷，贺麟、王太庆译，北京：商务印书馆，1983年，第233页。

方必须正面的文明现象和文化现象。从这个意义上讲，对中世纪哲学史的系统深入研究既有助于深化对西方哲学乃至整个西方文明的理解和研究，也有助于全面加深和拓展东西方文化的交流、沟通和对话，更有助于在新形势下有效防止宗教渗透和文化颠覆，从根本上加强“四个自信”。

本书力图从哲学史的角度全面系统梳理西方中世纪哲学发展的基本脉络，从哲学史、思想史的角度阐述西方中世纪哲学的历史演进。本书所关涉内容上承古希腊哲学，下启16世纪至18世纪近代西方哲学。全书分为以下五个部分：绪论部分主要是关于中世纪哲学的基本概述，包括中世纪哲学的基本历史分期，中世纪哲学的基本特征和基本问题等方面的整体综述。第一章“序曲”部分主要阐述中世纪哲学产生和发展的基本历史背景和思想渊源。第二章“奠基”部分主要论述中世纪早期即教父哲学时期的哲学发展状况。第三章“高潮”部分主要梳理中世纪中晚期经院哲学的辉煌与衰落。第四章“转折”部分主要阐述后经院哲学时代从14世纪、15世纪到16世纪西方哲学的发展，重点在于论述16世纪宗教改革运动时期基督教哲学的发展状况。第五章“尾声”部分主要阐述的是后宗教改革时代西方世界从中古(medieval)向近代(modern)过渡的重要契机。

本书的基本特征在于：①讲求历史与逻辑相一致，既关注思想发展的历史进程，也注重思想自身的内在发展逻辑和发展脉络；②试图将中世纪哲学基本问题的讨论与中世纪哲学思想史的演进相结合，以问题为线索串联思想史的发展；③试图以更加整体而非局部或断代史的视角梳理中世纪哲学的发展；④立足于哲学思考本身而非历史文化或宗教信仰的角度阐述中世纪哲学的发展；⑤力图改善国内目前缺乏适合哲学专业教学使用的中世纪哲学史方面专业教材的基本现状。

本书的最终完成首先要感谢华中科技大学人文学院的大力资助，将本书纳入人文学院哲学系系列教材的编写序列之中。同时也要感谢华中科技大学出版社慧眼识珠、鼎力支持。感谢人文学院哲学系外国哲学和宗教学教研室邓晓芒教授、董尚文教授、张廷国教授、何卫平教授等诸位老师对后学的不断提携和帮助。本人在此一并表示衷心的感谢！

作者

2019年11月20日于武汉喻家山